Angela Merkel

MEIN WEG

Angela Merkel im Gespräch
mit Hugo Müller-Vogg

Hoffmann und Campe

Redaktionelle Mitarbeit:
Wolfgang Wischmeyer, Bonn

1. Auflage 2004

www.hoffmann-und-campe.de
Schutzumschlaggestaltung: Büro Hamburg/Mirja Winkelmann
Foto Vorderseite: Dinah Hayt
Foto Rückseite: Laurence Chaperon
Satz: Dörlemann Satz, Lemförde
Druck und Bindung: GGP Media, Pößneck
Printed in Germany
ISBN 3-455-09417-0

HOFFMANN
UND CAMPE

Ein Unternehmen der
GANSKE VERLAGSGRUPPE

Inhalt

Einleitung

Der Weg der Angela Merkel

Mit 35 in die Politik und gleich stellvertretender Regierungssprecher, mit 36 Minister, mit 44 Generalsekretär, mit 45 Bundesvorsitzender, mit 48 Fraktionsvorsitzender im Bundestag. So steile Karrieren gibt es selten. Diese ist sogar einmalig. Dass eine Frau, zumal eine ostdeutsche, den Weg nach oben so schnell und fast ohne Brüche zurücklegt, das hat es in Deutschland noch nicht gegeben.

Heute ist Angela Merkel politisch die stärkste Frau im ganzen Land – und keineswegs am Ende ihrer Möglichkeiten. Im Jahr 2002 hatte sie für alle sichtbar nach der Kanzlerkandidatur gegriffen. Doch zu Beginn des Wahljahres stellte sie den Kampf ein, nachdem ihr schmerzhaft bewusst geworden war, dass sie sich gegen den bayerischen Ministerpräsidenten Edmund Stoiber nicht durchsetzen konnte.

Es war ein strategischer Rückzug: eine absehbare unionsinterne Niederlage vermeidend, dennoch keine Option zerstörend. So macht die Partei- und Fraktionsvorsitzende aus ihren Ambitionen für die nächste Bundestagswahl auch kein Hehl. Und so viel lässt sich voraussagen: Sollte im Jahr 2006 zum ersten Mal eine Frau ins Kanzleramt einziehen, dann kann die erste Kanzlerin nur Angela Merkel heißen.

Auch bei einer Westdeutschen wäre ein Lebensweg wie der von Angela Merkel beeindruckend. Bei ihr aber kommt zu dem Faktor »Frau« der Faktor »DDR« hinzu. Diese doppelte Quote hat ihr zweifellos manchen Weg geebnet. Aber aus dem doppelten

Bonus wurde sofort ein Malus, wenn ihr Fehler unterliefen oder wenn sie Erwartungen nicht erfüllte. Dann folgte stets der Hinweis, man könne halt von jemandem, der seine Position dem Geschlecht und der Herkunft verdanke, nicht allzu viel erwarten.
Mit Einwänden wie dem, eine Frau könne das und jenes nicht, lohnt sich keine Auseinandersetzung. Frauen machen vieles anders als Männer, nicht unbedingt besser und nicht zwangsläufig schlechter. Aber sie haben sich in der Gesellschaft – in Wirtschaft, Kultur und Politik – in die erste Reihe vorgekämpft. Zwar bilden Frauen an den Schalthebeln der Macht und an den Regiepulten des öffentlichen Einflusses zahlenmäßig noch immer eine Minderheit. Aber sie sind eine Minderheit mit unglaublichem Wachstumspotenzial.
Weitaus interessanter, ja viel spannender als die Rolle der Frau ist Merkels Vergangenheit als Bürgerin der DDR. Vor 14 Jahren noch saß die promovierte Physikerin in der Ostberliner Akademie der Wissenschaften und forschte vor sich hin. Das war kein Leben im Unglück. Aber die junge Frau fühlte sich eingesperrt – im wörtlichen wie im übertragenen Sinne. Doch plötzlich ging die Mauer auf, und das bot ihr neue, ungeahnte und unbekannte Chancen. Sie griff mit beiden Händen zu – fest gewillt, nie wieder loszulassen.
Angela Merkel war 1989 eine DDR-Bürgerin wie 16 Millionen andere auch. Und doch war bei ihr vieles anders: Das Pfarrhaus, in dem sie aufwuchs, die Hamburger Verwandtschaft, die sie unter anderem mit westlicher Literatur versorgte, ihr Interesse an dem Leben im anderen Teil Deutschlands weckte und sie darin bestärkte, die real existierende DDR mit der westdeutschen Realität zu vergleichen. Zu wessen Gunsten dieser Vergleich ausging, lag auf der Hand.
Ob sie in dieser unfreien, ineffizienten, muffigen und perspektivlosen DDR alt geworden wäre? Angela Merkel kann wohl selbst nicht mit Sicherheit sagen, was geworden wäre, wenn – ob sie einen Ausreiseantrag gestellt hätte oder leise resigniert hätte? Aber der 9. November 1989 war für sie so etwas wie ein

zweiter Geburtstag. Von nun an ging's bergauf. Mit atemberaubender Geschwindigkeit wurde aus der Wissenschaftlerin eine Politikerin.

Weil sie den Westen immer im Blick gehabt hatte, weil ihr bewusst war, wie marode die DDR war – materiell und vor allem geistig – bekennt sie sich heute stärker und engagierter zu der alten Bundesrepublik und ihren Werten als westdeutsche Altersgenossen. Angela Merkel idealisiert fast die Strukturen, die Adenauer und Erhard geschaffen haben; sie genießt durchaus, dass sie dank der Einheit ein westdeutsches Leben führen kann. Die Altachtundsechziger und ihre Jünger plagt dagegen klammheimlich das schlechte Gewissen, weil sie sich aus Bequemlichkeit und Opportunismus letztlich doch in diesem System eingerichtet haben.

Der beispiellose Aufstieg der Angela Merkel – in zwölf Monaten vom unscheinbaren »Mädchen für alles« in der Geschäftsstelle des »Demokratischen Aufbaus« zu »Kohls Mädchen« am Bonner Kabinettstisch, hat vieles hervorgerufen: Bewunderung und Neid, Zweifel an ihren Fähigkeiten, Erstaunen über ihre Härte und ihren Drang nach oben.

Alle diese Urteile begleiten sie wie andere Politiker auch. Aber noch etwas hing ihr spätestens seit ihrer Wahl zur Generalsekretärin der Partei an: die Frage, wofür diese Frau mit dem ausgeprägten Machtwillen eigentlich stehe, wo sie politisch einzuordnen sei im Meinungsspektrum der CDU, ob die »Ossi«-Frau nicht irgendwie eine Linke sei, die die Werte des Abendlandes doch nicht recht schätze, ob sie eigentlich von Wirtschaft genug verstehe oder gar von der Außenpolitik. Einen Gebrauchtwagen würden alle Parteimitglieder wohl von ihr kaufen. Aber kann man sie auch ans Steuer einer sehr schnellen und sehr teuren Luxuskarosse lassen?

Beim ersten von insgesamt neun langen Gesprächen, aus denen dieses Buch entstanden ist, fragte ich Angela Merkel, was denn den Kern ihrer politischen Überzeugungen ausmache, was sie denn in diese CDU einbringe. Da zögerte sie einen Augenblick, lächelte sie ihr typisches, unbedarft wirkendes »Angie«-Lächeln, in dem sich Selbstironie und ein wenig Mitleid für den Fragenden mischen. Und sagte dann fröhlich: Ich weiß, ich weiß, das ist die Frage, auf deren Antwort ganz Deutschland wartet.

Das war im Frühjahr 2003. Seitdem hat die Öffentlichkeit eine andere Angela Merkel kennen gelernt. Denn Angela Merkel, die Zögernde und Zaudernde, die Unverbindliche, hat auf eine Weise Position bezogen, die alle überrascht hat. Um eine Wortschöpfung Roland Kochs aufzunehmen: Sie hat sich brutalstmöglich positioniert und festgelegt.

Da war zuerst die uneingeschränkte Unterstützung der amerikanischen Irakpolitik, allem innerparteilichen Grummeln wie öffentlichen Unmut zum Trotz. Und dann folgte im Herbst 2003, als ein Reformvorschlag den anderen jagte, ihr Eintreten für das umfassendste und strikteste Konzept, das die CDU jemals zur Sanierung der Sozialsysteme vorgelegt hat, nämlich die Vorschläge der von ihr eingesetzten Herzog-Kommission.

Dass CDU-Urgesteine, dass ehemals große, heute aber nur noch grantelnde alte Männer ihrer Partei beklagen, diese CDU sei nicht mehr ihre Welt, lässt ihre Vorsitzende kalt. Sie will mehr, als Deutschland halbwegs sozial abzufedern gegen den rauhen Wind der Globalisierung. Sie will, dass das vereinte Deutschland in dieser globalisierten Welt ein machtvoller »Player« wird – wirtschaftlich wie politisch.

Angela Merkel hat im Laufe des Jahres 2003 Position bezogen; das tut sie auch in diesem Buch. Sie legt ihre Werte und Motive offen, berichtet so ausführlich wie noch nie über ihre prägende Zeit in der DDR, die »Umschulung« der streng rational denkenden Naturwissenschaftlerin auf das doch bisweilen irrational anmutende politische Geschäft, ihren Kampf gegen Vorurteile, ihre Perspektiven für die CDU und das Land. So umfassend wie hier hat die Frau, die aus dem Osten kam, sich noch nie öffentlich geäußert, weder zu Privatem wie zu Politischem.

Ein Buch in Form von Fragen und Antworten hat gegenüber einer politischen Biografie einen großen Nachteil: Die Befragte ist insofern Herrin des Verfahrens, als sie sich nur so weit festlegt, wie sie sich festlegen will. Da helfen bisweilen auch keine Nachfragen, hilft kein Insistieren. Aber diese Form hat für den Leser auch einen unschätzbaren Vorteil: Die Aussagen sind authentisch, werden nicht von einem Dritten erklärt, gedeutet und bewertet. Es gilt das gesprochene Wort – und zwar das Wort der Angela Merkel.

Selbstverständlich lässt sich kein Politiker auf ein solches Buchprojekt ohne die Zusicherung ein, die Wiedergabe der Antworten – wie bei jedem Zeitungsinterview auch – autorisieren zu können, das heißt, gegebenenfalls im Nachhinein zu verändern. Also hat auch Angela Merkel vor dem Druck das eine oder andere verändert, die eine Aussage zugespitzt, eine andere entschärft. Aber sie hat das Gesagte an keiner Stelle grundlegend verändert. Denn Angela Merkel ist von Natur aus ohnehin zu kontrolliert, um bei einer solchen Gelegenheit einfach drauflos zuplaudern und dann die Hälfte wieder zurückzunehmen. Vielleicht ist der Begriff kontrolliert auch falsch. Vielleicht hat die ehemalige DDR-Bürgerin ein gewisses Grundmisstrauen, das einst überlebensnotwendig war, bis heute nicht abgelegt.

Ob man mit einem Spitzenpolitiker neun Gespräche führt, wie das hier der Fall war, oder zwanzig: Bei Manuskriptschluss sind aus der Sicht des Interviewers noch immer viele Fragen ungefragt, bleibt manche Antwort trotz mehrfachen Nachfragens aus der Sicht des Fragenden zu unpräzise. Das wird immer so sein. Gleichwohl bin ich überzeugt, dass dieses Buch seinen Zweck erfüllt. Es gibt umfassend Auskunft über Angela Merkel, über ihren eigenen Weg wie über den Weg, den Deutschland ihrer Meinung nach einschlagen sollte – über Angela Merkels deutschen Weg.

Bad Homburg, im November 2003
Hugo Müller-Vogg

1
Werte und Motive

»Die eigene Idee mehrheitsfähig zu machen – das fasziniert mich«

Sie sind Partei- und Fraktionsvorsitzende. Sie haben gute Chancen, bei der Bundestagswahl 2006 die erste Kanzlerkandidatin Ihrer Partei und sogar die erste Bundeskanzlerin dieses Landes zu werden. Noch nie war in der deutschen Politik eine Frau so mächtig. Staunen Sie manchmal über sich selbst?

Staunen wäre das falsche Wort. Manchmal halte ich inne – und finde es, gelinde gesagt, bemerkenswert, welche Chancen ich hatte und habe. Ich bin dann aber auch wieder ganz froh, dass man sich nicht ständig bewusst ist, wann welcher Schritt welche Tragweite haben könnte. Da ginge dann doch viel Leichtigkeit und Intuition verloren.

Sind Sie eigentlich stolz auf sich? Oder sagen Sie sich, aufgrund meiner Fähigkeiten war mit diesem Werdegang eigentlich zu rechnen?

So denke ich nicht über mich nach. Ich bin einfach mit mir im Reinen, nicht mehr und nicht weniger. Sicherlich habe ich ein paar Fähigkeiten, die zu meinem Weg beigetragen haben. Ich weiß aber auch, dass es da immer noch etwas hinzuzulernen gibt. Sonst wäre das Leben aber ja auch langweilig.

Was betrachten Sie selbst als Ihre bisher größte Leistung?

Gleich zu Beginn meiner Arbeit als Umweltministerin habe ich 1995 als Präsidentin die Klimakonferenz in Berlin geleitet. An deren Ende stand das so genannte Berliner Mandat, aus dem dann später das Weltklima-Abkommen von Kioto hervorgegangen ist. Daran waren gut 130 Staaten beteiligt. Für mich war die Berliner Konferenz auch eine erste große Begegnung mit allen möglichen Facetten dieser Welt: die Umweltprobleme, der Reichtum, die Armut, Entwicklungsländer, Europäische Union – was auch immer. In den vierzehn Tagen der Konferenz hatte ich mir bei den Teilnehmern ein Vertrauen erworben, das dazu beigetragen hat, dass am Ende ein gutes Ergebnis stand. Das empfinde ich als eine meiner besten Leistungen.

Sie sprechen von einer Ihrer Leistungen, welche anderen Leistungen würden Sie noch nennen?

Es gibt Leistungen – oder vielleicht sollten wir doch besser Erfahrungen sagen –, die wahrlich nicht rundum erfreulich, aber notwendig waren. Während der CDU-Spendenaffäre zum Beispiel habe ich etwas getan, von dem ich glaube, dass es unbedingt nötig war. Auf dem Höhepunkt der Krise habe ich einen Aufsatz geschrieben, der Ende 1999 in der F.A.Z. veröffentlicht wurde …

Die Loslösung vom Übervater Kohl …

So nennen Sie es. Für mich war es eine notwendige Standortbestimmung der Union inmitten einer existenziellen Krise. Es war etwas, was mir im Übrigen sehr schwer gefallen ist, was aber – gerade auch im Rückblick gesehen – für die Zukunft der CDU ungeheuer wichtig war. Schließlich könnte ich noch einen dritten Punkt nennen, der mich gleichsam mit den Grenzen des Rechtsstaats konfrontiert hat: Das waren die Castor-Transporte in meiner Zeit als Umweltministerin. Damals habe ich mir sehr viel Gedanken darüber gemacht, was das Gewaltmonopol des Staates bedeutet und was es heißt, Recht durchzusetzen. Diese Konflikte durchzustehen, betrachte ich für mich als wichtige Leistungen.

Sie haben 1990 hart um die Nominierung im Bundestagswahlkreis Stralsund-Rügen kämpfen müssen. Wenn Sie damals unterlegen wären, wäre Ihre Karriere vielleicht schon zu Ende gewesen, bevor sie überhaupt begonnen hatte.

Das glaube ich nicht. Günther Krause hatte für mich sogar noch einen Ersatzwahlkreis bereitgehalten, Ribnitz-Damgarten. Denn kein Mensch hatte für möglich gehalten, dass ich schon die Entscheidung auf Rügen für mich gewinnen würde.

Dennoch: Das hätte ja auch schief gehen können. Was hätte Angela Merkel dann getan?

Keine Ahnung, was dann gekommen wäre. Ich war zu der Zeit noch beim Bundespresseamt angestellt. Der Kontakt zur Politik wäre also geblieben. Vielleicht wäre ich auch irgendwo Landesministerin geworden. Damals gab es ja viele Möglichkeiten. Denn die Politik hat mich damals schon sehr fasziniert. Ich hätte wahrscheinlich nicht davon gelassen, auch wenn es mit einem Wahlkreis oder Mandat nicht sofort geklappt hätte.

Was war das, was Sie an Politik so fasziniert hat?

In der DDR habe ich es immer unglaublich bedrückend empfunden, nicht mit Menschen frei zu arbeiten, offen sprechen zu können. Das hatte mich nach der Wende gepackt. Deshalb hätte ich mir sicherlich eine Arbeit außerhalb naturwissenschaftlicher Grundlagenforschung gesucht. Dann hätte ich mich schon eher als Kommunikationschefin etwa in einem Chemieunternehmen gesehen …

Das wird sehr gut bezahlt …

Das spielte keine Rolle. Außerdem hatte ich auch noch eine zweite Traumidee: Ich wollte Leiterin eines Arbeitsamtes werden. Ich hatte mir gedacht, das würde ich intelligenter anstellen, mehr Kraft in die Vermittlung legen und so weiter. Wie dem auch sei: Das sind eben so die kleinen Illusionen, die man eine Zeit lang mit sich trägt. Ich habe jedenfalls immer versucht, mir neben der politischen Arbeit noch eine Alternative vorzustellen.

Also, nach dem ersten Kontakt mit der Politik gab es kein Zurück zur Physik?

Ich glaube, ich war eine gute Physikerin, zwar keine überragende, die etwa nobelpreisverdächtig gewesen wäre, aber eine gute. Mein Berufswunsch war durch die Lebensumstände in der DDR geprägt worden, weil die naturwissenschaftliche Tätigkeit versprach, nahe an der Wahrheit arbeiten zu können.

Die deutsche Einheit war auch die Chance, noch mal eine andere Wahl zu treffen?

Ja. Ich war nicht unglücklich in meinem Beruf, aber es gab durch die deutsche Einheit auch in diesem Punkt eine Tür, die sich plötzlich für mich öffnete. Andere, mein Mann zum Beispiel, haben gesagt, jetzt kann ich endlich naturwissenschaftlich so arbeiten, wie ich mir das immer gewünscht habe. Bei mir war das anders.

Hausfrau und Mutter, war das für Sie nie eine Alternative?

Bei mir hat es sich so nicht ergeben. Mein Leben hat sich einfach anders entwickelt. Aber ich habe großen Respekt vor Frauen, die sich für ein Leben als Hausfrau und Mutter entscheiden.

Was würde der CDU heute fehlen, wenn Sie sich damals anders entschieden hätten?

Ganz einfach: Ich würde der CDU fehlen.

Könnten Sie dieses Defizit etwas konkreter definieren?

Die Frage müssten eigentlich andere beantworten. Aber wenn Sie unbedingt wollen: Der CDU würde jemand fehlen, der 35 Jahre seines Lebens in einem System ohne Freiheit gelebt hat und deshalb den einzigartigen Wert von Freiheit heute bei den ganzen Reformbemühungen, aber auch bei internationalen Konflikten in den Mittelpunkt politischer Entscheidungen stellt. Denn ohne Freiheit ist alles nichts. Der CDU würde heute jemand fehlen, der auch große Lust auf Unerwartetes hat, auf Brücken zu allen Gesellschaftsgruppen, auch Lust auf Veränderung. Der CDU würde auch jemand fehlen, der mit dazu beigetragen hat, dass uns nach 1998 ein bemerkenswerter Wandel geglückt ist. 25 Jahre lang war Helmut Kohl die CDU, und die CDU war Helmut Kohl. Er hat die Partei durch und durch geprägt, mich ja auch. Aber heute ist eine neue Zeit. Nach der verlorenen Wahl 1998 musste eine neue Generation die Dinge in die Hand nehmen. Hinzu kam die Spendenaffäre an der Jahreswende 1999/2000. Die Frage war, wie es mit der CDU überhaupt weitergehen könnte. Auf der einen Seite gab es eine Gruppe von jüngeren CDU-Politikern, die schon lange dabei waren, auf der anderen Seite gab es einige wenige, die keine solche Sozialisation hatten, die eigentlich Quereinsteiger waren. Dazu gehörte natürlich ich aus den neuen Bundesländern. Dass diese Volkspartei in des Wortes wahrer Bedeutung dann die Kraft aufgebracht hat, jemanden mit einer ganz anderen Herkunft zur Vorsitzenden zu wählen, wäre ohne das Desaster der Spendenaffäre nicht denkbar gewesen. Das ist und bleibt aber eine große Sache. So ist es – man könnte sagen – zu einer Amalgamierung gekommen.

Für Nichtnaturwissenschaftler: zu einer Verbindung eigentlich unterschiedlicher Elemente.

Ja, zu einer Verbindung der historisch gewachsenen CDU mit einem neuen, anderen Element. Ich glaube, dass ich es geschafft habe, diese CDU in ihrer Lage richtig wahrzunehmen, sie auch zu meiner wirklichen politischen Heimat werden zu lassen. Zugleich jedoch mit dafür zu sorgen, dass die Partei, die oft als zu verschlossen beschimpft wurde, diese neue Offenheit auch aushalten konnte. Das alles ist nun zusammengewachsen. Und dabei hat die CDU ein Gesicht bekommen, das viele ihr nicht zugetraut haben. Dabei hat sie ihre Grundprinzipien ja nicht verloren, sondern – ganz im Gegenteil – kann sie jetzt erst recht weiter entwickeln, und das inmitten von Globalisierung und Säkularisierung, um nur zwei Schlagworte zu nennen.

Gesichter haben Namen …

Bei den Landtagswahlkämpfen im Jahr 2003 fiel das besonders auf. Denken Sie zum Beispiel an die Pressekonferenzen, die wir damals zu dritt gemacht haben: Koch, Wulff, Merkel. Oder denken Sie an Sachsen-Anhalt 2002 mit Wolfgang Böhmer, auch ein ganz anderer Typ Politiker. Sie und viele mehr sind zusammen das neue Gesicht der CDU.

Bleiben wir noch etwas bei den Motiven, Politik zu machen: Dienst an der Gemeinschaft, zu gestalten, Macht auszuüben, im Rampenlicht zu stehen. Was gab für Sie den Ausschlag?

Ganz klar – die Freude daran, etwas gestalten zu können. Es ist eine immer wieder interessante Spannung: Man hat eine Idee, weiß aber, dass man heillos verloren ist mit dieser Idee, wenn es nicht gelingt, andere davon zu überzeugen. Möglichst viel von dieser eigenen Idee unter Mitnahme anderer Menschen zu einer mehrheitsfähigen Idee zu machen – das ist etwas sehr Faszinierendes.

Und was wäre gerade die aktuelle Idee?

Ob nun unter den Bedingungen des 20. Jahrhunderts oder unter denen der Globalisierung heute – immer und immer wieder die eine Idee: das, was in den Menschen steckt, zur Entfaltung kommen lassen. Gelingen kann das nicht, wenn sich unser Land damit abfindet, international immer nur im unteren Drittel der Leistungs-Rankings zu stehen. Deutschland sollte nicht über anderen stehen, aber im Konzert der wichtigen Nationen dieser Welt seine Rolle unbedingt wahrnehmen wollen. Deutschland muss ein ernsthafter und verlässlicher Partner sein, der gewillt ist, in der Spitzengruppe mitzuagieren. Ich bin manchmal wirklich überrascht, wie sehr sich einige in diesem Land damit abfinden wollen hinterherzulaufen. Immer hinten anzustehen, das kenne ich aus der DDR. Das heißt, das vereinte Deutschland sollte auch zeigen wollen, was in ihm steckt. Persönlich gesprochen heißt das – gerade aus der Erfahrung des Lebens in der DDR –, dass man bereit sein muss, an seine Grenzen zu gehen. Das konnte man in der DDR, nicht nur tatsächlich nicht wegen der Mauer, sondern auch im übertragenen Sinne wirklich nicht. Jetzt haben wir die Freiheit, an unsere persönlichen Grenzen zu gehen, auszuprobieren, was schaffe ich noch.

Noch mal: Was ist für Angela Merkel inhaltlich die wirklich grundlegende Idee?

Ich sage es doch: dem Menschen zu ermöglichen, an seine eigenen Grenzen zu gehen, das eigene Potenzial ausschöpfen zu können, nicht eingeengt zu werden – oder politischer formuliert: die soziale Marktwirtschaft. Das ist mein grundlegendes Anliegen. Sie ist die freiheitliche Wirtschafts- und Sozialordnung in der freiheitlichen politischen Ordnung der

Demokratie. Deshalb bin ich in die CDU gegangen. Ich habe damals in der DDR mit Freunden sehr aufmerksam das Buch von Rudolf Bahro gelesen …

… »Die Alternative« …

… der das sozialistische Wirtschaftssystem exzellent analysiert hat, dann aber im zweiten Teil eine Utopie folgen ließ. Ich war von vornherein gegen diese Utopie. Darüber habe ich auch mit Freunden gestritten, die später etwa im »Neuen Forum« für diese Utopie eingetreten sind. Ich war dagegen der Meinung, dass man zwar versuchen muss, die Widersprüche zwischen Kapital und Arbeit aufzulösen, dass aber Freiheit und Wettbewerb die konstitutiven Elemente einer effizienten Wirtschaftsordnung sind. Wissen Sie, was einen in der DDR doch mit am meisten geärgert hat? Alle waren den ganzen Tag fleißig, und rausgekommen ist nichts. Es gab Reibungsverluste ohne Ende. Da stieg die Wärme dann in den Himmel auf, aber auf Erden war nichts fassbar.

Wenn man fragt, wofür steht Angela Merkel, dann würden viele sagen, sie hat die CDU, die ziemlich in Scherben lag, zusammengehalten, sie hat in der Umweltpolitik einiges geleistet, aber nur wenige würden Sie als ordnungspolitische Vordenkerin sehen.

Das mag sein, ist aber verkürzt. Mir liegt daran, dass man eines Tages vielleicht sagen kann, Merkel hat in den zweiten Gründerjahren dieser Republik, also nach der Wiedervereinigung, einen wichtigen Beitrag dazu geleistet, Deutschland wieder zu einem Land zu machen, in dem Wohlstand und Kreativität zu Hause sind, weil nur das den Menschen in die Lage versetzt, aus sich und seinen Kräften etwas zu machen.

Wer Politik als Beruf ausübt, hat ein relativ geringes Sozialprestige, eine Sechseinhalbtagewoche, eine im Vergleich zur Wirtschaft eher bescheidene Bezahlung. Dazu kommt ein ständiger Kampf. Wie muss man eigentlich beschaffen sein, um das attraktiv zu finden?

Ich war auch als Wissenschaftlerin in Gedanken immer mit meinem Beruf beschäftigt, weit über die Arbeitszeit hinaus. Mein Vater war Pfarrer, da konnte man Arbeit und Privatleben auch nicht trennen. Insofern hat die Politik da kaum Änderungen gebracht. Die Bezahlung war für mich nach der deutschen Einheit ein solcher Fortschritt, dass ich darüber wirklich nicht klagen kann. 1000 Mark netto als promovierte Physikerin – da war alles, was nach der Wende kam, einfach viel besser. Schon deshalb habe ich meine Entwicklung gegenüber dem Leben in der DDR auch unter dem finanziellen Aspekt immer als großen Fortschritt gesehen. Was den ständigen Kampf angeht, kann ich nur sagen: Wenn dieser Kampf das ist, was einen reizt, dann kann er auch nicht stören. Aber man muss den Kampf auch mögen, sonst geht es nicht.

Und das geringe Ansehen? Politiker, Journalisten und Gewerkschafter stehen da auf einer ähnlich niedrigen Stufe.

Ich muss mehr Einladungen absagen, als ich annehmen kann. Und es gibt genügend Menschen, die finden, dass es gut ist, dass es mich gibt. So lange das so ist, führe ich mir die Prestigefrage nicht jeden Tag vor Augen.

Sie haben vorhin den Reiz des Gestaltens angesprochen. Ist das eine Umschreibung für den Reiz der Macht?

Macht an sich ist nichts Schlechtes. Sie ist notwendig. Macht kommt ja auch von Machen, also etwas tun zu können. Wenn ich etwas tun möchte, dann brauche ich auch die Werkzeuge dazu, also Mehrheiten oder das Vertrauen einer Gruppe. Ich wehre mich dagegen, so zu tun, als wäre Macht etwas, was man eigentlich gar nicht haben möchte. Das Gegenteil von Macht ist ohne Macht, also Ohnmacht. Was nützt mir eine gute Idee, wenn ich sie nicht umsetzen kann? Und wirklich überheblich werden kann man auch nicht, denn das Schöne an der Demokratie ist, dass Macht nur auf Zeit verliehen wird und ihre Ausübung an klare Regeln gebunden ist.

Hat eine Partei- und Fraktionsvorsitzende auch in der Opposition Macht?

Ja und nein. Die Opposition hat zwar nicht die Gestaltungsmöglichkeiten einer Regierung, aber sie kann nicht zuletzt über den Bundesrat Macht ausüben, sie kann die Regierenden treiben, sie kann durch gute Umfrageergebnisse Druck auf die andere Seite ausüben und so Verhaltensänderungen herbeiführen.

Man sagt Ihnen nach, auch innerhalb der Partei sehr machtbewusst zu handeln. Von Michel Glos stammt der Satz: »Ach, Angela, wer ist dein nächstes Opfer?«

Mein politischer Weg ist schnell und ungewöhnlich verlaufen. Und wenn man ein Amt bekommt, dann ist vorher natürlich ein anderer gegangen. Da werden mir Opfer zugeschrieben, die ich nicht als Opfer erkennen kann.

Günther Krause, Ihr Vorgänger an der Spitze der CDU Mecklenburg-Vorpommern, fühlt sich als Ihr Opfer.

Günther Krause ist nicht *mein* Opfer, sondern er ist zum Teil selbst verschuldet, zum Teil durch unglückliche Umstände gescheitert. Wenn eine Frau ein neues Amt bekommt, dann wird der weichende Mann gern als Opfer beschrieben.

Politiker brauchen eine gewisse Extrovertiertheit. Sie wirken häufig nicht so, als mache Ihnen die öffentliche Show oder das »Bad in der Menge« Spaß. Oder ist mein Eindruck falsch?

Ich habe mich da durchaus etwas verändert. Außerdem gibt es einen Unterschied zwischen Show und dem so genannten Bad in der Menge. Menschen treffen kann etwas sehr Schönes sein.

Wenn im Saal »Angie« gerufen und rhythmisch geklatscht wird ...

Davor habe ich mich anfangs eher etwas gefürchtet. Inzwischen kann ich das anders erleben. Das alles hängt auch damit zusammen, dass Extrovertiertheit in der DDR nun wirklich nicht sehr gefragt war. Da wurde jede kleinste Veränderung registriert, Jeans aus dem Westen, Pelikan-Füller oder was sonst als Unterschied zu anderen interpretiert werden konnte. Was diese Dinge angeht, habe ich in der DDR eigentlich schon extrovertiert, also auffällig gelebt. Ich besaß manche Dinge aus dem Westen, hatte vieles gelesen. Nur im Westen fiel man mit solcher Art Extrovertiertheit dann nicht mehr auf.

Aber Sie haben ja durchaus dazugelernt.

Ja sicher. Ich habe gelernt, dass eine gewisse Stärke im Ausdruck und bei der Formulierung notwendig ist, um einen Gedanken so rüberzubringen, dass er auch verstanden wird. Im Übrigen ist es kein Nachteil, auf diesem Gebiet noch Steigerungsmöglichkeiten zu haben.

Ist Politik eine Droge?

Wenn man Politik wirklich mit Leidenschaft betreibt, kann schon eine gewisse Abhängigkeit entstehen, zumindest zu wenig Distanz. Dennoch glaube ich, dass die allermeisten Politiker nach einer kurzen Zeit des Schmerzes auch wieder den Weg ins normale Leben finden, wenn es sein muss. Aber so zu tun, als wäre der Abschied von der Politik eine Lappalie, wäre falsch.

Viele Politiker stöhnen beispielsweise darüber, dass sie sich in der Öffentlichkeit kaum noch bewegen können …

… Das habe ich immer für albern gehalten …

… aber sobald sie ohne Amt sind, klagen sie darüber, dass sie niemand mehr beachtet.

Politiker, die ständig über die Last ihres Bekanntheitsgrades klagen, kokettieren doch mit ihrer Bekanntheit. Darüber zu klagen ist nicht ehrlich. Wenn man von den Menschen angesprochen wird, ist das doch ein Teil der Bestätigung und Freude, die man auch haben möchte.

Max Weber hat gesagt, manche leben von der Politik, manche leben für die Politik. Angela Merkel lebt …

… zum großen Teil wohl für die Politik. Wobei man als Oppositionsführerin auch von der Politik lebt, nämlich von der schlechten Politik der anderen.

Mit dem »Leben von der Politik« meinte ich eigentlich den materiellen Aspekt.

Es ist ja unbestritten, dass ich heute auch materiell von der Politik lebe. Nun ist die Bezahlung der Politiker immer wieder Gegenstand öffentlicher Debatten. Politiker verdienen gut, aber meiner Meinung nach sind sie auch nicht zu hoch bezahlt. Wer's zum Nulltarif haben möchte, der endet wieder beim Preußischen Landtag. Da waren alle Abgeordneten ehrenamtlich tätig. Aber sie waren Lobbyisten, die sich dem Gemeinwohl nicht immer wirklich verpflichtet fühlten.

Nun leben Politiker in gewisser Weise auch auf einer Insel der Seligen, weil sie von dem, was sie beschließen, nur selten betroffen sind. Ob das Rentenniveau fällt oder steigt oder was bei den Krankenkassen passiert, betrifft Politiker nicht, weil sie für sich selbst Sonderregelungen in Anspruch nehmen können.

Ich verstehe die Frage. Aber mindestens so problematisch finde ich, dass wir ständig Dinge beschließen müssen, nehmen Sie allein die Gentechnologie, von denen wir nicht viel verstehen …

Jetzt weichen Sie aus …

… nein, der springende Punkt ist doch: Im Parlament gibt es in der Tat nur wenige Leute, die schon einmal erlebt haben, was es bedeutet, in der Industrie oder einem Handwerksbetrieb zu arbeiten und so weiter. Darin liegt die Gefahr, die Anbindung an das, was die Menschen wirklich betrifft, zu verlieren. Deshalb finde ich die Bürgersprechstunden in meinem Wahlkreis nach wie vor so wichtig. Wie soll ich sonst direkt erfahren, welche Schwierigkeiten die Menschen im Alltag erleben?

Die Politik wird immer stärker personalisiert. Die Frage, wie Sie Ihre Haare tragen …

… ist im Wesentlichen abgeschlossen.

Sie war aber lange ein Thema.

Ich leiste mir da einen gewissen Hochmut, nämlich nach meiner persönlichen Werteskala bestimmte Dinge für wichtig und andere für unwichtig zu erklären. Es gibt sicher ein berechtigtes Bedürfnis, Menschen des öffentlichen Lebens irgendwie auch persönlich fassen zu können. Da liegt es nahe, über das zu reden, was alle betrifft – Haare, Kleidung, et cetera. Das muss man als Politiker wohl zur Kenntnis nehmen und akzeptieren.

Über Sie sind viele Klischees und Etiketten im Umlauf, die beschreiben sollen, wer Angela Merkel ist: der kühle Engel, Physikerin der Macht, machtbesessen, skrupellos wie Kohl, hält sich nicht an Spielregeln, Meisterin im Tarnen und Täuschen. Berührt es Sie, wenn Sie derart charakterisiert werden, oder ist Ihnen das schlichtweg egal?

Ich würde lügen, wenn ich jetzt sagte, das berührte mich alles überhaupt nicht. Es hindert mich nicht an meiner Arbeit, was schon eine Menge ist. Manches halte ich auch für abwegig. Es gibt aber auch Beurteilungen, die mich etwas traurig machen, weil die Leute, die so reden und schreiben, inzwischen viel Gelegenheit hatten, mich besser kennen zu lernen. Offenbar ist nichts so schwer wieder zu ändern wie ein Image, das einem einmal zugeschrieben wurde. Irritierend finde ich auch, wenn gesagt wird, ich sei kühl. So sehe ich mich selbst gar nicht. Ich mag es allenfalls nicht, Gefühle so zu zeigen, wie das manchmal erwartet wird. Wenn ich mich etwa sehr freue, kann ich zugleich sehr zurückhaltend sein. Man muss ja nicht immer gleich losprusten. Oder manchmal schaue ich ernst und wirke bedrückt oder unzufrieden, dabei ist das gar nicht der Fall. Vielmehr bin ich in solchen Momenten nur gerade auf meine Gedanken konzentriert.

Nun kamen manche dieser Klischees wieder auf, als Sie nach der Bundestagswahl die Frage des Fraktionsvorsitzes für sich entscheiden konnten – gegen Friedrich Merz. Sie werden mit dem Satz zitiert, in der Politik gewinne häufig, wer sich nicht an die Spielregeln halte.

Das ist zum Teil richtig, zum Teil würde ich das heute nicht mehr so uneingeschränkt sagen, weil bestimmte Regeln unerlässlich sind. Aber es gibt auch Spielregeln, die führen geradewegs in den Stillstand. Man muss wohl einen Unterschied sehen: Wer entschlossen ist, einen neuen Weg zu gehen, wird zwangsläufig ein paar Spielregeln, die das Verharren in einer Situation gefestigt haben, verletzen.

Haben Sie ein Beispiel für Erfolg durch Regelverstoß?

Zum Beispiel als die Sozialdemokraten nach 1998 der Opposition in Europa keinen einzigen Posten mehr zugestanden. Da werden auch Sitze in Beiräten und anderen Gremien im Gegensatz zur langjährigen und guten Praxis nur noch mit Leuten aus den Regierungsparteien besetzt. Da werden mit unglaublicher Kaltschnäuzigkeit die Medien genutzt. Da werden Spielregeln verletzt, die über fünfzig Jahre gewachsen sind.

Ist nicht auch Friedrich Merz bei seiner Ablösung als Fraktionsvorsitzender Opfer eines Regelverstoßes gewesen?

Nein, die Zusammenlegung von Partei- und Fraktionsvorsitz ist nichts Außergewöhnliches. Dafür gab es strukturelle Notwendigkeiten. So haben das nach der Bundestagswahl 2002 viele in der Partei auch gesehen, ganz gleich, ob sie mich mochten oder nicht. Da muss man sich dann entscheiden. Und das habe ich getan.

Aber Friedrich Merz hat doch später behauptet, Sie hätten durch Ihre Kandidatur eine ihm gegebene Zusage gebrochen.

Aus meiner Sicht stellt sich das so nicht dar. Ich sage aber noch einmal: Dass diese Entscheidung für ihn eine extrem schwierige Situation war, verstehe ich.

Wie heißt es doch: Feind, Todfeind, Parteifreund …

Na ja. Dass so ein Prozess nicht ohne persönliche Schmerzen abgeht, ist verständlich und nachvollziehbar. Da ist die CDU nicht anders als die SPD, das findet in der Wirtschaft oder an vielen anderen Stellen ebenfalls statt. Das alles aber liegt hinter uns, und wir konzentrieren uns auf unseren Gegner und auf die Zukunft.

Zu Beginn Ihrer politischen Tätigkeit, als vom ausgeprägten Machtbewusstsein der Angela Merkel noch nicht die Rede war, wurden Sie häufig als harmlos und naiv beschrieben. Egal, ob das je gestimmt hat, das müsste jetzt eigentlich gründlich vorbei sein?

Als andere mich harmlos nannten, war das eine Zeit, in der ich mir die Freiheit nehmen konnte, erst einmal viele Optionen abzuwägen. Dann habe ich aber auch klare Entscheidungen getroffen. Am Mut zur Entscheidung hat es mir nie gefehlt.

Helmut Kohls Stärke bestand unter anderem darin, dass er unterschätzt worden ist. Gibt es da Parallelen?

Diejenigen, die sich ernsthaft mit Helmut Kohl beschäftigt haben, haben ihn eigentlich nie unterschätzt. Es waren nur Ignoranten, die ihn unterschätzt haben.

In den Medien wurde Kohl doch sehr, sehr lange unterschätzt. Erst hieß es, der wird nie Kanzler, als er dann Kanzler war, hieß es, der bleibt es nicht lange – und so weiter.

Mag sein. Aber ich bleibe dabei: Wer sich ernsthaft mit ihm beschäftigte, konnte ihn nicht unterschätzen. Solche Vergleiche hinken natürlich, denn jeder macht sein Ding. Aber vielleicht ist es bei mir auch so, dass manche mich unterschätzen.

Und damit können Sie gut leben?

Was soll ich schon dagegen tun? Das widerlegt sich in der alltäglichen Praxis. Ich finde das nicht so schlimm.

Sie stammen aus einem Pfarrhaus. Aber der Politikerin Merkel merkt man das Pfarrerskind nicht an. Oder habe ich da etwas übersehen?

Was ist schon das typische Pfarrerskind? Ich komme auch nicht aus einem typischen Pfarrhaus, weil mein Vater während meiner ganzen Kindheit in der Weiterbildung für Pfarrer tätig war, also ein Seminar geführt hat. Es gab also nicht den klassischen Gemeindebetrieb drum herum. Wohl aber gab es eine gewisse Gelassenheit. In meinem Elternhaus standen nicht Karrierefragen im Vordergrund. Da ging es mehr um Erfülltheit im Beruf. Auch das Zurückhaltende kommt wohl daher. Für ein Pfarrhaus eher untypisch war vielleicht das sehr logische, sehr rationale Herangehen an Dinge.

Sie hätten jetzt auch sagen können, dass die Gelassenheit etwas mit christlicher Zuversicht zu tun hat, dass das irdische Leben nicht alles ist. Aber dergleichen hört man von Ihnen selten beziehungsweise nie.

Das ist nicht ganz richtig. Ich gehe vorsichtig damit um, mag es nicht, wenn es aufgesetzt daherkommt. Anfangs hatte ich auch Schwierigkeiten damit, dass es vor den Parteitagen Gottesdienste gab. Für mich waren Gottesdienste etwas Persönliches, Privates. Heute sehe ich das anders. Eine solche Stunde hilft auch, das Wichtige vom Unwichtigen zu trennen.

Was bedeutet Gott dann für die Politikerin Merkel?

Die Perspektive, dass es Gott gibt, vermittelt mir ein hohes Maß an Demut. Eine Demut, mit der ich sehr gut leben kann: Sich nicht nur im Zentrum sehen, andere gelten lassen, sich bewusst sein, dass man Fehler hat und Fehler macht. Aber: Zwischen Glaube und Politik besteht ein natürliches Spannungsverhältnis. Wenn ich jedoch etwa an die Diskussionen über den Irakkrieg denke, dann weiß ich, dass Glaube nicht nur eine Privatangelegenheit ist und ich als Parteivorsitzende in einer solchen Lage schon formulieren muss, warum ich meine Haltung auch unter Aspekten des Glaubens für verantwortbar halte.

Der Glaube spielt für Sie eine wichtige Rolle?

Ja, er macht mich nachsichtiger gegenüber mir selbst und anderen, und er macht es möglich, unter der Verantwortung nicht zusammenzubrechen. Wenn ich Atheistin wäre, würde es mir sehr viel schwerer fallen, die Verantwortung zu tragen. Der Glaube ist für mich in jedem Fall eine Erleichterung. Dann aber gibt es noch eine ganz andere Ebene, die bei mir eine Rolle spielt: Es macht mir Spaß, in der Gemeinschaft eines Gottesdienstes mitzusingen. Das hat etwas Befreiendes.

Zum Kern christlicher Religiosität gehört die Nächstenliebe. Was bedeutet das Gebot der Nächstenliebe für Sie?

Nächstenliebe setzt das Ja zu sich selbst, setzt die persönliche Lebensbejahung voraus. Wenn ich die nicht habe, kann ich sie auch nicht auf andere übertragen: Du sollst deinen Nächsten lieben wie dich selbst. Diesen Gedanken finde ich wirklich bemerkenswert. In der Politik ist die Nächstenliebe insofern von Bedeutung, als sie darin bestärkt, den anderen zu achten.

Dann könnte man vielleicht auch sagen, das Gebot der Nächstenliebe steht dem kollektivistischen Denken am stärksten entgegen.

Unbedingt. Genau das war für mich – neben der sozialen Marktwirtschaft – ein weiterer Grund, in die CDU einzutreten. Dieses Gebot ist Kern unseres christlichen Menschenbildes.

Wie weit beeinflussen solche christlichen Grundüberzeugungen die Politik denn konkret?

Nehmen Sie etwa die gesamte Bildungspolitik der Union. Ich könnte auch die Wettbewerbsordnung nennen, die davon ausgeht, dass der Einzelne sich mit Freude im Wettbewerb mit anderen entfalten will, nicht nur umsorgt werden möchte. Den gesellschaftlichen Großversuch, nur die passive Seite des Einzelnen zu stärken, habe ich ja 35 Jahre in der DDR hautnah miterlebt. Ein anderes Beispiel für die christliche Grundorientierung ist die Familienpolitik, in deren Mitte der Schutz der Familie steht. Kurz: Die praktischen Regelungen der Politik sollten dem Rechnung tragen, was uns grundsätzlich am menschlichen Leben wichtig ist.

Wenn man sieht, wer sich alles auf Gott beruft – George Bush, Saddam Hussein, Osama Bin Laden –, könnte man fast zu dem zynischen Schluss kommen, die Welt wäre ohne so viele Berufungen auf Gott vielleicht friedlicher.

Sie dürfen Bush nicht auf eine Ebene mit Hussein und Bin Laden stellen. Für mich gilt: Die Berufung auf Gott ist kein Freibrief. Sie kann ein Kraftquell sein, aber sie entscheidet nicht darüber, ob die eine oder die andere Auffassung die richtige ist. Ich spreche niemandem die Fähigkeit zu einer richtigen Entscheidung ab, weil er sich nicht auf Gott beruft.

Während des Irakkriegs haben viele gebetet für einen schnellen Sieg der Amerikaner, viele haben zum selben Gott gebetet, dass es überhaupt keinen Krieg gibt. Welches Gebet bewirkt mehr?

Das kann ich nicht sagen. Ich kann nur sagen, dass es sich verbietet, im Namen Gottes Krieg zu führen. Der Papst hat gesagt, der Irakkrieg bedeute eine Niederlage der Menschheit. Das ist wahr, weil dahinter ein Scheitern von Politik und Diplomatie steht. Das war für alle eine sehr schwierige Erfahrung. Für welche Seite ich mich schließlich entscheide, ist aber eine ganz andere Frage. Das kann im Einklang mit der Bergpredigt geschehen, das muss aber nicht so sein.

Sollte man bei solchen Fragen dann nicht gleich auf die Bergpredigt verzichten?

Auf keinen Fall. Es ist gut, dass es die Bergpredigt gibt. Sie hilft zu verhindern, dass Krieg von vornherein oder überhaupt zu einem gleichsam normalen Mittel der Politik wird.

Um auf das Private zu kommen: Sie haben Ihren heutigen Mann erst spät geheiratet, obwohl Sie mit ihm schon lange zusammenlebten. Und Sie haben das der überraschten Öffentlichkeit nachträglich in Form einer Heiratsanzeige mitgeteilt.

Ja, wir haben geheiratet, als niemand mehr darauf gewartet hat.

Kardinal Meissner soll da etwas nachgeholfen haben.

Unsinn. Kardinal Meissner hat mich mal in der Bild-Zeitung angegriffen, weil mein Mann und ich unverheiratet zusammenlebten. Das hat mich geärgert. Daraufhin bin ich zu ihm gefahren und habe ihm erklärt, warum ich es für richtig halte, vorsichtig zu sein, wenn man schon mal verheiratet war.

Haben Sie kirchlich geheiratet?

Beim ersten Mal ja, beim zweiten Mal nicht.

Aber als Protestantin hätten Sie auch ein zweites Mal kirchlich heiraten können.

Ja, das wäre möglich gewesen. Aber wenn man schon einmal gescheitert ist, dann ist es mir so lieber. Ich bin auch so gut verheiratet.

Wie viel Zeit für Privates bleibt jemandem in Ihrer Position?

Gerade so viel, wie unbedingt notwendig ist, um überleben zu können.

Kann man das dem Partner, der Partnerin überhaupt zumuten?

Ich tue es ja.

Mit schlechtem Gewissen?

Sie können in der Politik das Maß der Belastung nur in Teilen selbst steuern. Vieles lässt sich nun mal nicht vorherbestimmen. Ob das nun Katastrophen sind, ein Krieg, eine Krise der Regierung oder eine Krise in der eigenen Partei – darauf haben Sie kaum Einfluss. In bestimmten Führungspositionen sind Sie ständig gefordert. Umso wichtiger ist es deshalb, sich dennoch ein paar Freiräume zu erhalten.

Was heißt das für den Partner?

Es gibt keine Planungssicherheit. Ich habe das Glück, einen Mann zu haben, der selber auch von seinem Beruf sehr erfüllt ist. Und es ist ein ganz anderer Beruf. Das macht die Sache einfacher. Hinzu kommt, dass wir ein anderes Rollenmuster leben, als das normalerweise der Fall ist. Von der Frau eines Professors wird gemeinhin erwartet, dass sie auch mal Gastgeberin bei einem Abendessen ist, vom Mann einer Politikerin aber nicht.

Haben Sie gemeinsame Hobbys?

Wandern, in die Berge fahren. Bücher, Musik, die Oper hier in Berlin, Bayreuth, Salzburg.

Und wer entscheidet, wohin die Urlaubsreise geht?

Das besprechen wir gemeinsam, wobei Urlaub in den Bergen uns deshalb besonders gut gefällt, weil wir dort auch körperlich sehr gefordert sind und schon deshalb nicht unentwegt über Politik nachdenken. Und noch ein Vorteil hat das Wandern in den Bergen: Wir sind einige Stunden per Handy nicht erreichbar.

Bekochen Sie Ihren Mann, wenn Sie mal zu Hause sind?

Sehr gerne, wenn Zeit ist am Samstagabend oder Sonntag. Eintöpfe, Schnitzel, verschiedene Fischgerichte – das kann ich alles besonders gut. Auch Kuchen backe ich gerne. Bei mir ist noch keiner unzufrieden weggegangen.

Bleibt Ihnen Zeit für einen gemeinsamen Freundeskreis?

Ja, schon, für einen kleinen Kreis. Aber leider sehen wir die Freunde von früher viel zu selten. Kürzlich habe ich das dreißigjährige Abitur-Jubiläum verpasst. Das ist dann schon ein bisschen traurig.

Was ist Ihnen beim Zusammensein mit Freunden besonders wichtig?

Dass ich dort nicht unter dem Druck stehe, ständig über Politik reden oder irgendeine politische Misere rechtfertigen zu müssen. Da stellt sich Entspannung dann ganz von selbst ein.

Es gibt Politiker, die auch in ihrer Freizeit nur über ihre Lieblingsthemen reden oder die wiederum mit anderen Politikern in Urlaub fahren.

Das kann sicher auch was Beruhigendes haben – wenn man die Leute kennt und die meisten Ansichten teilt, dann muss man auch nicht so viel streiten. Für mich ist es aber genauso schön, wenn auch mal über ganz andere Dinge gesprochen wird. Denn es kann unglaublich anstrengend sein, Leuten zu erklären, wie und warum politische Entscheidungen zustande gekommen sind. Wenn diese Freunde dann auch noch andere politische Ansichten haben, da kann dann ein Abend so stressig ablaufen wie eine politische Versammlung. Deshalb sehne ich mich an manchen Abenden geradezu nach Unpolitischem. Aber insgesamt ist es doch so: Ich glaube, jeder sollte so glücklich werden, wie es ihm gefällt.

Wenn Sie plötzlich in Ihrem Kalender drei freie Tage hätten: Was würden Sie damit machen?

Das hängt davon ab, ob mein Mann auch drei freie Tage hätte …

Na gut, drei freie Tage für Sie beide.

Dann würde ich in unser Häuschen in der Uckermark fahren oder vielleicht auch mal eine etwas substanziellere Ordnung in meiner Berliner Wohnung herstellen. Bücher einsortieren zum Beispiel – dazu komme ich einfach nie. Ich könnte natürlich auch in meinen wunderschönen Wahlkreis fahren …

Nein, nicht schon wieder arbeiten, drei freie Tage!

Das kann man ja miteinander verbinden. Ich habe nämlich das Problem, dass mein Wahlkreis flächenmäßig so groß ist. Es gibt da wunderschöne Ecken, und ich habe nie Zeit, mal hier und dort länger zu bleiben. Übrigens liegt da auch ein großer Unterschied zur DDR-Zeit: In der DDR hatte man immer Zeit.

Wenn man aus all dem schließt, dass Sie mit Ihrem Leben recht zufrieden sind, ist das sicher nicht falsch. Oder?

Ich bin zufrieden.

Was fehlt denn noch zum vollkommenen Glück?

Zeit. Und – das wundert sicher niemanden – ich wäre lieber in der Regierung als in der Opposition. Regieren ist eben viel konstruktiver.

Wenn morgen Schluss wäre mit der Politik, aus welchem Grund auch immer, was machten Sie dann?

Ach, dann würde ich mich erst einmal ein wenig verkriechen, irgendwann wieder aus dem Bau rauskommen und mich umschauen, was sich so bietet.

Arbeitsamtsleiterin wäre kein Thema mehr?

Das war mal, das habe ich abgelegt. Nein, was mich beschäftigt, und was ich auch in einem Kommunikationsjob stärker verfolgen würde, ist ein kulturelles Defizit, das wir in Deutschland haben: Wir können nicht gut mit Risiken umgehen. Das ist die Ursache für viele Schwierigkeiten, die wir heute beklagen. Das Sicherheitsbedürfnis ist extrem ausgeprägt, die Risikobereitschaft ist unterentwickelt. Am liebsten wollen wir, dass uns der Ertrag notariell garantiert wird. Am Ende regeln wir uns unsere Freiheit zu. Mut zu haben, auch mal einen Schritt zu tun, dessen Wirkung ich nicht genau bis ins letzte Detail berechnen kann, das fehlt uns. Dass sich da was ändert, daran würde ich auch außerhalb der Politik in einem Kommunikationsberuf mitarbeiten.

2
Außenseiterin in der DDR

»Ich wollte mich vom System nicht geistig degenerieren lassen«

Ihr Vater war Pfarrer, das hat das Elternhaus geprägt, aber wer war für Sie persönlich wichtiger, Vater oder Mutter?

Das kann ich so nicht sagen. Es gibt Bilder von früher, da sehe ich aus wie mein Vater, und es gibt Bilder, da sehe ich aus wie meine Mutter. Ich habe von beiden etwas. Meine Mutter hat das Tagesgeschäft gemacht, sie war die emotionale Anlaufstelle, etwa wenn wir Kinder aus der Schule kamen und erzählen mussten. Bei brenzligen Sachen wurde mein Vater eingeschaltet – aus Pappkartons einen Würfel kleben, eine Erörterung schreiben –, eben die klassische Arbeitsteilung. Weil mein Vater Pfarrer war, hatten wir Kinder einen ganz natürlichen Bezug zur Kirche. Wir waren einfach christlich, ohne das besonders zu reflektieren. Das war einfach Teil des Lebens. Professionalität und Christsein gingen ineinander über.

Was hat Ihr Vater Ihnen besonders mitgegeben?

Mein Vater hat auf die logische Strenge Wert gelegt, auf die Klarheit der Argumente. Um das Beispiel noch mal zu nehmen: Den Unterschied zwischen einer Erörterung und einer Erzählung habe ich nicht in der Schule, sondern bei meinem Vater gelernt.

Und die Mutter?

Von meiner Mutter habe ich gelernt, das normale tägliche Leben zu bewältigen und vor allem zu improvisieren. Aus vier Portionen Essen acht zu machen, wenn nötig, aus wenigem mehr, dass es für alle reicht.

Sie lebten in Templin in einer kirchlichen Bildungsstätte, dem Waldhof, mit einem Seminar für kirchliche Dienste und dem Stephanus-Stift mit Heim und Werkstatt für Behinderte.

Das waren zwei getrennte Einrichtungen, die kirchliche Weiterbildungsstätte und das Stephanus-Stift. Die Anlage hat eine lange Geschichte. Bis zum Ende des Krieges war dort ein Heim für geistig Behinderte und Schwererziehbare. Das stand in der Tradition der Bodelschwingh'schen Anstalten in Bethel. In der DDR wurde dann eine scharfe Trennungslinie gezogen zwischen denen, die der Staat noch für bildungsfähig hielt, und denen, die nicht mehr dafür gehalten wurden. Nur Letztere durften in der Obhut der Kirche bleiben. Das waren sowohl behinderte Kinder als auch Erwachsene, die dort, so gut es ging, auch einer Arbeit nachgehen konnten. Es gab Landwirtschaft, eine Gärtnerei, eine Schmiede und andere Gewerke. Ich habe dort von jeder handwerklichen Tätigkeit etwas mitbekommen. Und ich habe auch ständig Kontakt vor allem mit den erwachsenen Behinderten gehabt.

Das war für Sie nicht befremdlich?

Befremdlich? Überhaupt nicht. Dass andere sich schwerer taten im Umgang mit den Behinderten, habe ich erst gemerkt, als Schulkameraden ängstlich reagierten, wenn sie mich auf dem Waldhof besuchen sollten. Für mich war das alles ganz normal. Als Kind wächst man mit seinen Fähigkeiten ja auch erst langsam über die Fähigkeiten behinderter Erwachsener hinaus.

Gab es jemanden, an den Sie sich besonders erinnern?

Ja, da war ein Mann aus dem Heim, der immer die Kohlen gebracht hat und viel in unserem Garten geholfen hat. Ich weiß noch – er war sehr nett, aber er wollte unbedingt ein Leutnant sein. Und wenn er in der Stadt war, hat er immer versucht, so zu tun, als sei er wirklich einer. Die Leute haben ihn dann ausgelacht, und wir mussten ihn ein bisschen in Schutz nehmen, damit er sich nicht zu lächerlich machte.

Sie sind die Älteste von drei Geschwistern. Waren Sie so, wie man sich das vorstellt – mit besonderer Verantwortung, halb miterziehend?

Meine Schwester Irene ist zehn Jahre jünger. Da lag das nahe. Ich glaube schon, dass ich eine typische ältere Schwester war. Eher etwas ausgleichend. Bei meinem drei Jahre jüngeren Bruder Marcus war das vielleicht etwas anders, weil er sehr sportlich war, ich dagegen überhaupt nicht. In diesem Punkt hat er mich natürlich überholt. Ich konnte dafür besser reden als die anderen.

Haben Sie sich abgefunden mit der mangelnden Sportlichkeit?

Was soll man machen? Die auf Sportlichkeit fixierte DDR hat allerdings dafür gesorgt, dass ich daran nicht vorbeikam, obwohl ich bisweilen beim Sport richtig Angst hatte. Ich mochte keine hohe Geschwindigkeit. Deshalb mache ich zum Beispiel beim Skifahren auch heute noch gerne Langlauf, aber keine Abfahrt. Beim Sport musste ich mich schon anstrengen. Selbst an der Universität konnte man kein Diplom bekommen, wenn man im 100-Meter-Lauf die Norm nicht schaffte.

Wie schnell musste man denn über 100 Meter sein?

16,0 oder 16,1 – ich glaube, das war die Norm. Das habe ich geschafft. Ich musste dafür aber viel üben.

Haben Sie noch viel Kontakt zu Ihren Geschwistern?

Schon, aber leider zu wenig. Auch das gehört zu dem Preis, den man als Politiker wohl zahlen muss.

Sagen Sie von sich, dass Sie ein braves Kind waren?

Mit Ausnahmen. Nicht auf Krawall gebürstet, eher harmoniebedürftig.

Und die Ausnahmen?

Na ja, das hat mit einer Eigenschaft zu tun, die ich eigentlich beibehalten habe. Ich kann über längere Zeit meine Wut verbergen, bis alle denken, da passiert nichts mehr. Und dann kracht es doch. Aber richtig, mit ganz eigener Qualität. Irgendwann ist meine Wutschwelle halt erreicht, irgendwann ist das Maß voll.

Wie hat sich das geäußert?

In Wutanfällen. In der Pubertät habe ich dann auch begonnen, Szenen zu machen. Oder ich habe Grundsatzdebatten geführt. Ich habe beispielsweise meiner Mutter gerne geholfen. Wenn ich allerdings den Eindruck hatte, meine Mutter lässt mich immer das machen, was sie selbst nicht gerne macht, beispielsweise Petersilie aus dem Garten holen, dann habe ich die Auseinandersetzung darüber gesucht, welchen Sinn die Mithilfe eines Kindes hat.

Haben Ihre Eltern auch gestraft?

Ja. Aber nicht häufig. Mit weniger Taschengeld. Oder besonders hart: Hausarrest. Ganz selten auch mal eine Backpfeife. Das sah man damals nicht so eng, wie das zu der Zeit schon im Westen diskutiert wurde. Im Großen und Ganzen gab es eine sehr konsequente Erziehung. Wenn wir krank waren und Fieber hatten, mussten wir anschließend noch drei Tage im Bett bleiben. Oder wir durften zumindest nicht rausgehen. Nach einer Magenverstimmung gab es noch zwei Tage lang Wasserschleim zu essen. Das, was nötig war, wurde auch immer mit aller Kraft durchgezogen.

Aus evangelischen Pfarrhäusern sind zu allen Zeiten viele Theologen hervorgegangen. Haben Sie jemals mit dem Gedanken gespielt?

Im Grunde nicht, nein. Auch wenn ich jetzt gar nicht genau sagen kann, warum nicht. Was meine Eltern gemacht haben, habe ich respektiert. Aber ich wollte immer einen weltlichen Beruf.

Wurde zu Hause viel über Politik gesprochen?

Ja, unentwegt. Mit sieben, acht Jahren schon war das ein Thema. Diese ganze DDR war für mich nur dadurch auszuhalten, dass wir darüber gesprochen haben, warum etwas ist, wie es ist. Das Leben war ungeheuer politisch geprägt. Allerdings: total theoretisch. Wir konnten ja nichts ändern. Aber die Reflexion darüber war einfach wichtig, sonst wäre ich ja krank geworden im Kopf.

Politische Diskussionen in der Familie können recht kontrovers sein.

Wenn es so etwas wie eine Kontroverse gab, dann bestand sie darin, dass für mich sehr früh entschieden war, dass die DDR nicht funktionieren konnte. Meine Eltern haben die DDR auch kritisiert, aber sie waren nicht so sicher, ob sie sich auf Dauer würde halten können oder nicht. Für die ökonomischen Dinge haben sie sich halt nicht so interessiert, mich dagegen hatte das durchaus beschäftigt.

Also warteten Sie auf das Ende des Arbeiter- und Bauernstaates?

So kann man sich das nicht vorstellen. Man sitzt doch nicht den ganzen Tag und wartet. Aber dennoch war sonnenklar, dass die DDR auf Dauer kein effizientes System sein konnte. Diese Frage bin ich schon immer sehr grundsätzlich angegangen. Es war nicht so, dass sich mein Vater beispielsweise nicht über die deutsche Einheit gefreut hätte, aber er fand die Verhältnisse im Westen auch nicht ideal. Er hat die DDR einfach etwas milder und nicht ganz so kategorisch beurteilt wie ich. Gestritten haben wir uns auch über die Frage, ob es gerechtfertigt ist, in den Westen zu gehen, wenn man in Schwierigkeiten kommt. Meine Eltern waren 1954 von Hamburg, wo sie studierten, freiwillig zurück in den Osten gegangen, wo mein Vater herkam. Ich habe verstanden, dass Christenmenschen in der DDR auch ordentliche Pfarrer haben sollten. Das war ihre Motivation, zurückzugehen. Aber für mich war klar, dass Kinder ihre Eltern verlassen dürfen und ich, wenn es mal zwingend werden sollte, in den Westen gehen kann.

Ihr Vater ist von Hamburg aus in die DDR zurückgegangen. Haben Sie ihm nie vorgeworfen, wie konntest du das machen? Was könnten wir im Westen für ein schönes Leben haben?

Nein, das habe ich nicht getan, weil ich mich mein Leben lang mit meinen westdeutschen Cousinen vergleichen konnte und fand, dass auch ich eine lebenswerte Kindheit hatte. Ich bin in einem schlechten Staat, aber zum Beispiel in einer wunderschönen Landschaft aufgewachsen. Als ich später dann aber auch die Grenzen der eigenen beruflichen Entwicklung gesehen habe, habe ich das Für und Wider der Entscheidung meiner Eltern natürlich noch etwas stärker reflektiert. Aber: Was meine Eltern in der DDR gemacht haben, hatte sich für mich von dem, was jemand in ähnlicher Lage im Westen gemacht hat, nicht besonders unterschieden. Es gab viele Kontakte, Besuche aus dem Westen, die Bücher und so weiter. Wenn man so will, hat mir das umgekehrt auch einen ganz untypischen Blick auf die DDR eröffnet.

Sie hätten ja auch gemeinsam mit der Mutter den Kopf schütteln können: »Wenn der Vater nicht in den Osten gewollt ...«

Nein, das gab es nicht. Meine Mutter hat die Entscheidung meines Vaters sehr bewusst mitgetragen. Auf eine solche Diskussion hat sie sich nicht eingelassen. Sie hatte sicher auch die Sorge, wir Kinder könnten vielleicht unsere Entwicklung nicht so gehen, wie wir sie im Westen hätten gehen können, aber unter dem Strich war sie mit sich im Reinen.

Was sind Ihre ersten konkreten Erinnerungen an politische Ereignisse?

Das erste politische Ereignis, das sich mir richtig eingeprägt hat, war der Mauerbau im August 1961. Ich weiß noch genau, dass wir aus dem Urlaub im Westen zurückkamen. Wir waren mit der Oma mütterlicherseits in Bayern unterwegs gewesen. Sie lebte in Hamburg und hatte den Wunsch, einmal mit einem VW-Käfer durch Bayern zu fahren. Das war ihr Traum. Als sie dann einen runden Geburtstag hatte, hat sie vier Wochen Bayern und einen Käfer gebucht. Mein Vater musste Chauffeur spielen. Und wir alle waren mit von der Partie.

Alle in einem Käfer?

Zwei Kinder, zwei Erwachsene und meine Großmutter, irgendwie musste das gehen. Wir kamen nach dem Urlaub jedenfalls zurück nach Haus, ich glaube, es war ein Freitag. Mein Vater hatte auf dem Weg nach Hause in Pankow noch seiner eigenen Mutter erzählt, irgendwas werde passieren, er spüre das, in den Wäldern sei überall Stacheldraht zu sehen. Von Samstag auf Sonntag begann dann der Mauerbau. Mein Vater hatte an dem

Sonntag Gottesdienst, und es war eine furchtbare Stimmung in der Kirche. Ich werde das nie vergessen. Die Leute haben geweint, auch meine Mutter hat geweint. Alle waren fassungslos. Das war meine erste Erinnerung an politische Ereignisse. Die zweite klare Erinnerung ist, als meine Mutter eines Tages kam und sagte: »Kennedy ist erschossen worden.«

Saß bei den Gesprächen zu Hause eigentlich die Stasi in Gedanken mit am Tisch?

Darauf waren wir eingestellt. Wenn einer von uns lange telefoniert hat, kam irgendwann die Mutter rein und sagte, hört auf, die Stasi hört mit, das wird alles aufgezeichnet. Was darf man wo sagen – das wussten wir. Wir wollten uns aber nicht von vornherein einschüchtern lassen. Natürlich gab es ein paar Themen, die man lieber im Wald besprach, zum Beispiel wenn Freunde in einer besonderen Notlage waren oder wenn es um Fluchtpläne ging. Ansonsten hatte ich mir überlegt, selbst wenn alle Telefonate von uns aufgenommen würden, wäre der Neuigkeitswert ja doch bescheiden. Deshalb herrschte da auch kein beklemmendes Gefühl zu Hause. Wir hatten gelernt, damit zu leben.

Es ging hauptsächlich um das Telefon, nicht um das Abhören der Wohnung?

Nein, das glaube ich nicht, daran haben wir auch kaum gedacht. Ich weiß nur noch, dass bei manchen Gesprächen im Zimmer der Telefonhörer einfach neben die Gabel gelegt wurde, wobei mir technisch nie klar war, ob das wirklich helfen würde.

Wie beschreiben Sie den politischen Standpunkt Ihres Vaters zur DDR-Zeit? Eine Stasi-Mitarbeit hatte er abgelehnt, an Wahlen nahm er nicht teil, er war pazifistisch, wirkte aber zugleich im »Weißenseer Arbeitskreis« mit, der sich mit dem Verhältnis von

Staat und Kirche befasste und dem unterstellt wird, er habe versucht, die Verhältnisse in der DDR theologisch zu rechtfertigen.

Man muss Folgendes wissen: Die katholische Kirche hatte inklusive der Bistumsgrenzen ihre Struktur komplett erhalten – also eine katholische Kirche im geteilten Deutschland. In der evangelischen Kirche – ich erinnere an das Schlagwort von der Kirche im Sozialismus – überwog dagegen die Haltung, sich auf eine lange Zeit der Trennung von den westdeutschen Landeskirchen einzustellen. Das führte zu einem deutlichen Verständnis von Eigenständigkeit. Sie wollte sich bei der Verkündigung und der pastoralen Arbeit an den ganz anderen Lebensverhältnissen der Menschen in der DDR orientieren. Genau das hat mein Vater auch versucht. Er wollte, dass die Kirche sich an der Realität orientiert, um gleichsam nicht immer in der Fremde zu leben. Spätestens 1968, beim Ende des Prager Frühlings, kam dann auch für meinen Vater ein Bruch. Er war natürlich gegen den Einmarsch in die Tschechoslowakei. Vor allem aber wurde ihm seither im Laufe der Jahre immer klarer, dass das mit der DDR nichts werden würde.

Bedeutete »Kirche im Sozialismus« letztlich nicht, wir geben die Hoffnung auf eine demokratische DDR auf?

Das weiß ich nicht. Ich weiß nur, dass mein Vater zumindest einige Jahre lang sehr beeinflusst war von der lateinamerikanischen Befreiungstheologie, die ja auch die Vergesellschaftung des Grundeigentums forderte, dass er die amtskirchlichen Strukturen nicht mochte und lieber eine Basiskirche wollte wie in Amerika, wo die einzelne Gemeinde ihren Pfarrer unterhält. Im Westen hätte man diese Überzeugungen sozialistisch genannt, auch wenn das mit dem real existierenden Sozialismus gar nichts zu tun hatte.

Haben Sie über solche Auffassungen gestritten?

Wir haben miteinander über die Frage gestritten, wie viel Eigentum man vergesellschaften kann, damit noch genug Eigenverantwortlichkeit übrig bleibt.

Welches Bild vom Westen haben Sie gewonnen, wenn Sie West-Fernsehen geschaut haben? Die meisten Magazine, beispielsweise »Panorama«, vermittelten doch den Eindruck, in der Bundesrepublik gehe es miserabel zu: Berufsverbote, Arbeitslosigkeit ...

Das hat mich nicht so beeindruckt. Es wurde ja auch immer mal wieder etwas über die DDR gebracht. Da konnte man dann doch sehr schnell feststellen, wie wenig das mitunter der Realität entsprach. Ich erinnere mich noch an Beiträge von Peter Merseburger, lange Moderator von »Panorama«, als er Korrespondent in der DDR war, über Lesungen von Stefan Heym, Besuche bei Pfarrer Eppelmann in der Kirche und anderen mehr: Hier merkten wir doch schnell, dass auch wir manchmal von westdeutschen Medien instrumentalisiert wurden. Es gab also eine kritische Distanz. Magazine wie »Panorama« haben mich deshalb nicht verstören können.

Erinnern Sie sich an Gerhard Löwenthal?

Ja, das ZDF-Magazin. Das haben wir gesehen, und wir waren sehr froh darüber, weil das eine klare Sprache war.

Das ZDF-Magazin bot wohl die realistischste DDR-Berichterstattung im westdeutschen Fernsehen.

Für mich war Löwenthal glaubwürdig. Hinsichtlich der Beurteilung der DDR gab es dort jedenfalls die pointierte Aussprache meiner Empfindungen.

Pfarrerskinder stehen mehr im Blickpunkt als andere Kinder. Hat Sie das belastet?

Belastet hat mich das nicht, aber es gab unangenehme Situationen. Grundsätzlich galt in der Schule für uns Kinder das Gebot der Unauffälligkeit. Es war aber üblich, etwa wenn ein Vertretungslehrer kam, dass man seinen Namen und den Beruf des Vaters sagen musste. Das habe ich gehasst wie die Pest, weil ich ja wusste, dass die Lehrer auf die Pfarrerskinder besonders achteten. Ein Mitschüler hat mir mal geraten, ich sollte doch »Fahrer« statt »Pfarrer« sagen.

Und?

Ich hab schon damit geliebäugelt, habe es dann aber doch nicht gemacht. Die besonders intelligenten Lehrer haben dann noch gefragt: »Ist der Vater katholischer oder evangelischer Pfarrer?« Da gab's dann immer Gelächter. Das war zum Teil schon unangenehm.

Wie sahen die Mitschüler die Pfarrerstochter?

Wir lebten ja auf dem Land. Da gab es nicht so viele Genossenkinder. Ich glaube sogar, etwa ein Drittel der Schüler ging zur Christenlehre. Das wurde von der Schulleitung nicht geschätzt, aber akzeptiert. Manchmal wurde auch, wenn Christenlehre war, von der Schule ein besonders attraktives Angebot auf dieselbe Zeit gelegt. Geändert hat das nichts. Ich erinnere mich noch, dass in meiner Klasse in der Erweiterten Oberschule von 28 Schülern 13 oder 14 keine Jugendweihe hatten. Alle waren konfirmiert worden. Und es gab noch ein paar, die beides hatten: Konfirmation und Jugendweihe. Es gab in der Schule viele Gleichgesinnte.

Sie hatten auch nicht das Gefühl, einer Minderheit anzugehören?

Manchmal schon. Alles war immer mit Kampf verbunden: Ja nicht auffallen, immer ein bisschen besser sein als die anderen, darf ich zur Erweiterten Oberschule oder nicht und so weiter. Unbeschwert war da nichts.

Aber Sie haben unter diesen Verhältnissen nicht gelitten?

Wenn ich darunter gelitten habe, dann hab ich es heute verdrängt.

Haben Sie nicht manchmal gedacht, wenn mein Vater nur kein Pfarrer geworden wäre?

In der Pubertät sicher. Wenn einem alles lästig ist, dann denkt jedes Kind, wenn mein Vater nur einen anderen Beruf hätte. Aber alles in allem hatte ich vom Beruf meines Vaters mehr Vorteile als Nachteile.

Sie haben mal gesagt: »Ich habe nie DDR-Klamotten getragen.«

Ja, aus zwei Gründen. Mein Vater hatte nicht viel Geld. 600 Mark erhielt ein Pfarrer damals. Das war wirklich zu wenig, um uns Kinder alle einzukleiden. Aber es gab dann noch die so genannte Bruderhilfe von der Evangelischen Kirche im Westen. Diese Zuwendungen wurden von Verwandten im Westen verwaltet, die davon im Wesentlichen Kleidung für uns besorgt haben. Meine West-Kleidung hatte also mit mangelndem Geld und erst in zweiter Linie etwas mit modischem Geschmack zu tun.

Ihre Familie hatte viele West-Kontakte, Sie trugen Kleidung aus dem Westen. Aber Sie als eine Art Westdeutsche in der DDR zu bezeichnen, das wäre dann doch übertrieben?

Nein, das kann man wirklich nicht sagen. Aber jemand, der sich besonders mit der DDR auseinander gesetzt hat, das war ich schon.

Wie war das eigentlich in der Schule: Hat das Lernen Ihnen Mühe gemacht?

Nein, im Gegenteil. Das Mühelose hat mich auch sehr geprägt. Die Schule machte mir überhaupt keine Schwierigkeiten. Mathe nicht, Russisch nicht, Deutsch nicht – weder Naturwissenschaften, noch Sprachen. Ich habe ein sehr gutes Kurzzeitgedächtnis und ein etwas schlechteres Langzeitgedächtnis.

Gut für Prüfungen ...

Stimmt. Mir hat das Lernen wirklich Spaß gemacht. Etwas schwerer fiel mir, Aufsätze zu schreiben. Das hat sich irgendwie gehalten. Reden liegt mir mehr. Wie soll man sagen: Ich bin eben weniger ein schriftlicher, mehr ein mündlicher Typ.

Und wo gab es Schwierigkeiten?

In den praktischen Dingen – Zeichnen, Werken, Sport – war ich nicht gut, da musste ich mich richtig anstrengen. Deshalb bin ich auch – glaube ich zumindest – nicht hochmütig geworden. Irgendwie hat mich das bodenständig gemacht.

Was waren denn Ihre Lieblingsfächer?

Russisch und Englisch.

Nicht Physik?

Ach, wissen Sie, das war immer eine Hassliebe. Das war auch das einzige Fach, in dem ich mal ein Fünf bekommen habe. Es gibt da eine so genannte Rechte-Hand-Regel, die mit Stromberechnungen zu tun hat. Ich aber habe alles über die linke Hand gerechnet. Ansonsten ging es aber ganz gut. Mich haben die physikalischen Theorien sehr interessiert. Ich wollte die Einstein'sche Relativitätstheorie verstehen, wollte begreifen, was die Leute um Robert Oppenheimer, die die Atombombe gebaut haben, dachten. Und vieles mehr. Bei der Wahl des Studiums hat schließlich auch den Ausschlag gegeben, dass ich für Physik eine Empfehlung bekommen konnte. Hätte ich Psychologie studieren wollen, hätte ich sicher keine erhalten.

Es heißt, Sie hätten auch nicht Lehrerin werden dürfen.

Nein, das ist immer wieder geschrieben worden, stimmt so aber nicht, denn ich habe es gar nicht erst versucht. Es wäre sinnlos gewesen. Dann hätte ich ja so agieren müssen wie die anderen Lehrer und zum Beispiel alle Kinder aufstehen lassen, die zur Christenlehre gehen. Das hätte ich nicht gewollt. Lehrerin wäre ich mit großer Wahrscheinlichkeit geworden, wenn ich im Westen gelebt hätte.

Wir haben schon über Freunde gesprochen. Wie war das in der Schulzeit? Hatten Sie einen großen Freundeskreis?

Im Grunde waren es viele Freunde, auch wenn die nicht immer alles mitgemacht haben, was mir gerade gefiel. Zum Beispiel habe ich Kunstpostkarten gesammelt, Klee, Chagall, Kandinsky, Marc … Das fanden nicht alle so toll wie ich. Oder ich bin schon mit fünfzehn gerne in Berlin ins Theater gegangen. Auch das fanden meine Schulfreunde in der Regel eher weniger spannend.

War trotz Ihres Elternhauses eine Freundschaft etwa mit der Tochter eines SED-Sekretärs denkbar?

So etwas hat sich nicht ergeben, aber denkbar wäre das schon gewesen. Meine Eltern waren für ihr offenes Haus bekannt. Ein Klassenkamerad, dessen Vater SED-Funktionär war, schaute bei uns öfters mal West-Fernsehen, weil er das zu Hause nicht durfte.

Wenn Sie an die Schulfreunde denken: Wie sehen Sie sich – mehr als eine unter vielen oder mehr als Anführerin?

Als Anführerin. Wenn etwas zu organisieren war, habe ich das gemacht, ich habe anderen bei den Hausaufgaben geholfen. Und vieles mehr. Vielleicht hatte das damit zu tun, dass ich mir immer recht frühzeitig überlegt habe, was bald anstehen würde. Welche Geschenke ich brauchen würde, darüber habe ich zum Beispiel schon zwei Monate vor Weihnachten nachgedacht, nicht erst kurz davor. Ich wollte immer wissen, was auf mich zukommt, auch wenn das womöglich ein wenig auf Kosten der Spontaneität gegangen ist. Mein Leben zu strukturieren und Chaos zu vermeiden war mir wichtiger.

Und die erste große Liebe hat da nichts in Unordnung gebracht?

Die erste große Liebe kam erst im Studium. In der Schulzeit gab es allenfalls mal ein bisschen Verliebtsein – mehr platonisch. Damals wurde noch nicht so schnell zur Tat geschritten wie heute. Eine Frühentwicklerin war ich auf diesem Gebiet jedenfalls nicht.

Junge Pioniere, FDJ: Warum haben Sie da mitgemacht?

Meine Eltern hatten entschieden, dass wir erst nach der ersten Schulklasse zu den Jungen Pionieren gehen sollten – wenn überhaupt. Entgegen der staatlichen Losung wollten sie damit deutlich machen, dass jedes Kind in die Schule gehen muss, aber nicht automatisch auch zu den Jungen Pionieren. Am Ende der ersten Klasse durften meine Geschwister und ich dann selbst entscheiden, was wir wollten. Und gemeinschaftshungrig wie ich war, wollte ich zu den Pionieren, die anderen Kinder gingen da schließlich auch hin. Meine Eltern haben das gestattet. Sie haben darauf vertraut, dass wir selbst im Laufe der Zeit erkennen würden, welcher Unsinn da getrieben wurde. Und so war es ja auch.

Das Gemeinschaftsgefühl trieb Sie also zu den Jungen Pionieren?

Nicht nur. Wer da nicht mitmachte, bekam in der Schule auch kein Lob ausgesprochen, selbst dann nicht, wenn das Zeugnis hervorragend war. Am Ende der ersten Klasse bekam ich trotz meines sehr guten Zeugnisses kein Abzeichen. Aber ich wollte dieses Abzeichen unbedingt haben. Ansonsten war das, was da gemacht wurde, für uns nicht von großer Bedeutung.

Und bei der FDJ?

Da wurde die Sache dann schon etwas problematischer, auch unangenehmer. Ich denke da an den Sommer 1968, an Prag. Wir waren in den Ferien in der Tschechoslowakei gewesen. Und die Aufbruchstimmung dort hatte uns richtig angesteckt. Als ich in der Schule davon erzählt habe, schauten die Lehrer nur finster, und genauso war es auch in der FDJ.

Wie weit haben Sie sich anpassen müssen? Oder haben Sie auch mal widersprochen?

Ich denke, ich war für manche Lehrer, aber auch für die FDJ-Sekretäre sicher manchmal eine Herausforderung. Als halbwegs intelligentes Kind konnte man diese Leute mit einigen Fragen schon in die Bredouille bringen. Nach einer Weile wussten die natürlich, dass da eine gewisse Renitenz dahinter steckte. Die meisten in meiner Abiturklasse waren überdurchschnittlich begabt. Wir waren so weit angepasst, wie es gerade nötig war. Aber die Lehrer merkten, dass wir uns insgeheim auch lustig machten – besonders in Fächern wie Staatsbürgerkunde oder eben bei irgendwelchen FDJ-Sachen. 1973, kurz vor dem Abitur, gab es dann einen richtigen Crash.

Angela Merkels viel beschriebene »antisozialistische Kulturstunde«.

Das ist schon wieder völlig überhöht. Jede Klasse sollte ein Kulturprogramm präsentieren. Wir hatten keine Lust und haben uns abgemeldet. Über den Schul-Pausenfunk wurde dann dauernd verbreitet, dass die Klasse 12b nicht am Kulturwettstreit teilnehmen will. Daraufhin haben wir uns entschlossen, auf die Schnelle doch noch ein Programm zu machen. Na ja, wie das so ist, plötzlich hat das Spaß gemacht. Dabei haben wir gar nichts Verbotenes getan, wir haben die »Internationale« auf Englisch gesungen, dann Morgensterns »Mops auf der Mauer« vorgetragen, und gespendet haben wir nicht für Vietnam, sondern für die Frelimo. Das war alles.

Frelimo war doch eine ordentliche marxistische Befreiungsbewegung in Mozambique.

Schon, aber es sollte eben für Vietnam gespendet werden. Allein die Kombination des Ganzen reichte aus, dass die Staatssicherheit für zwei Tage an die Schule gerufen wurde. Dabei stellte sich dann heraus, dass man uns an der Schule schon seit vier Jahren im Verdacht hatte, wir nähmen das alles nicht ganz ernst. Aber sie hatten uns bislang nicht richtig packen können. Wir bekamen einen Verweis, auch die Eltern wurden einbestellt. Es wurde uns dann sogar vorgeworfen, wir würden immer nur West-Klamotten tragen und Ähnliches. Das führte aber nur dazu, dass die Lehrer plötzlich alle Eltern gegen sich hatten, denn die hatten sich ja nur bemüht, ihren Kindern etwas Anständiges zum Anziehen zu besorgen. Meine Eltern haben dann versucht zu verhindern, dass das gesamte Hasspotenzial von Partei und Staatssicherheit sich so richtig entfalten konnte.

Wie haben sie das gemacht?

In der DDR musste man immer dann, wenn es auf einer Ebene wirklich eng wurde, auf die nächsthöhere gehen, also aus diesem Automatismus von Repression ausbrechen, Beschwerde führen und dafür sorgen, dass ein Mindestmaß an Objektivität wiederhergestellt wurde. Mein Vater hat so eine Beschwerde an die SED-Bezirksleitung gerichtet, und ich habe dieses Papier dann auch im Auftrag meines Vaters dem damaligen Konsistorialrat Manfred Stolpe zur Kenntnis überbracht. Dass ich das selbst dorthin tragen musste, war allerdings auch eine Art Canossagang, den ich abzuleisten hatte. Schließlich hatte ich mit für den ganzen Trouble gesorgt.

Hatten Sie den Eindruck, die Lehrer hätten das alles ernst genommen, was sie den Schülern im Sinne von Staat und Partei erzählten?

Es gab durchaus Lehrer, die das ernst genommen haben. Zu der Überzeugung kam dann bei manchen noch ein nicht gerade großes Maß an geistiger Flexibilität. Am schlimmsten wurde es bei denen, die merkten, dass sie den Sticheleien und Anspielungen der Schüler intellektuell nicht gewachsen waren. Diese Lehrer versuchten, das durch Einsatz von Macht auszugleichen.

Renitente Schüler im Westen riskierten allenfalls eine schlechte Note, bei Ihnen ging es ja wohl um mehr.

Das war ein generelles Problem in der DDR: Bürgerrechtler mussten sich darüber im Klaren sein, dass ihre ganze Familie in

Mitleidenschaft gezogen würde, und genauso konnten Kinder ihre Eltern in Misskredit bringen. Das ist ein wesentlicher Unterschied gewesen. Die Sippenhaft, das war das Schlimme.

Bei Ihnen stand der Studienplatz auf dem Spiel.

Klar. Andere mussten fürchten, ob sie überhaupt Abitur machen könnten und vieles mehr.

Nach dem Abitur gingen Sie zum Studium nach Leipzig. Sie wollten sich also bewusst vom Elternhaus abnabeln.

Ja, aber ich wollte vor allem auch raus aus der Kleinstadt. Ein Studium in Berlin wäre mir einfach noch zu nahe am Elternhaus und an Templin gewesen. Leipzig – ich wusste, da würde ich dann erst einmal länger bleiben müssen.

Wie muss man sich das vorstellen: Herrschte während des Physikstudiums ein großer Leistungsdruck?

Ja. Ich hatte mir das Physikstudium ausgesucht, weil ich das als eine echte Herausforderung begriffen habe. Ich wollte etwas schaffen, was mir nicht von vornherein leicht fiel. Das hat mich dann umso mehr gereizt. Und ich war neugierig, die großen physikalischen Theorien, auch die Philosophie dahinter, zu verstehen. Die ersten zwei Jahre waren sehr hart. Aber ich bin dann ganz gut zurechtgekommen.

So gut wie in der Schule?

Experimentalphysik war nicht gerade meine Stärke. Mit dem Löten hatte ich Schwierigkeiten. Und meine Schaltpläne haben in der Praxis meistens nicht funktioniert.

Aber zum Einser-Examen hat es doch gereicht?

Ja. Das Theoretische war für mich fassbar und machbar.

Mussten Sie sich während des Studiums Sorgen machen, später einen Job zu bekommen?

Das Studium war eine leistungsorientierte, aber eine sehr unbeschwerte und eigentlich sorgenfreie Zeit. Vor allem war es eine weitgehend politikfreie Zeit. Dass alles registriert wurde, was wir taten – welche Musik, welche Jeans, welche Freunde, wer zur Evangelischen Studentengemeinde gegangen ist –, das habe ich erst am Ende erfahren. Was den Beruf angeht, hatten wir uns alle vor Beginn des Studiums verpflichten müssen, nach dem Abschluss drei Jahre lang zur Verfügung zu stehen und dort hinzugehen, wo der sozialistische Staat uns brauchen würde. Insgeheim hoffte aber jeder, sich dann aus der Sache rausmogeln zu können. Und ich hatte während des Studiums geheiratet.

Ihren ersten Mann, Ulrich Merkel.

Hauptgrund für die schnelle Heirat war, dass es eine Chance, gemeinsam einen Arbeitsplatz am gleichen Ort zu bekommen, nur dann gab, wenn man verheiratet war.

Ihr erster Mann hat in einem Interview denselben praktischen Grund für die Heirat genannt – zwei Jobs in derselben Stadt. Da fragt man sich schon, wo blieb denn da die Romantik?

Mein erster Mann und ich, wir waren natürlich verliebt, wir gingen auch von einer gemeinsamen Zukunft aus. Aber in der DDR war es so, dass man die gemeinsame Wohnung und Arbeit am selben Ort eben nur bekam, wenn man verheiratet war. Das hat dann die Phase der Selbstprüfung in einer Beziehung oft abgekürzt. Darum geht es mir mit meiner Antwort. Vielleicht hat meine scheinbar emotionslose Äußerung zu meiner ersten Ehe aber auch damit zu tun, dass ich mir im Rückblick sage, wahrscheinlich hätten wir damals nicht gleich heiraten, sondern noch etwas warten sollen.

Sie beide waren ja nicht die einzigen jungen DDR-Bürger, die auch deshalb geheiratet haben, um eine Wohnung zu bekommen.

Genauso ist es, man hat einfach schneller geheiratet als im Westen. Aber nun sollten Sie nicht denken, in der DDR hätten junge Paare sich nicht geliebt, sondern nur auf die Wohnung geschielt. Wenn man sich nicht liebt, dann ist auch eine gemeinsame Wohnung nicht sehr attraktiv. Aber wenn man zusammenleben wollte, war die schnelle Heirat meist der Weg dazu.

Ihr erster Mann hat sich in den letzten Jahren immer sehr positiv über Sie geäußert.

Das war ja auch eine Trennung, die ohne jede Verbissenheit oder schmutzige Wäsche ablief.

Als Sie CDU-Vorsitzende wurden, da sagte Ulrich Merkel: »Die Angela kann das.«

Darüber habe ich mich gefreut.

Wir hatten über Ihre Berufswahl gesprochen. Wie kam es, dass Sie in der Wissenschaft gelandet sind?

In einen Chemie-Betrieb in Bitterfeld wollte ich nicht gehen. Ich hatte mir auch angesehen, wie es in einem Berliner Kraftwerk zuging. Dort war mir die Kluft zwischen meinen theoretisch-physikalischen Arbeiten und dem Betriebsalltag des real existierenden Sozialismus reichlich klar geworden. Deshalb habe ich versucht, an der Uni eine Assistentenstelle zu bekommen.

An der TU-Ilmenau.

Ja, aber daraus wurde nichts, weil ich nicht bereit war – wie dort verlangt –, für den Staatssicherheitsdienst zu arbeiten. Danach kam dann die Möglichkeit, an die Akademie der Wissenschaften nach Berlin zu gehen, wo schon einige Freunde arbeiteten.

Waren Sie überrascht, als Sie von der Stasi angesprochen wurden?

Das kann man sagen. Aber schon das Vorstellungsgespräch für die Arbeitsstelle in Ilmenau hatte gespenstische Züge gehabt. Ich hatte gerade George Orwells »1984« gelesen, hatte sozusagen den totalen Überwachungsstaat genau vor Augen, war wahnsinnig erkältet, kam zu einem unangenehmen Vorstellungsgespräch bei einem noch unangenehmeren Kaderleiter. Und dann das: Der wusste bestens Bescheid, was ich im Studium gemacht, mit wem ich Kontakt hatte. Er gab mir zu verstehen, dass es nicht gut sei, in der Kirche gesehen zu werden, wenn ich die Assistentenstelle bekommen wolle. Aber wie ich nun einmal bin, war ich in diesem Vorstellungsgespräch zwar nicht auf Krawall aus, aber ich glaube, dass ich in diesem etwas zerrigen Gespräch dennoch nicht viel Boden preisgegeben habe. Meine Entscheidung ließ ich offen, auch wenn mir sehr unwohl dabei war. Und dann kam der Höhepunkt: Als ich zu der Reisekostenstelle ging, um mir die Fahrtkosten für die Anreise zu diesem Vorstellungsgespräch erstatten zu lassen, wurde ich auf der Treppe von zwei Männern angesprochen.

Sie wussten sofort, was die wollten?

Die haben sich ganz normal als Mitarbeiter des Ministeriums für Staatssicherheit vorgestellt. Ich habe denen ziemlich schnell erklärt, dass ich nicht zu einer Mitarbeit bereit sei. Dann hab ich denen noch gesagt – das hatten mir meine Eltern für solche

Situationen immer geraten –, dass ich den Mund nicht halten könnte und ohnehin alles erzählen würde. Damit war die Stasi-Mitarbeit erledigt, aber Ilmenau war auch erledigt.

An der Akademie der Wissenschaften in Berlin hat man Sie dennoch aufgenommen.

Die Akademie hatte aus der Sicht der Partei den Vorteil, dass man dort zwar forschen und promovieren konnte, aber es fand keine Ausbildung statt. Man kam nicht mit Studenten in Kontakt. Aus Sicht des Staates war das also ungefährlich, weil sich Renitenz dort nicht fortpflanzen konnte.

Trotz dieser Erfahrungen in Ilmenau wurden Sie während der Zeit an der Akademie Kulturbeauftragte der FDJ. Was hat Sie dazu bewogen?

An der Akademie habe ich mich anfangs recht allein gefühlt. Mein Mann und ich wohnten in der Nähe der Mauer, jeden Tag diesen Weg zu gehen war für mich bedrückend. Das war eine echte Umstellung nach meinem Studium in Leipzig. Irgendwann hat mich jemand gefragt, ob ich nicht in der FDJ-Kulturarbeit am Institut mitmachen wollte, da sehe man wenigstens junge Leute, könne ins Theater gehen und so weiter. Das war für mich schön, auch weil mein früherer Mann eher häuslich veranlagt war.

Also ging es vor allem darum, bei der FDJ nette Leute zutreffen?

Ja, im Großen und Ganzen schon, auch wenn man da nicht nur ausschließlich nette Leute traf.

Nun war die FDJ nicht nur eine Freizeitveranstaltung, sondern eine politische Organisation. Oder ist das falsch?

Das ist natürlich nicht falsch, im Gegenteil, aber Sie müssen immer beachten, dass in der DDR viele Gemeinschaftsaktivitäten, was es auch immer sein mochte, über politische Organisationen abgewickelt wurden. Das war ja gleichsam Führungsprinzip. Das fing schon bei den materiellen Mitteln an. Die FDJ hat beispielsweise die Theaterkarten mit 2,50 Mark subventioniert. Eine Diskussionsgruppe, die einen Raum haben wollte, bekam ihn – wenn sie nicht subversiv vorgehen wollte – nur über die FDJ. Es gab also wenig Möglichkeiten, dem auszuweichen. Aber natürlich bestand die Gefahr, das steht außer Zweifel, weiter hineingezogen zu werden, als einem lieb war. Ich wollte keine Laufbahn in der FDJ, auf keinen Fall in den Kreisvorstand oder was auch immer da denkbar gewesen wäre. So gesehen war das alles eine ungeheure Gratwanderung. Rückblickend kann ich nur sagen, vielleicht hätte ich die Kontakte über die FDJ gar nicht gebraucht, wenn ich von vornherein Freunde am Institut gehabt hätte. Aber – das sage ich auch – ich wusste schon, was ich tat und was nicht.

Günther Krause, Ihr in vielerlei Hinsicht gescheiterter Parteifreund, hat über Ihre FDJ-Zeit eine ganz andere Meinung. Zitat Krause: »Angela Merkel war FDJ-Kreisleitungsmitglied für Agitation und Propaganda ... Das ist eben nicht Kulturprogramm. Agitation und Propaganda, da ist man verantwortlich für Gehirnwäsche im Sinne des Marxismus.« Wie kommt Krause zu solchen Aussagen?

Einer von denen, die damals in der FDJ-Gruppe dabei waren, behauptet immer wieder, ich hätte Agitation und Propaganda betrieben. Vielleicht hat Krause das gelesen und, weil er mir nicht gerade wohlgesinnt ist, gleich noch mal weiter zugespitzt. Aber diese Frage müssen Sie eigentlich ihm stellen und nicht mir. Was soll ich sonst dazu sagen? Agitation und Propaganda? Ich kann mich nicht erinnern, in irgendeiner Weise agitiert zu haben. Ich war Kulturbeauftragte.

Wo, in der FDJ-Kreisleitung?

Nein, ich war nicht in der FDJ-Kreisleitung, ich war FDJ-Kulturbeauftragte für unsere Gruppe an unserem Institut – nicht einmal für die gesamte Akademie und schon gar nicht für den Kreis.

Was hat denn die Kulturbeauftragte Merkel konkret getan?

Theaterkarten besorgt, Buchlesungen organisiert, zum Beispiel die Bücher jüngerer sowjetischer Schriftsteller, Vorträge. Auch alles, was zwischen den Zeilen kritisch gegenüber der DDR war, hat uns interessiert.

Wollten Sie auf diese Weise etwa das System mit den eigenen Mitteln schlagen?

Nein, so kann man sich das doch nicht vorstellen. Das lief doch anders: Man hat das Minimum von dem gemacht, was man politisch machen musste. Sie dürfen sich nicht vorstellen, dass wir uns da jeden Abend getroffen haben. Das waren vielleicht ein, zwei Abende im Monat. Ansonsten musste man aufpassen, dass man den Verlockungen wie einer Reise ins nichtsozialistische Ausland mit einem Wandzeitungsartikel als Gegenleistung nicht erlag. Aber diese Grenze habe ich persönlich nie überschritten.

Waren in Ihrer Kulturgruppe keine künftigen Kader dabei, niemand, der im Sozialismus Karriere machen wollte?

Ein paar vielleicht, aber die meisten waren da völlig entspannt. Denen war klar, dass sie in diesem Staat keine große Karriere machen würden. Wer wirklich Karriere machen wollte, der ging zur SED. Dort spielte die Musik.

Müssen Sie nicht damit rechnen, dass das Thema »Angela Merkel und die FDJ« eines Tages in einer bestimmten Konstellation wieder hochgespielt wird?

Was heißt hier hochgespielt? Das ist Teil meines Lebens, das ist bekannt, und ich habe da nichts zu verbergen. Es ist offenbar unheimlich schwer, heute zu verstehen und begreiflich zu machen, wie wir damals gelebt haben. Wo war die Grenze des Kompromisses, die jeder für sich finden musste? Ich werde beispielsweise nie vergessen, wie ich ohne jeden Argwohn 1991 am ersten Jahrestag der Währungsunion auf einer Veranstaltung in Schwerin von meiner Marxismus-Leninismus-Abschlussarbeit bei der Promotion erzählt habe, die das schöne Thema »Was ist sozialistische Lebensweise?« hatte. Für diese Arbeit hatte ich damals viel Kritik geerntet, denn in meiner ländlichen Begeisterung hatte ich zu viel über die Bauern und zu wenig über die Arbeiterklasse geschrieben. Das aber nur am Rande bemerkt. Jedenfalls hat das, was ich bei der Veranstaltung in Schwerin völlig ohne Argwohn von mir aus erzählt habe, offensichtlich auch jemand vom »Spiegel« gehört, denn anschließend wurde vom »Spiegel« wie verrückt nach dieser Arbeit gesucht, wer weiß, welchen Skandal man da zu enthüllen glaubte. Meine Arbeit war aber in den Akademie-Akten nicht mehr zu finden.

Sie könnten ja noch ein Exemplar haben.

Im Prinzip schon, aber Kopierer gab es nicht, und ich hatte den Text auch nur einmal ohne Durchschlag getippt. Kurz und gut: Ich habe kein Exemplar. Wenn ich es hätte, würde ich es sofort herausgeben. So aber gerät man sofort in den Verdacht, hier werde etwas vertuscht, und das nur, weil sich heute niemand vorstellen kann, wie es ist, wenn kein Kopierer da ist und man seinen Text auf einer alten Adler-Maschine schreibt, in der sich das Blaupapier nur verheddert. Unversehens findet man sich in eine Verteidigungshaltung gedrängt. Das will ich nicht. Wieso auch? Im Übrigen wage ich zu behaupten, dass auch die Menschen im Westen jeden Tag Kompromisse machen müssen zwischen ihren Überzeugungen und dem, was der Alltag verlangt. Aber deswegen stelle ich niemanden sofort unter Generalverdacht.

Sie haben an einer wichtigen wissenschaftlichen Akademie gearbeitet. Das hieß also, forschen für den Sozialismus?

Genau über diesen Punkt habe ich sehr oft nachgedacht. Ich hatte Freunde im Haus in der Berliner Marienstraße, wo ich damals wohnte; die studierten Medizin. Wir haben uns gefragt, wofür wir eigentlich arbeiten. Die Mediziner waren fein raus, weil sie ja dem Menschen an sich dienten. Ich dagegen musste mir eingestehen, dass ich, je mehr ich arbeite, umso mehr das System stabilisiere. Als Physiker stand man anders als zum Beispiel Mediziner viel mehr unter dem Zwang zur Rechtfertigung. Irgendwann – auch im Lichte vieler Menschenschicksale, die ich an der Akademie beobachten konnte – habe ich mir gesagt: Du musst zur Erhaltung deiner eigenen Fähigkeiten, also nur für dich, die Leistung bringen, die dir möglich ist. Wenn du nachlässt, wenn du nicht ständig trainierst, dann hat das System dich zwar nicht zur Höchstleistung getrieben, aber es hat dich degeneriert. Das war meine Antwort. So konnte ich leben. Ob falsch oder richtig – ich weiß es nicht. Zur Zeit der Wende war ich schon froh, dass ich mich nicht habe hängen lassen.

Man konnte in der DDR ja auch eine ruhige Kugel schieben.

Na ja, bei der Schichtarbeit, wo man Normen erfüllen musste, war nichts mit »ruhiger Kugel schieben«. Woanders fand man seine Lücken, das ist richtig.

Das System zeichnete sich doch dadurch aus, dass alle beschäftigt waren, aber nicht jeder Arbeit hatte.

Es zeichnete sich dadurch aus, dass es die möglichst ineffiziente Organisation eines Gemeinschaftswesens war. Das Interessante war doch, dass immer noch Arbeitskräfte gesucht wurden. Es gab nie genug. Insbesondere für einfache Tätigkeiten wurden dauernd Leute gesucht. Allein die ständige Überwachung schluckte Personal ohne Ende. Das Einzige, was funktionierte, war das Bestreben, die Führungseliten durch kleine, perfide Vorteile gefügig zu halten, ihnen materielle wie immaterielle Vorteile zu verschaffen – mal eine Ananas für alle Genossen, mal einen besseren Urlaubsplatz, mal mit der »Völkerfreundschaft« nach Kuba.

Aber am Ende hat auch das nicht mehr gereicht.

Richtig, die DDR ist zusammengebrochen, als ihre wirtschaftliche Leistungskraft so weit am Ende war, dass sie dieses perfide System der Leistungsanreize nicht mehr aufrechthalten konnte. Zwei Faktoren haben die DDR über Jahre stabilisiert: die Verführbarkeit des Menschen und die gleichsam osmotische Durchlässigkeit der Grenze für Leute, die man nicht mehr haben wollte. Wer zu viele Freiheitsgrade brauchte, wer zu renitent wurde, der wurde so lange drangsaliert, bis er dann das Land verließ.

Was hätte Sie veranlassen können, einen Ausreiseantrag zu stellen?

Ich hatte an der Akademie einen Kollegen, der von der Promotion ausgeschlossen wurde. Als in Polen das Kriegsrecht ausgerufen wurde, war er in Berlin. Ich war zu der Zeit für einige Monate in Prag. Er musste in diesen Tagen an den Marxismus-Leninismus-Stunden teilnehmen. Dort gab es wüste Diskussionen. Und er hat dafür bezahlen müssen. Vielleicht hat mein Prag-Aufenthalt mir damals die Promotion gerettet. In solchen Lagen denkt man schon aus einem Urimpuls heraus, jetzt reicht es. Da überlegt man sich ernsthaft wegzugehen. Und ich habe die Leute, die es nicht mehr ausgehalten haben, immer sehr gut verstehen können. Letztlich ist es auch eine Frage des Temperaments und seiner Freunde, wie man sich entscheidet. Aber im Grunde war man jeden Tag in der Gefahr, die Nerven zu verlieren und nicht mehr bleiben zu können. Die Möglichkeit, einen Ausreiseantrag zu stellen, war für mich auch immer eine Art geistiger Notausgang.

Der Zusammenhalt der Menschen in der DDR wird immer als geradezu ideal dargestellt.

Ja, das war eine Not-, eine Tausch-, eine Nützlichkeitsgemeinschaft. Als es plötzlich alles zu kaufen gab, auch als man plötzlich seine Träume umsetzen konnte, waren diese Notgemeinschaften nicht mehr notwendig.

War Ihnen in dieser Zeit bewusst, dass unter Ihren Kollegen und Freunden auch Stasi-Mitarbeiter waren?

Mehr oder weniger. Man hätte vielleicht in einer Gruppe nicht über konkrete Fluchtpläne gesprochen, aber über das tägliche Unbehagen an diesem Staat, darüber haben wir schon offen geredet. Und es war uns letztlich egal, ob da einer mithört oder nicht. Wir wären doch verrückt geworden, wenn wir uns dauernd gefragt hätten: »Wer ist hier IM?« Was meine Kollegen angeht, so hat sich nach der Wende bestätigt, dass ich bei einer bestimmten Person den richtigen Verdacht hatte.

Waren Sie schockiert oder enttäuscht?

Das kann ich so nicht sagen. Ich habe ja keine so bitteren Erfahrungen gemacht wie etwa Vera Lengsfeld, deren Mann für die Stasi arbeitete, oder andere. Was mich im Nachhinein mehr gestört hat, war, dass es leider nur wenige gab, die es von sich zugegeben haben. Das hätte ich erwartet.

Haben Sie mit denen, die Sie bespitzelt haben, mal geredet?

Eine Frau aus meinem Institut wollte mal mit mir reden. Dazu hatte ich aber keine Lust. Ähnlich war das in einem anderen Fall – ich wollte die Rechtfertigung nicht hören. Niemandem soll wegen seiner Vergangenheit der Boden weggezogen werden, aber es ist nicht in Ordnung, wenn so jemand zum Beispiel weiter Nutznießer öffentlicher Gelder bleibt oder im Öffentlichen Dienst arbeitet. Das geht nicht. Schon allein wegen der Erpressbarkeit.

Mich hat es immer gewundert, dass es nach dem Zusammenbruch der DDR nicht hier und da zu einer Art Selbstjustiz gegenüber Spitzeln oder SED-Funktionären gekommen ist.

Das ist schon deshalb nicht passiert, weil die Fälle nicht so eindeutig, weil die Übergänge von ein bisschen schuldig zu richtig schuldig einfach fließend waren. Ich sagte es schon – jeder hat Kompromisse machen müssen, das gilt auch für mich. Es wäre heuchlerisch, das nicht zuzugeben. Für mich gibt es eine klare Trennungslinie: Mit Leuten, die hauptamtlich für die Stasi gearbeitet haben, möchte ich nichts zu tun haben. Ich habe es sehr bewundert, wie Gerhard Stoltenberg als Verteidigungsminister die Nationale Volksarmee in die Bundeswehr integriert hat. Mir hätte wahrscheinlich die Distanz gefehlt, das zu tun. Noch etwas, warum es keine Selbstjustiz gab: Die DDR-Gesellschaft war in einem so unerträglichen Maß selbstgerecht, dass wir froh waren, als es mit dieser Selbstgerechtigkeit erst einmal vorbei war.

Und die Opfer?

Das ist der nach wie vor wunde Punkt: Mir tut es in der Seele weh, dass wir es nicht wirklich geschafft haben, den Opfern, die zum Teil erhebliche seelische, geistige und körperliche Schäden davongetragen haben, angemessen wieder auf die Beine zu helfen. Ich weiß nicht, wie die Kinder dieser Opfer einmal darüber urteilen werden.

Die Frage nach den Tätern und Opfern in der DDR wirft die Frage nach den Mitläufern, nach den nützlichen Idioten im Westen auf. Meinen Sie nicht, dass auch darüber offener zu reden wäre?

Unbedingt. Aber auch hier ist die Bandbreite sehr groß. Wie viel Anerkennung durch einen Vertrag wie den KSZE-Vertrag, wie viele Kredite waren vertretbar? Wie viel harten Widerstand hätte man den Verantwortlichen in der DDR seitens der westlichen Politik entgegensetzen müssen? Wo war die Grenzlinie? Für mich war eine solche Grenzlinie zum Beispiel mit dem Kooperationspapier von SED und SPD überschritten. Das war für mich ein klarer Fehler. Andere halten den Milliardenkredit, den Strauß eingefädelt hat, für einen Fehler. Was ich nicht so sehe, der hat uns eher genutzt.

Wem hat dieser Kredit genutzt: der SED oder den Menschen?

Unter dem Strich hat der Kredit dazu beigetragen, die Lebensverhältnisse der Menschen in der früheren DDR zu verbessern. So haben wir das jedenfalls empfunden, als eine ganz pragmatische Hilfeleistung.

Und die Frage, ob Strauß damit Honecker stabilisiert hat, haben Sie sich nicht gestellt?

Diese Frage haben wir uns schon gestellt. Natürlich konnte man auf den ersten Blick zu dem Ergebnis kommen, jeder offizielle Kontakt zwischen Bonn und Ostberlin habe zur Stabilisierung der DDR beigetragen. Ich habe aber immer zu unterscheiden versucht zwischen dem, was den einzelnen Menschen in der

DDR genutzt hat, und solchen Kontakten, die lediglich für die DDR-Führung hilfreich waren. Kredite für Importe oder zum Bau einer Autobahn haben wenigstens den Menschen in der DDR genutzt. Bei dem schon erwähnten SPD/SED-Papier war das dagegen nicht der Fall.

Ein Teil der Linken in der alten Bundesrepublik sah die DDR ernsthaft als eine Alternative an, zumindest als eine Art Stachel im Fleisch des bösen Kapitalismus. Da wurde von der sozialen DDR geschwärmt, da wurde die Vollbeschäftigung gepriesen und vieles mehr …

Das waren letzten Endes Ignoranten. Die beiden Systeme waren in keiner Weise miteinander vereinbar. Ein bisschen was von diesem, ein bisschen was von jenem, das ging nicht. Das konnte man bei einiger Intelligenz sehr gut durchschauen.

Wie sehr hat es Ihnen zu schaffen gemacht, vor 1989 nicht in den Westen reisen zu dürfen?

Heute frage ich mich in der Tat, wie wir das ausgehalten haben, besonders hier in Berlin. Damals war das etwas anders. Ich durfte aber schon einmal vor 1989 in den Westen, und zwar 1986, alleine. Damals bin ich zur Hochzeit einer meiner Cousinen in den Westen gefahren. Ansonsten war einfach klar gewesen, dass Reisen in den Westen nicht möglich waren. Für mich stand nur fest, dass ich mit 60 nach Amerika fliegen würde. Ich habe mich mit dem Thema aber auch nicht ständig beschäftigt. Ich habe mich bei Kontakten mit Leuten aus dem Westen vielmehr immer getestet, ob ich mit denen geistig mithalten kann. Und weil ich das konnte, wurde die Tatsache, dass ich nicht ans Mittelmeer fahren konnte, für mich erträglicher.

Sie hatten nicht das Gefühl, in einem Polizeistaat zu leben, kein Gefühl von Eingesperrtsein?

Ich hatte das Gefühl, dass ich unentwegt in einem öffentlichen Raum lebte, in dem man nie völlig aus sich rausgehen durfte, in dem immer ein hohes Maß an Beherrschtheit erforderlich war. Mich hat diese Erfahrung immerhin dazu gebracht, sehr intensiv darüber nachzudenken, wie eine Gesellschaft gestaltet sein muss, damit sie besser funktioniert, damit die Menschen etwas aus sich selbst machen können. Die Fragestellung bewegt mich auch heute.

Kann man sagen, Sie haben unter diesen Verhältnissen gelitten?

Natürlich habe ich darunter gelitten. Wer uns aus dem Westen besuchen wollte, musste erhebliche Beschwernisse auf sich nehmen. Bei den wenigen Reisemöglichkeiten waren wir selbst im osteuropäischen Ausland immer Deutsche zweiter Klasse. Das hat mich sehr geärgert. Wir durften in Prag nur 30 Mark am Tag umtauschen. Da kann man sich leicht ausrechnen, was dann noch möglich war. Beispiele für das Leiden im Alltag? Ohne Ende. Nur: Bei mir hat das Leiden am Ende dann doch nicht so weit gereicht, dass ich tatsächlich den Entschluss gefasst habe wegzugehen. Ich hatte Freunde, ich hatte Bücher und Kleidung aus dem Westen, West-Fernsehen, Besuch aus dem Westen. So ging es.

Hat sich Ihre Einstellung zur DDR im Laufe der Zeit geändert? Von der grundsätzlichen Ablehnung hin zu der Einsicht, dass das Leben in der DDR auch Vorteile haben konnte? Oder war es eher umgekehrt: Wurden Sie kritischer im Laufe der Jahre?

Kritischer – ganz klar. Die Aussicht, mit völlig unzureichenden Mitteln weitere fünfundzwanzig Jahre vor sich hin zu forschen, nur um selbst geistig beweglich zu bleiben, war nicht gerade verlockend. Wenn es kein Ziel mehr gibt, dann wird das Leben beschwerlich. Auch wenn sich im Laufe der Zeit manches lockerte in der DDR, so wurde doch immer klarer, dass diesem Staat in jeder Hinsicht die Basis fehlte, vorneweg natürlich die ökonomische.

Wie sind Sie damit fertig geworden, aus Ihren politischen Interessen nichts machen zu können? Die SED kam ja nicht infrage, wieso aber ging die Pfarrerstochter nicht in die Ost-CDU?

Nein, das wollte ich nicht. Auch wenn ich niemanden verurteilen will, der früher in der Ost-CDU war. Dafür konnte es viele gute Gründe geben. Wenn einer Arbeiter war oder Fußballtrainer in der Bezirksliga, bedeutete für ihn die Mitgliedschaft in der Ost-CDU auch einen gewissen Schutz. Der hatte mit dem »C« was zu tun, also durfte er seine Kinder auch in die Christenlehre schicken, ohne Nachteile befürchten zu müssen. Für mich als Pfarrerstochter war da vieles einfacher.

Hätte es für die Pfarrerstochter Angela Merkel nicht nahe gelegen, sich bei den Bürgerrechtlern zu engagieren, zumal diese ja vielfach unter dem Schutz der Evangelischen Kirche agierten?

Bei vielen dieser Veranstaltungen war ich dabei. Aber ich passte nicht ganz in dieses Milieu. Nehmen Sie die Friedensbewegung: Ich hatte für jeden Verständnis, der nicht zur NVA wollte. Aber ich war nicht pazifistisch eingestellt. Oder Tschernobyl. Meine Schlussfolgerung war nicht, dass die Kernkraft an sich des Teufels sei, meine Schlussfolgerung war, dass die Sowjetunion nun endlich sichere Kraftwerke bauen müsste. Noch ein Punkt: Die Art, wie in diesen Gruppen geredet wurde – oder sagen wir die basisdemokratische Diskussionsweise in den Kreisen der Bürgerrechtler –, war auch nicht so meine Sache. Es gab ja darunter auch jede Menge Leute, die nicht nur Bahros Analyse der sozialistischen Gesellschaft teilten, sondern auch seine Schlussfolgerungen. Und von denen hielt ich, wie ich schon sagte, überhaupt nichts. Ich bin dahin gegangen, um mich mit der DDR-Opposition ein Stück solidarisch zu zeigen. Wirklich gemocht aber habe ich das geistige Klima dort nicht.

Das Wort Widerstand würden Sie nicht für sich in Anspruch nehmen?

Kommt darauf an, was damit gemeint ist. Ich habe keiner Widerstandsorganisation angehört, und ich war keine Bürgerrechtlerin. Aber ich habe mich doch in einer stetigen und stetig zunehmenden, sehr kritischen Auseinandersetzung mit der DDR befunden.

Was hat Sie – abgesehen vom Elternhaus – vom normalen DDR-Bürger unterschieden?

Man kann in niemanden hineinsehen, aber mich jedenfalls hat die Entschiedenheit, mit der ich die DDR innerlich abgelehnt habe, geprägt. Ich hatte das System verstanden, und für mich stand außer Zweifel, dass es unmenschlich war und nicht zukunftsfähig. Ich rede auch nicht gerne von innerer Emigration, weil ich nicht wie manche andere in ein völlig tristes Dasein zurückgefallen bin. Ich hatte trotz allem viel Tatendrang. Wenngleich ich nicht sicher bin, wie ich mich entwickelt hätte, wenn ich in der DDR 45 und älter geworden wäre. Ob Lebenskraft und Zuversicht da ausgereicht hätten, nicht zu resignieren, das weiß ich nicht.

3
Karriere in der Bundesrepublik

»Frau, aus dem Osten und auch noch jung, das alles war kein Schaden«

9. November 1989, die Regierung der DDR verspricht Reisefreiheit in Richtung Westen. Können Sie sich noch erinnern, was da Ihr erster Gedanke war?

Ich habe Günther Schabowski im Fernsehen gesehen und dann meine Mutter angerufen. Wir hatten zu Hause immer den Spruch: »Wenn die Mauer mal weg ist, gehen wir ins Kempinski Austern essen.« Ich habe ihr gesagt, es sei jetzt so weit. Dann bin ich wie jede Woche in die Sauna gegangen.

Wieso in die Sauna, wieso nicht auf die Straße?

Es war für mich nicht sofort erkennbar, dass die Mauer noch an diesem Abend aufgehen würde. Ich bin dann mit meiner Freundin um 18 Uhr in die Sauna gegangen, und um 21 Uhr hatte ich noch nicht viel versäumt. Aber statt wie sonst noch ein Bier trinken zu gehen, bin ich dann gleich losgelaufen.

In den Westen.

Klar, ich bin aber nicht weit gekommen. Auf der anderen Seite, hinter dem Übergang Bornholmer Straße, habe ich dann eine Telefonzelle gesucht, weil ich meine Tante in Hamburg anrufen wollte. Da gab es keine, das war ja auch Grenzgebiet, wenn auch westliches. Außerdem hatte ich kein West-Geld. Ich habe Leute getroffen und irgendwann saßen wir in einer Wohnung bei einer fröhlichen Westberliner Familie, von wo aus ich auch telefonieren konnte. Die wollten dann alle noch auf den Ku'damm, aber ich bin lieber zurückgegangen, ich musste am nächsten Morgen früh raus. Und so viel fremde Company – jetzt war es erst einmal genug, ich war für meine Verhältnisse ohnehin schon ziemlich weit gegangen. Den Ku'damm-Besuch habe ich am nächsten Tag mit meiner Schwester nachgeholt.

Und das Austernessen?

Das hat bis heute noch nicht stattgefunden.

Wird es noch nachgeholt?

Austern reizen mich gar nicht so, meine Mutter übrigens auch nicht. »Austern essen im Kempinski« – das war für uns etwas anderes. Das war für uns das Symbol der Freiheit schlechthin.

Nach der Maueröffnung: Was haben Sie in den ersten Tagen erwartet – oder auch befürchtet?

Ich war uneingeschränkt froh, aber am folgenden Samstag war ich mit einigen meiner Freunde zusammen, von denen einige richtig deprimiert waren – nun werde das nichts mehr mit dem so genannten »dritten Weg«, alles laufe jetzt auf eine schnelle Wiedervereinigung hinaus, der Osten werde vom Westen domestiziert und so weiter. Meine Gedanken waren das nicht. Ich habe wenige Tage danach eine Dienstreise nach Polen gemacht, und dort wurde gesagt, als Nächstes komme die deutsche Einheit. Das hat mich erstaunt. So weit hatte ich nicht gedacht. Später habe ich meinen Kollegen in der Akademie davon berichtet, was man in Polen redet, und die haben mich auch nur irritiert angeschaut. Es war wohl so, dass vor allem für diejenigen, die etwas größere Distanz zu den Ereignissen hatten als wir, die Sache schon entschieden war.

Sie haben in diesen Tagen keine Angst um Ihren Arbeitsplatz oder vor der Zukunft gehabt?

Nein, in den Tagen nach dem Mauerfall nicht. Ich erinnere mich aber, dass ich am 10. November in der S-Bahn Grenzsoldaten sagen hörte, dass sie sich darüber freuten, wenn ihre Offiziere nunmehr ihre Arbeit verlieren würden. Mich selbst sah ich mehr auf der sicheren Seite.

Was war wichtiger: die deutsche Einheit oder Freiheit und Demokratie in der DDR?

Für mich war klar, dass wir alle Deutsche sind und das Land deshalb auf Dauer nicht geteilt sein kann. Ich konnte mir nur noch nicht vorstellen, wie der Übergang sein würde. Für die meisten jedoch kam der Spruch der Zeit der Realität doch total nahe: »Kommt die D-Mark, bleiben wir, kommt sie nicht, gehen wir zu ihr«, so wurde gerufen. Wer in der DDR wenigstens lesen und schreiben gelernt hatte, wäre doch in den Westen gegangen, wenn es keine schnelle Einheit gegeben hätte. Und es war völlig klar, dass diese Abwanderung nur zu stoppen gewesen wäre, wenn man auch im Osten im Grundsatz West-Verhältnisse hätte herstellen können.

Also war für die meisten DDR-Bürger die D-Mark wichtiger als die Freiheit?

In der Frage steckt ein unguter Unterton. Ich weiß nicht, ob man das so einfach gegenüberstellen kann. Die D-Mark war natürlich wichtig, aber die Freiheit genauso, zumindest war sie damals ein viel höher geschätztes Gut als heute. Und im Übrigen sollten wir uns nichts vormachen: Die Liebe zur Freiheit wäre auch in der alten Bundesrepublik ohne stabile D-Mark nicht so groß gewesen, wie sie war. Wohlstand für alle, der Erfolg der sozialen Marktwirtschaft, das waren die ausschlaggebenden Faktoren im Westen.

Hätte das, was Kohl zunächst anstrebte, nicht auch Vorteile gehabt: eine Konföderation?

Nein, das hätte nicht funktioniert. Grenzen hätten aufrechterhalten werden müssen und vieles andere mehr. Das wollten die Menschen nicht, was sich ja sehr schnell gezeigt hat. Am Ende hat die Ökonomie entschieden, wohin der Weg führen würde, nichts anderes. Schon der Zusammenbruch des Sozialismus ist Folge der ökonomischen Entwicklung gewesen. Die Sehnsucht der Menschen nach Freiheit war immer da, aber sie alleine hat das System nicht zum Einsturz gebracht. Reagan hat dem Osten unter anderem mit dem SDI-Programm deutlich demonstriert, dass der Ostblock nicht in der Lage sein würde, die Verhältnisse militärisch und ökonomisch stabil zu halten. Das hat am Ende den Ausschlag gegeben.

Reagans Botschaft an Moskau war ganz einfach und klar: »Ihr geht am Rüstungswettlauf zugrunde, wir halten ihn dagegen noch lange durch.«

Genau so. Und in Europa hat diese Stärke notwendigerweise am Ende zum Zusammenbruch des Sozialismus und in Deutschland zur Wiedervereinigung geführt. Dagegen war in der DDR kein Kraut gewachsen, und das war auch gut so.

Nun hat der Westen der DDR gleichsam sein System übergestülpt.

Nein. Das ist zwar eine der gängigen, aber mit Verlaub auch eine der unsinnigsten Ausdrucksformen in diesem Zusammenhang.

Wir im Osten Deutschlands haben uns freiwillig entschieden, nach Artikel 23 dem Geltungsbereich des Grundgesetzes beizutreten. Die Gründe waren einfach und überzeugend: weil die wirtschaftliche und politische Ordnung der alten Bundesrepublik ungleich erfolgreicher, effizienter und vernünftiger war und freiheitlicher obendrein. Einer solchen Ordnung konnten wir ohne Wenn und Aber beitreten, danach konnten wir Verbesserungsvorschläge machen.

Fragt sich nur, ob der Beitritt wirklich bis in die kleinsten Rechtsvorschriften hinein Konsequenzen haben musste.

Sicher wäre auch eine Lösung denkbar gewesen mit mehr Ausnahmeregelungen für den Osten.

Was hätte denn dagegengesprochen, die Einheit nach Artikel 146 Grundgesetz durch eine gemeinsame Abstimmung über eine neue Verfassung herzustellen?

Dafür gab es doch keine Zeit und auch keinen ernsthaften Grund. Mich hat es immer empört, wenn Leute, die seit Jahren versuchten, die Bundesrepublik zu verändern, nun hofften, mit den DDR-Bürgern so eine Art kritische Masse und damit eine Mehrheit zu bekommen, die sie in der alten Bundesrepublik nie bekommen hätten.

Unter demokratischen Gesichtspunkten wäre doch beides möglich gewesen: erst Beitritt und dann Abstimmung über eine neue Verfassung.

Aber warum? Wir waren mit der alten Bundesrepublik doch ganz zufrieden – und das offensichtlich mit großer Mehrheit. Es stellten sich aus unserer Sicht weniger verfassungstheoretische, aber jede Menge praktische Fragen, und die waren im Geltungsbereich des bestehenden Grundgesetzes bestens zu lösen. Natürlich haben wir damals auch Fehler gemacht, aber es war mit Sicherheit nicht das Grundgesetz, das uns daran gehindert hätte, die richtigen Lösungen zu finden.

Sie sind also zufrieden gewesen mit diesem Weg zur Einheit?

Durchaus. Ich wollte nicht mit der DDR zum Experimentierobjekt für unzufriedene Westdeutsche werden, und ich hatte auch nicht das Bedürfnis, als ersten Schritt meiner aktiv ausgeübten Staatsbürgerschaft nun erstmal diese Bundesrepublik umzukrempeln.

Haben Sie in diesen Wende-Monaten eigentlich noch gearbeitet?

Viel gearbeitet haben wir zu der Zeit nicht. In den Büros und Betrieben wurde überall politisiert. Und an noch etwas erinnere ich mich gut: dass ich nie müde war, denn es war ja alles unglaublich spannend.

Da reifte dann Ihr Entschluss, einer Partei beizutreten?

Ich wusste, dass der Zeitpunkt gekommen war, sich zu engagieren. So bin ich gemeinsam mit meinem Chef Klaus Ulbricht auf Parteiensuche gegangen. Er ist bei der SDP in Berlin-Treptow hängen geblieben, wie die Partei damals noch hieß, also bei der SPD, und ist heute Bezirksbürgermeister von Treptow.

Warum sind Sie nicht dort hängen geblieben? Was hat Ihnen bei der SPD nicht gefallen?

Zunächst schien dort alles schon perfekt zu sein. Ein Ortsverein aus dem Westen hatte organisatorisch alles geregelt. Alle duzten sich, sie sangen »Brüder, zur Sonne, zur Freiheit« – das war nichts für mich.

Sie störte an der SPD eher die Atmosphäre, nicht das Programm?

Beides können Sie nicht voneinander trennen. Mir war das alles zu egalitär. Eine von den politischen Neugründungen, der »Demokratische Aufbruch«, gefiel mir besser.

Wieso gingen Sie nicht gleich zur CDU?

Weil eine bestehende Partei für mich damals nicht in Frage kam, aber beim »Neuen Forum« störte mich das basisdemokratische Prozedere, beim »Demokratischen Aufbruch« sah ich dagegen zumindest ein Fünkchen von dem, was ich mir für die Zukunft vorgestellt hatte. Dort waren relativ viele Intellektuelle dabei, und es gab auch etwas zu tun: So habe ich Computer aus dem Westen erst mal ausgepackt und angeschlossen. Ich bin auch an die richtigen Leute geraten, habe interessante Menschen kennen gelernt, Seminare besucht. Auch die Vorstandssitzungen, die ja damals alle öffentlich waren, habe ich besucht. Mit der Zeit war mir dann klar, dass die Einheit schnell hergestellt werden und die Währungsunion kommen müsse.

Im Februar 1990 ließen Sie sich beruflich freistellen, um für den »Demokratischen Aufbruch« Wahlkampf zu machen. War das der Beginn der Berufspolitikerkarriere?

Aus meiner damaligen Sicht nicht. Ich war der festen Überzeugung, ich würde nach der Volkskammerwahl an meinen Arbeitsplatz zurückkehren. Erst mit dem Einzug in den Bundestag, also praktisch erst Anfang 1991, habe ich so langsam begriffen, dass dies der Abschied von der Wissenschaft war.

Für die Volkskammer hatten Sie nicht kandidieren wollen?

Nein. Die Frage stellte sich gar nicht. Ich war ja in einer ganz kleinen Partei, habe dort praktisch geholfen, hatte aber keinen

Kreis- oder Landesverband hinter mir. Bei der Wahl im März 1990 hatten vom »Demokratischen Aufbruch« ja auch nur ein halbes Dutzend Leute die Chance, ein Volkskammermandat zu bekommen. Erst im Juni 1990, als es schon konkret um die Einheit ging, habe ich mich dann entschlossen, mich um ein Bundestagsmandat zu bewerben.

Sie waren zunächst Pressesprecherin des »Demokratischen Aufbruchs«.

Das war in den letzten vier Wochen vor der Volkskammerwahl eine extrem schwierige Tätigkeit. In dieser Zeit schwelten ja schon die Gerüchte, der DA-Vorsitzende Wolfgang Schnur sei Stasi-IM gewesen. Das hat sich dann ja auch als richtig herausgestellt.

Sie hatten doch im Umgang mit der Presse keinerlei Erfahrungen.

Darüber hat niemand nachgedacht. Der DA-Parteitag hatte beschlossen, einen Pressesprecher einzustellen, der aber erst zwei Wochen vor der Wahl seine Arbeit aufnehmen sollte. Das war im täglichen Geschäft des Wahlkampfs eine etwas unglückliche Konstellation. Herr Schnur versäumte dauernd Termine, es fehlte einfach die Koordination. Als dann eines Morgens eine Delegation der Konrad-Adenauer-Stiftung vor der Tür stand und Schnur dafür mal wieder keine Zeit hatte, hieß es: »Gehen Sie doch mal.« Ich habe noch darauf verwiesen, ich hätte keine Legitimation, worauf Schnur meinte: »Dann sind Sie jetzt eben die Pressesprecherin.« Tja, von da an habe ich mich eingearbeitet, und das ging dann auch ganz gut.

Schnur hat mich damals als überzeugter und kompetenter Marktwirtschaftler beeindruckt.

Von seinen Aussagen her war er das auch. Er hatte ein sehr ausgeprägtes Selbstbewusstsein. Es gab nur eine Eigenschaft, die mich von Anfang an misstrauisch machte: Er konnte einem nicht in die Augen blicken. Er stand auch nicht wirklich mit beiden Beinen auf der Erde, was man schon an seinem Termin-Management merkte. Aber das war in dieser Zeit nun auch wieder nichts Außergewöhnliches.

Waren Sie schockiert, als Schnur schließlich als IM enttarnt wurde?

Schockiert war ich nicht, weil man mit derlei Dingen ja jederzeit hatte rechnen müssen. Aber es war wirklich nicht angenehm, in eine neue Partei zu gehen, um dann kurz vor der Wahl festzustellen, dass der Mann, der sie führt, bei der Stasi mitgearbeitet hat. Ein Problem waren allerdings auch die vielen Berater aus dem Westen. Ständig wurde uns geraten, wir sollten doch endlich mit diesem angeblich alles zersetzenden Misstrauen aufhören. Wir aber wollten Gewissheit haben. An dem Abend, als Leute von uns in Rostock die Stasi-Unterlagen zu Schnur gesichtet hatten, haben wir dann erstmal alle aus dem Westen aus dem Zimmer rausgeschickt, um unter uns einen klaren Kopf zu bekommen. Als wir in der Nacht auseinander gegangen sind, stand für uns fest: Wenn Schnur am nächsten Tag seine angekündigte Pressekonferenz geben würde, war er vielleicht doch nicht bei der Stasi; wenn er vorher zusammenbräche, dann war er es gewiss.

Die Pressekonferenz fiel dann aus.

Allerdings. Brav wie ich war, hatte ich unabhängig davon morgens um 9 Uhr zu einem Gespräch über die Europapolitik eingeladen, wo mir dann der Korrespondent von dpa sagte: »Sie wissen doch, dass Herr Diepgen gerade am Krankenbett von Schnur sitzt und dass der ein Geständnis ablegt?« Mittags sollte es eine Erklärung geben. Mein Europathema habe ich jedenfalls ziemlich schnell fallen lassen und bin nach Westberlin ins CDU-Haus gefahren. Ich traf auf eine völlig konsternierte Westberliner CDU, was mir die Erfahrung verschaffte, dass man auch im Westen mitunter Nerven zeigte.

Haben Sie Schnur danach mal wieder gesehen?

Nein, ich kann mich jedenfalls nicht daran erinnern.

Schnur, de Maizière, der SDP-Vorsitzende Böhme – wenn man sich das vor Augen hält, muss man fast zu dem Schluss kommen, am demokratischen Neuanfang in der DDR sei die Stasi sehr aktiv beteiligt gewesen.

Offensichtlich kaum zu vermeiden. Das war bei den etablierten Parteien so, aber auch in den Neugründungen gab es immer noch Rudimente des alten Systems und der Stasi.

Bei der Volkskammerwahl im März 1990 gab es zwar einen überwältigenden Sieg der »Allianz für Deutschland«, das Wahlbündnis aus Ost-CDU, DSU und DA. Aber auf Ihren »Demokratischen Aufbruch« entfielen ganze 0,9 Prozent der Stimmen.

Ohne die Schnur-Affäre wären es vielleicht 1,2 gewesen, auch nicht viel, aber das Ergebnis war schon sehr betrüblich. Die Menschen haben lieber gleich direkt für den Westen, für Helmut Kohl und die West-CDU votiert. Ich bin dann noch in der Wahlnacht zur Party der CDU gegangen und habe dort auf Thomas de Maizière, einen Vetter und Berater von Lothar de Maizière, eingeredet, bei der kommenden Regierungspolitik ja nicht den Beitrag des DA zu vergessen. Alles in allem: Die Gründung der Allianz für Deutschland war jedenfalls ein absoluter Coup.

Und Angela Merkel wurde stellvertretende Regierungssprecherin – vom 3. April bis zum 3. Oktober 1990.

Für eine sehr kurze, aber sehr intensive Zeit. Matthias Gehler, der Regierungssprecher, hat sich mehr um die Volkskammer gekümmert, die ja eigentlich permanent tagte. Ich hatte deshalb mehr Kontakte zur Presse, weil die täglichen Anfragen eher bei mir aufliefen, und ich habe auch viele Pressekonferenzen der Regierung geleitet.

Gehörten Sie zum Küchenkabinett de Maizières?

Als stellvertretende Regierungssprecherin nicht zwangsläufig. Es war nicht ganz einfach, in seinem Büro ein Bein auf die Erde zu bekommen. Aber ich habe mich auf meine Weise unentbehrlich gemacht, habe gute Ratschläge gegeben, die auch gehört wurden. Da Herr Gehler nicht gerne geflogen ist, habe ich auch viele Auslandsreisen mitgemacht. Mit Lothar de Maizière war ich bei Margret Thatcher und auch bei Mitterrand oder bei der Zwei-plus-Vier-Vertragsunterzeichnung. Ich hatte mich insgesamt im Büro des Ministerpräsidenten gut etabliert.

Gab es etwas, was die Regierung de Maizière hätte anders machen müssen?

Die große Auseinandersetzung ging um die Frage, wie lange es weiterhin zwei deutsche Staaten geben sollte. Als die Währungsunion beschlossen war – und wir alle waren sehr dafür gewesen –, bestand doch die Gefahr, dass sich die Vollendung der staatlichen Einheit noch lange hinziehen würde. Und Lothar de Maizière gehörte nicht zu denen, die gedrängt haben und meinten, es müsse besonders schnell gehen, wohingegen Günther Krause, der die Verhandlungen zum Einigungsvertrag führte, gewarnt hat, man müsse sich beeilen, sonst drifte alles wieder weiter auseinander.

Sie waren mehr der Ansicht von Krause?

Ja, eindeutig. Es waren ja auch jede Menge Probleme zu lösen. Als klar wurde, wie viel Geld in den zweiten deutschen Staat würde fließen müssen, damit der überhaupt – und sei es nur für eine bestimmte Übergangszeit – bestehen könnte, hat man doch erkannt, dass an der Einheit kein Weg mehr vorbeiführte. Auch gab es auf Seiten der Bundesregierung kein Verständnis dafür, dass Lothar de Maizière noch in alle alliierten Hauptstädte gefahren ist. Das hat mich geärgert, weil ich der Meinung war, die demokratische DDR sollte sich vor der Einheit schon noch in den wichtigsten Hauptstädten präsentieren.

Vielleicht wollte er auch nicht so schnell von seinem Ministerpräsidentenamt lassen?

Das müssen Sie ihn fragen. Das weiß ich nicht. Lothar de Maizière hat jedenfalls mit den Großen der Welt gesprochen, und kurze Zeit darauf war er nicht mehr Ministerpräsident. Ich erinnere mich noch gut an den 2. Oktober 1990. Wir saßen in Berlin im Schauspielhaus am Gendarmenmarkt und sagten uns: Das war's. Trotz aller Freude: Sich selbst innerhalb von sechs Monaten auf- und wieder abzubauen ist schon nicht so einfach.

Als Sie sich entschlossen haben, für den Bundestag zu kandidieren, hat Günther Krause eine entscheidende Rolle gespielt.

Stimmt. Alles ging ja sehr schnell. Ich sagte schon, im Laufe des Juni 1990 habe ich mich entschieden, eine eigene politische Laufbahn anzustreben. Die Frage war, wo ich kandidieren könnte. Ein Großstadtwahlkreis kam für mich nicht in Frage. Also habe ich nach Brandenburg geschaut. Dort wurde Peter-Michael Distel, in der Regierung de Maizière letzter DDR-Innenminister, Spitzenkandidat der CDU. Unter Distel aber hätte ich nie einen Wahlkreis bekommen.

Sie mochten sich nicht?

Ich fürchte, die Abneigung war gegenseitig. Ich bin schließlich zu Günther Krause gegangen, dem Landesvorsitzenden der CDU in Mecklenburg-Vorpommern, weil ich zunächst hoffte, an der brandenburgischen Grenze und damit doch noch in unmittelbarer Nähe zu meiner Heimatregion einen Wahlkreis zu bekommen. Daraus aber wurde nichts. Krause schlug mir allerdings vor, mich für den Kreisverband Grimmen um eine Kandidatur im Wahlkreis Stralsund/Rügen/Grimmen – mit drei am Anfang reichlich zerstrittenen CDU-Kreisverbänden – zu bewerben. Das ist mir dann auch trotz der widrigen Bedingungen gelungen. Nach einer abenteuerlichen nächtlichen Debatte, die an der Offiziershochschule im Ostseebad Prora stattfand, also dort, wo kilometerlang die Ruinen der »Kraft durch Freude«-Heime aus den dreißiger Jahren stehen, konnte ich die Stichwahl letztlich für mich entscheiden.

Heute sagt Günther Krause, Angela Merkel sei mit dem Ende der De-Maizière-Regierung ein Versorgungsfall gewesen, Sie hätten ihm Leid getan, er habe Ihnen helfen wollen.

Soll er es sagen. Zur Not hätte ich auch im Bundespresseamt bleiben können. Aber was soll's: Günther Krause hat mir geholfen, das stimmt. Dafür war ich ihm auch sehr dankbar. Vielleicht hat er mich als Versorgungsfall gesehen, weil er sich schon als Minister sah und mich höchstens als Hinterbänklerin, na bitte. Ich habe mich so nicht gesehen, andere, glaube ich, auch nicht. Ich hatte eher das Gefühl, für mich stand die Welt offen.

Wahrscheinlich erzählt der politisch gescheiterte Krause derlei Dinge, weil er gerne den Eindruck erwecken möchte, er sei nach Helmut Kohl das zweite Opfer der Angela Merkel.

Solche Gedanken sind abwegig. Ich habe nicht die Absicht, mich damit zu befassen.

Sie haben am 2. Dezember 1990 den Wahlkreis mit 48,6 Prozent der Erststimmen direkt gewonnen und sind nach Bonn gegangen. Wären Sie lieber gleich nach Berlin?

Wenn es nach mir gegangen wäre, hätte die Regierung sofort nach Berlin ziehen können.

Während des Wahlkampfs wurden Sie von Helmut Kohl ins Kanzleramt eingeladen, weil er Sie kennen lernen wollte. Irgendwie muss Kohl Sie da beim Abschied in den Arm genommen haben. Anschließend sollen Sie Hans-Christian Maaß, den Ihnen gut bekannten Pressesprecher von Entwicklungshilfeminister Warnke, gefragt haben, was man nach einer solchen Zuwendung wohl werde. Parlamentarischer Staatssekretär sei die Antwort gewesen. War das so – allen Ernstes?

Völliger Unsinn. Ich weiß noch, dass ich nach Bonn gefahren bin, in seinem Vorzimmer bei Juliane Weber gewartet habe, bis ich empfangen wurde, und dass er mir dann die bemerkenswerte Frage gestellt hat, wie ich mich mit Frauen verstehen würde. Gut, was sonst? Wir haben noch ein bisschen über den Wahlkampf geplaudert, und Helmut Kohl war offenbar zufrieden mit dem Gespräch. Das war's. Die Frage nach dem Umgang mit Frauen war mir damals schon merkwürdig vorgekommen. Heute kann ich sie verstehen.

Sie wurden nach der gewonnenen Wahl gleichsam über Nacht zur Ministerin für Frauen und Jugend ernannt. Haben Sie sich Gedanken gemacht, ob Sie den Anforderungen dieses Amtes genügen würden?

Es war einfach keine Zeit, über solche Fragen zu meditieren. Die Ereignisse überrollten einen doch. Mir war klar, dass die Konstellation durchaus günstig war: Frau, aus dem Osten und auch noch jung, das alles war kein Schaden. Ich weiß noch, wie Günther Krause damals sagte: »Du stiehlst mir die Schau, denn jetzt bin ich nicht mehr das jüngste Kabinettsmitglied.« Mit dem Ressort selbst hatte ich mich zuvor nicht besonders beschäftigt – das Thema Frauen und Jugend hatte in der Wende-Zeit nicht im Zentrum meines Interesses gelegen.

Als Sie nach Bonn kamen, waren Sie »Kohls Mädchen«.

Mich hat er nie so angesprochen.

Nein, aber in den Medien war das die gängige Bezeichnung. Hat Sie das geärgert?

Ja und nein. Es ging einem, gelinde gesagt, schon auf den Geist, immer nur als abgeleitete Figur eines anderen Menschen gesehen zu werden. Ich musste anfangs schon kämpfen, als eigenständige Person wahrgenommen zu werden. Nicht bei Helmut Kohl, aber in der Wahrnehmung der Leute. Mich hat auch die ganze Kommentierung, mit der man mich anfangs begleitet hat, gestört. Die Schubladen waren fest vergeben, auch wenn sie hinreichend unpassend waren.

Zum Beispiel?

Quotenfrau, linkes Spektrum der CDU, von Kohl gesteuert und anderes mehr. Das hat sich noch zugespitzt, als ich im Dezember 1991 nach dem Rücktritt von Lothar de Maizière einzige stellvertretende Bundesvorsitzende der CDU wurde. Im Grunde war das unpassend. Ich konnte diese Position kaum auf Anhieb ausfüllen, wollte aber auch etwas daraus machen.

Sie sahen sich als Getriebene?

Ein wenig schon. Merkwürdigerweise habe ich mir dann gleich im Januar 1992 ein Bein gebrochen. Ich erkläre mir das so, dass ich so unlustig gewesen war, nach der Weihnachtspause wieder in das Bonner Getriebe zurückkehren zu müssen. Plötzlich hatte ich Zeit nachzudenken. Für etliche Wochen. Ich glaube schon, dass der Mensch sich eben auf mehr oder weniger glückliche Art eine Auszeit nimmt, wenn er sie unbedingt braucht. Für mich war dieser Beinbruch eine Zäsur: Bis dahin war vieles einfach mit mir geschehen. Nun musste ich wieder laufen lernen – und das Ganze noch mal Schritt für Schritt angehen. Im Grunde bin ich danach erst richtig in der Bundespolitik angekommen.

Noch mal zu »Kohls Mädchen«: Das war nicht nur despektierlich. Jeder wusste, das Auge des großen Meisters ruht wohlgefällig auf Angela Merkel. Mit anderen Worten: Es war tunlichst besser, sich mit dieser Dame keinen Ärger einzuhandeln.

Darum habe ich vorhin ja auch von Ja und Nein gesprochen. Es war durchaus ein gewisser Schutz, aber dennoch bleibe ich auch dabei, dass mir das Schubladendenken auf die Nerven ging.

Es hatte also doch Vorteile.

Sicherlich. Ich habe Helmut Kohl selbstverständlich sehr viel zu verdanken. Er hat mich auch unglaublich fasziniert. Wenn ich noch an die Amerikareise 1991 denke, an der Sie ja auch teilnahmen – da hat er mich im Bus gefragt, was denn in meinem Bekanntenkreis in der DDR so über ihn gesprochen worden sei. Er hat sich wirklich interessiert, er wollte ehrliche Antworten. Kohls besondere Zuwendung hatte aber auch einen Nachteil: Ich galt immer nur als eine abgeleitete Größe. Nach außen nahm man nur beschränkt wahr, wenn ich etwas aus mir heraus getan habe. Etwa meine Entscheidung, mich um eine Kandidatur für den CDU-Landesvorsitz in Brandenburg zu bewerben. Da hieß es nur, der CDU-Vorsitzende Kohl schickt Merkel gegen Ulf Fink ins Rennen. Dabei hatte ich diese »heroische« Entscheidung ohne jede Rücksprache mit Helmut Kohl getroffen. Aber das hat überhaupt niemanden interessiert.

Wo kam denn das Etikett »links« her?

Das erkläre ich mir allein durch das Bild, das manche sich vom Frauenministerium machten. Aber mich kannte ja auch keiner.

Kann man sagen, Sie waren eine Ministerin ohne Kompetenzen?

Ohne Kompetenzen nicht, aber das Ministerium war arm an Kompetenzen, das stimmt. Für mich lag gerade in dieser Aufgabe eine große Chance. Ich konnte mich einarbeiten, ich konnte die Mechanismen kennen lernen, lief aber nicht Gefahr, bei etwaigen Schwierigkeiten daran zu zerbrechen. Günther Krause zum Beispiel ist zum Teil auch an seiner Mammutbehörde, dem Verkehrsministerium, gescheitert. Das war ein riesiger Apparat, wo auch viel Geld zu vergeben ist und in dessen Umfeld es ein Geflecht von Lobbyisten gibt.

Und was waren Ihre Themen?

In der Gesetzgebung war das Ministerium etwa beim neuen Jugendhilfegesetz direkt gefragt. In der öffentlichen Diskussion wurde ich als Ministerin sehr häufig zur Neufassung des Paragrafen 218 um Stellungnahme gebeten. Dabei waren zu meinem Ärger in dieser Frage nur das Justiz- und das Familienministerium, aber eben nicht das Frauenministerium involviert.

Dennoch haben Sie einen Gesetzentwurf vorgelegt.

Ja, daraus wurde aber nichts, wenngleich sich am Ende herausgestellt hat, dass dieser Entwurf ganz nah an der Beratungslösung war, wie sie dann später nach dem Urteil des Verfassungsgerichts auch in Kraft trat.

Sie waren doch grundsätzlich gegen die völlige Liberalisierung der Abtreibung?

Ich war nicht für die Fristenlösung, wie sie in der DDR gegolten hatte. Ich war aber auch nicht dafür, Frauen, die sich unter bestimmten Umständen zu einer Abtreibung entschließen müssen, rigoros unter Strafe zu stellen. Das erschien mir unmenschlich.

Sie wollen Abtreibung nicht bestrafen, lehnen sie aber prinzipiell ab. Warum?

Menschliches Leben beginnt meiner Meinung nach mit der Verschmelzung von Ei und Samenzelle. Das schließt eigentlich eine Abtreibung aus. Dennoch gibt es Situationen, in denen Frauen vor einer sehr schwierigen Entscheidung stehen. Hier ist die Gesellschaft verpflichtet, mit den Mitteln des Rechtsstaates Entscheidungen für das ungeborene Leben zu unterstützen. An dieser Stelle verspreche ich mir von Beratungen, wie wir sie jetzt rechtlich geregelt haben, mehr als von Strafen. Denn es nützt ja niemandem, wenn bei einer anderen Lösung die Zahl der illegalen Abtreibungen steigt oder die Frauen zunehmend ins Ausland fahren.

Hatte die Fristenlösung in der DDR den unverantwortlichen Umgang mit dem ungeborenen Leben erleichtert oder gar dazu ermuntert?

In Einzelfällen schon, aber sicher nicht generell, denn keine Frau treibt leichtfertig ein Kind ab. Aber die staatliche Botschaft, du kannst nach Belieben über Leben und Tod entscheiden, hatte schon etwas Unmenschliches an sich. Hinzu kam, dass die DDR die Frauen in dieser schwierigen Frage auch allein gelassen hat, weil es ja keinerlei Beratung gab.

Kommen wir zurück zur Abtreibungsdebatte nach der Wiedervereinigung. Gemessen an westdeutschen Maßstäben, auch an denen der CDU, war Ihr Entwurf mutig, gemessen an ostdeutschen Maßstäben ging er nicht weit genug.

Das war mein Schicksal: Wer eine Mittel- oder auch eine Mittlerposition hat, dem fliegt die Zustimmung nicht automatisch zu.

Bei der Abstimmung im Bundestag haben Sie sich enthalten, was für eine Frauenministerin recht ungewöhnlich war.

Der Unionsentwurf war mir zu hart, der SPD-Entwurf war nicht verfassungskonform. Da gab es keinen Zweifel. Eine Beratungslösung ohne jede Zielvorgabe, die Abtreibung zu verhindern, konnte vor dem Bundesverfassungsgericht keinen Bestand haben. Ich bin zu Helmut Kohl gegangen, und er hat mir erzählt, wie er die CDU sieht. Er hat die Partei mit dem Bild eines indonesischen Hausboots verglichen: ein großes Boot und viele kleine Beiboote. Die Stabilität der Partei komme nie allein von dem Hauptboot, sondern immer auch von den kleineren. Kompliziert werde es, wenn Führungsmitglieder der Partei sich nicht auf dem Hauptboot, sondern auf irgendeinem Beiboot befänden. Mir hat das eingeleuchtet: Deshalb habe ich mich schließlich enthalten.

Sie wollen sagen, Ihre Enthaltung hatte nichts mit Meinungslosigkeit zu tun?

Im Gegenteil. Der Unionsentwurf war mir zu hart, der SPD-Entwurf eine pure Fristenlösung. Beides wollte ich nicht, es blieb nur die Enthaltung. Als Wolfgang Schäuble, zu der Zeit schon Fraktionschef, mich in der Folge dann fragte, ob ich das Normen-Kontrollverfahren gegen das von der SPD eingebrachte Mehrheitsgesetz, das ja auch die FDP bejahte, unterschreiben würde, habe ich das ohne Zögern getan. Die Rechtsprechung des Bundesverfassungsgerichts entsprach dann auch ganz genau meinen Vorstellungen. Ich hätte mir nur gewünscht, die Politik hätte das zustande gebracht und nicht erst wieder ein Urteil gebraucht.

Haben wir faktisch aber nicht doch eine Freigabe der Abtreibung?

Nein, das sehe ich nicht so. Wenn ich wirklich das Ziel habe, die Zahl der Schwangerschaftsabbrüche zu vermeiden, dann ist die Pflichtberatung der Frau dazu am besten geeignet. Die Zahl der Abbrüche ist jedenfalls nach Inkrafttreten der geltenden Regelung nicht gestiegen.

Zu Ihrem Nachlass aus der Zeit als Frauenministerin gehört auch der Rechtsanspruch auf einen Kindergartenplatz.

Ja, das haben wir mit einer Novellierung des Kinder- und Jugendhilfegesetzes erreicht.

Aber den Anspruch auf einen Kindergartenplatz bringt kein Mensch mit der CDU in Verbindung.

Mag sein. Dafür habe ich aber wirklich aus Überzeugung gekämpft. Ich wollte – im Gegensatz zur Krippenbetreuung in der DDR – den Kindergarten fördern. Dann gab es noch eine Sache, die wenig beachtet wurde, aber für arbeitslose Frauen gerade im Osten sehr wichtig war: nämlich Frauen entsprechend ihrem Anteil an der Arbeitslosigkeit in den Genuss der arbeitsmarktpolitischen Maßnahmen kommen zu lassen.

Eine Quotenregelung für ABM?

Eine Quotenregelung, richtig. Gerade im Osten waren und sind die Frauen von der Arbeitslosigkeit stärker betroffen als Männer. Die Regelung war Norbert Blüm übrigens nicht einfach abzuringen. Ja, und dann gab es noch das Gleichberechtigungsgesetz.

War das Ihre Initiative?

Im Grunde war das ein Arbeitsauftrag aus der Vor-Wende-Zeit. Die Bedeutung solcher Gesetze hatte schlagartig nachgelassen, als es andere Probleme gab. Aber es stand eben noch an. Es war auch eine Art Prestige-Gesetz, mit dem bei mir ein einziges Referat, im Innenministerium aber mehr als 20 Referate befasst waren. Ich hätte dieses Vorhaben auch nicht durchgebracht, wenn es nicht eine enge Zusammenarbeit mit dem damaligen Innenminister Wolfgang Schäuble gegeben hätte und wenn mir der damalige Parlamentarische Geschäftsführer der Unionsfraktion, Jürgen Rüttgers, im Laufe des Verfahrens nicht so geholfen hätte.

Zurück zur Parteikarriere: Erfolg und Misserfolg liegen mitunter nah beieinander: Sie hatten keine Chance in Brandenburg beim Kampf um die Spitzenposition gegen Ulf Fink, wurden aber die Nummer zwei auf Bundesebene. Wie ging das zusammen?

Als ich mich in das Abenteuer um den CDU-Landesvorsitz in Brandenburg stürzte, wusste ich bereits, dass ich stellvertretende Bundesvorsitzende werden würde, ich kannte deshalb das Risiko. Am Ende hat sich herausgestellt, dass ich bei der Landesentscheidung von vornherein keine Chance hatte. Ulf Fink war der Profi, ich dagegen noch unerfahren und nicht vertraut mit den Finessen eines Parteitags. Aber ich habe dort gelernt, wie man das macht, wie man Mehrheiten organisiert, wie man sich durchsetzt. Geärgert hat mich nur, dass gerade diejenigen, die sich immer über die Dominanz des West-Personals aufgeregt haben, nicht mich unterstützten, sondern eben den Profi aus dem Westen. Nebenbei: Nach meiner Niederlage bekam ich ein Telegramm vom damaligen Ministerpräsidenten Stolpe: »Gut für Sie und schlecht für Brandenburg, dass Sie's nicht geworden sind.«

Das war sicher ehrlich gemeint.

Ja, das hat er richtig beschrieben.

Wenn man Ihre parteipolitischen Ambitionen im Rückblick betrachtet, ergibt sich folgendes Bild: Zuerst wollten Sie in Brandenburg einen Wahlkreis haben, nahmen dann aber mit einem in Mecklenburg-Vorpommern vorlieb. Dann wollten Sie CDU-Vorsitzende in Brandenburg werden, was nicht klappte. Zwei Jahre später wurden Sie Landesvorsitzende in Mecklenburg-Vorpommern. Was soll man daraus schließen? Angela Merkel nimmt, was gerade gut für die Karriere ist?

Ja klar, und gleich noch drei Opfer am Wegesrand, damit es auch gut in die Schublade passt. Nein, ich habe es von Beginn an als wichtig empfunden, neben meiner Arbeit als Ministerin auch in der Partei eine Basis zu haben. Sonst haben Sie zu wenig Gewicht. Und auf einem solchen Weg fügen sich manchmal die Dinge erst anders, als man dachte, aber sie fügen sich. Lebenswege können auch Unerwartetes bereithalten, wenn Sie an Bernhard Vogel denken, der erst in Rheinland-Pfalz und später in Thüringen Ministerpräsident war. Im Übrigen war mein Intermezzo in Brandenburg mit höchstem Risiko behaftet und mitnichten karrierefördernd. Für die Parteifreunde in Mecklenburg-Vorpommern und die drei Kreisverbände in meinem Wahlkreis war das sogar eine Zumutung. Dennoch, so merkwürdig es heute klingt: Genau diese Niederlage hat mir damals wieder Bodenhaftung gegeben. Sie tat gut, obwohl ich auch gerne erfolgreich gewesen wäre. Und der Vorsitz in Mecklenburg-Vorpommern war dann sehr wichtig. Denn ich war ja nur Fachministerin. Als Parteivorsitzende musste ich dann lernen, gesamtpolitisch zu denken. Das hat mir sehr geholfen.

Nach der Bundestagswahl 1994 wurden Sie Bundesministerin für Umwelt, Naturschutz und Reaktorsicherheit. Hätten Sie nicht zu Kohl sagen können: »Das Frauenministerium reicht mir erst mal, da möchte ich noch einiges voranbringen«?

Wenn er mir das Umweltministerium von sich aus anbietet? Nein. Außerdem war erkennbar, dass die geteilten Ministerien »Frauen und Jugend« sowie »Familie und Senioren« wieder zusammengelegt werden sollten. Familienministerin hätte ich nicht werden können, schon deshalb, weil ich selbst damals nicht verheiratet war und keine Familie hatte. Hinzu kam, dass mir das Umweltressort mit einer ganzen Reihe naturwissenschaftlicher Fragestellungen durchaus lag. Gleichwohl wusste ich, dass das abermals ein Balanceakt war, den ich da für die CDU zu vollbringen hatte. Es ging wieder um ein Ressort, das nach außen, aber auch in der Partei bei weitem nicht konfliktfrei war. Es war wiederum ein Ministerium, bei dem man nicht auf großen Beifall hoffen konnte. Wenn der Verkehrsminister seine Bänder durchschnitt, da jubelte das CDU-Publikum. Was waren dagegen schon das Gleichberechtigungsgesetz oder die dritte Reinigungsstufe beim Abwasser? Wenn ich mich damals selbst bedauern wollte, dann hatte ich schon den Eindruck, dass mir recht viel zugemutet wurde für jemanden, der in der Partei noch nicht wirklich verankert war.

Was ist von Ihrer Arbeit als Umweltministerin geblieben?

Über das Kioto-Protokoll haben wir ja schon gesprochen. Geblieben ist auch die Erfahrung, dass dort, wo Recht gilt, auch

Recht durchgesetzt werden muss – Stichwort Castor-Transporte. Geblieben sind eine Reihe von Selbstverpflichtungen der deutschen Wirtschaft hinsichtlich der Abfallbeseitigung und der Schadstoffemissionen, geblieben sind Regelungen zur Einwegverpackung entsprechend der Öko-Bilanz, ein Naturschutzgesetz, ein neues Bodenschutzgesetz, das Abfallwirtschaftsgesetz und das Kreislaufwirtschaftsgesetz. Und anderes mehr. Ich denke, ich war unter dem Strich schon eine anerkannte Umweltministerin.

Haben Sie jetzt nicht das Dosenpfand unterschlagen?

Nein, das war schon vor meiner Zeit festgeschrieben worden. Allerdings als Abschreckung und in der Erwartung, dass es nie gelten müsste. Ich habe auch versucht, diese Regelung noch einmal zu verändern, dafür aber keine Mehrheit bekommen, weil sich einzelne Länder, die mittelständische Wirtschaft und ökologische Interessen gegenseitig im Weg standen. Die Stunden meines Lebens, in denen ich mit der Verpackungsverordnung befasst war, stehen in keinem Verhältnis zu dem Abfallproblem mit Einwegverpackungen, das Deutschland tatsächlich hat.

Sie haben auf dem CDU-Parteitag 1994 gegen erhebliche Widerstände durchgesetzt, dass im Parteiprogramm von der »sozialen und ökologischen Marktwirtschaft« die Rede war. Gebracht hat es nichts, und inzwischen ist dieser Etikettenwechsel schon fast vergessen.

Das sehe ich anders. Ich halte es nach wie vor für richtig, von der »sozialen und ökologischen« Marktwirtschaft zu sprechen. Beide Adjektive stehen nach wie vor im Grundsatzprogramm. Sie machen deutlich, dass es bei den reinen Marktkriterien Ausnahmen geben muss. Nehmen Sie zum Beispiel die Tarifautonomie oder die Sozialversicherungen. Mit den Gesetzen des Wettbewerbs hat das nichts zu tun. Auf der anderen Seite sind zur Durchsetzung ökologischer Ziele ebenfalls Ausnahmen von rein marktwirtschaftlichen Gesetzen nötig. Abfallwirtschaft, Verpackungsverordnung – das kann man doch marktwirtschaftlich gar nicht erklären. Wenn wir also einen Ordnungsrahmen innerhalb der Marktwirtschaft brauchen, um sozialen und ökologischen Belangen Geltung zu verschaffen, warum sollen wir das Ganze dann nicht auch so nennen?

Das Doppeletikett hat sich nur nicht durchgesetzt.

Mag sein, deshalb war es aber noch lange nicht falsch.

Da haben Sie etwas gemeinsam mit Roland Koch. Der verteidigt das Etikett »sozial und ökologisch« immer noch.

Da sehen Sie mal.

Die Umweltministerin Merkel hat auch das Ozongesetz gegen Sommersmog durchgesetzt.

Das war von vornherein befristet, was eine weise Entscheidung war und selbst der grüne Umweltminister Trittin später so gesehen hat. Es war überhaupt eine der ersten Befristungen für eine gesetzliche Regelung. Etwas sehr Innovatives, was beim Bürokratieabbau häufiger gemacht werden sollte.

Der Kampf um das Ozongesetz – das war wohl Ihr härtester Kampf im Kabinett?

Ich hatte versucht, das Thema Sommersmog mit dem Verkehrsminister und dem Kanzleramtsminister direkt zu regeln. Das Vorgehen war nicht ungewöhnlich, denn Kohl ließ seinen Ministern in der Regel viel Freiraum und mischte sich nicht überall ein. Dennoch: Ich konnte mich bei den anderen Beteiligten nicht durchsetzen, die beharrten auf einer Kanzlerdirektive. Aber die

Zeit drängte. Frau Griefahn klagte laut, ihre Kinder könnten nicht im Freien spielen. Auch aus dem bürgerlichen Publikum war zu vernehmen, dass man sich wegen des Sommersmogs unwohl fühle. Mit rationalen Argumenten war da nichts mehr zu machen, und deshalb drängte ich auf eine Entscheidung im Kabinett.

Da kam es dann zu den berühmten Tränen der Angela Merkel.

Nach langem Drängen, kurz vor Beginn des Sommers, kam das Thema dann endlich auf die Tagesordnung des Kabinetts. Dort wurde deutlich, dass Helmut Kohl von seinem Kanzleramtschef Friedrich Bohl zuvor noch nicht viel über das Thema gehört hatte. Er fragte dann, ob ich mein Vorgehen schon mit CSU und FDP, also mit Michael Glos und Hermann Otto Solms, abgestimmt hätte. Das waren ungefähr die Einzigen, mit denen ich noch nicht gesprochen hatte. Um es kurz zu sagen: Ich fühlte mich reingelegt. Ich hatte mehrfach mit dem Kanzleramtschef geredet, aber leider nicht mit dem Bundeskanzler selbst, weil ich ihn damit nicht behelligen wollte. Nun musste ich befürchten, dass rechtzeitig bis zum Sommer keine Regelung mehr zustande zu bringen sein würde. In einer solchen Situation hätte ein Mann vielleicht geschrieen. Ich aber brach in Tränen aus.

Mit welcher Wirkung?

Die Sache kam in Schwung. Zwei Tage später, freitags, kam Helmut Kohl nach einer Parlamentssitzung in das Büro von Wolfgang Schäuble – auch Matthias Wissmann als Verkehrsminister war dabei –, und die von mir vorgeschlagenen Regelungen wurden besprochen. Da hatte der Kanzler eine seiner Sternstunden, weil er sich das alles genau vorstellen konnte: ob Krankenwagen fahren dürfen und vieles mehr. Innerhalb von einer halben Stunde war das Thema dann durch.

Aber noch nicht ganz vom Tisch.

Nein, der Höhepunkt in dieser Sache war der Vermittlungsausschuss. Herr Schröder hatte als niedersächsischer Ministerpräsident erklärt, er sei grundsätzlich gegen jedes Tempolimit und auf Frau Griefahn müssten wir schon gar keine Rücksicht nehmen. Als Kompromiss wurde dann festgelegt, in zwei Bundesländern einen Feldversuch mit Tempolimit zu machen. Das hätte die SPD mitgetragen, aber die CSU regte sich darüber auf: Ich – als vermeintlich Linke – führte aus ihrer Sicht das Tempolimit durch die Hintertür ein. Nun tagte an diesem Tag zufällig das Kabinett am Nachmittag, also parallel zum Vermittlungsausschuss. Dort behauptete die CSU, ich würde gerade das Vaterland verraten. Ich musste jedenfalls aus dem Vermittlungsausschuss raus und rüber zum Kanzleramt, während Schröder drohte, wenn ich nicht in 30 Minuten wieder zurück wäre, fahre er nach Hause.

Gab's dann im Kabinett wieder Krach?

Nein, die wussten ja inzwischen, dass man an der Stelle vorsichtig sein muss. Dabei war ich inzwischen schon reichlich gestählt. Ich trug den Vorschlag zum Zwei-Länder-Versuch vor. Innenminister Manfred Kanther war sehr dagegen, die CSU sowieso. Helmut Kohl sah aber, dass das eigentlich ein ganz guter Trick war. Zum Schluss sagte Kohl dann: Nur ein Bundesland solle den Versuch machen. Damit bin ich dann zurück in den Vermittlungsausschuss gegangen, und letztlich hat der Bundesrat so entschieden. So bekam ich meine Sommersmog-Regelung.

1995 kam es zu Atommüll-Transporten in Castor-Behältern von Baden-Württemberg nach Gorleben. Da legten Sie eine Härte an den Tag, die man Ihnen gar nicht zugetraut hatte.

Es ging ums Prinzip, um das rechtsstaatliche Prinzip. Was im Gesetzblatt steht, muss der Staat auch durchsetzen. Hier hatte ich auch meinen ersten Konflikt mit Ministerpräsident Schröder. Im Übrigen war ich grundsätzlich der Überzeugung, dass die friedliche Nutzung der Kernenergie verantwortbar ist. Außerdem hatte ich mich viel mit der CO_2-Minderung befassen müssen und fand, die Kernenergie sei gerade unter dem Gesichtspunkt der Schadstoffreduzierung eine vertretbare Technologie. Schließlich war klar, dass die Nutzung dieser Technik infrage stünde, wenn die Entsorgung dauerhaft blockiert würde.

Im Mai 1998 wurde bekannt, dass die Castor-Behälter entgegen den Beteuerungen der Industrie seit Jahren radioaktive Strahlungen aufwiesen. Fühlten Sie sich da betrogen?

Ich fühlte mich hinters Licht geführt und habe das auch deutlich gemacht. Vor allem weil so wenig unternommen worden war, die Behälter zu verbessern. Da wird man dann für etwas verantwortlich gemacht, was weitab der eigenen Möglichkeiten liegt. Das war eine ziemlich harte Sache. Teile der Wirtschaft sind gegenüber einer von der Union geführten Regierung oft unnachgiebig – gerade auch in ökologischen Belangen. Wenn ich dagegen sehe, wie – vorsichtig formuliert – zurückhaltend sich mancher aus der Wirtschaft heute gegenüber der Regierung verhält, schüttle ich manchmal den Kopf. Die Quittung für die Industrie kam dann auch nach der Bundestagswahl 1998 unter Rot-Grün: Abschaffung der Kernenergie.

Wann ist Ihnen 1998 klar geworden, dass die Wahl verloren geht?

Es gab ab und zu Momente, in denen man ahnte, was kommen könnte. Allerdings hatte Helmut Kohl schon so viel in letzter Minute herumgerissen, da wäre es ja ganz feige gewesen, da nicht bis zur letzten Minute zu kämpfen. 1994 war es jedoch ganz anders. Damals hatte ich eine Niederlage nicht eine Sekunde in Betracht gezogen. Dafür war ich umso überraschter, wie knapp die Wahl damals tatsächlich ausging.

Kohl hat noch in der Wahlnacht 1998 die Verantwortung übernommen. Hatte es wirklich nur an ihm gelegen? Nicht auch an der Partei?

Konnte man das trennen? Es gab überall ein hohes Maß an Verbrauchtheit – nach 16 Jahren. Hinzu kam ein geschickt agierender Schröder. Und es gab ein kulturelles Phänomen, das sich auswirkte – der Wunsch nach mehr Modernität, Schwung, Beweglichkeit.

Wie 1969, als die SPD plakatierte: »Wir schaffen das moderne Deutschland«.

Ja, das hatte auch etwas mit der Mentalität in unserem Land zu tun, aber auch damit, dass wir kein wirkliches Projekt mehr hatten: die Einheit, der Euro – das war durch. Mit anderen Worten: Da war nichts mehr, was den Menschen nahe gelegt hätte, nun erst recht auf Bewährtes setzen zu müssen. Das kann man nicht alles Helmut Kohl anlasten. Er war natürlich sehr dominant geworden, aber insgesamt war – auch nach der Blockadepolitik Schröders, Eichels und Lafontaines – bei uns einfach kein Schwung mehr in der Bude, um es salopp zu sagen.

In der Wahlnacht ist die Welt nicht für Sie zusammengebrochen?

Zusammengebrochen? Nein. Ich kannte nicht, was es heißt, Opposition zu sein. Ich hatte eher die Sorge, in der Opposition schnell den Anschluss zu verlieren, behäbig zu werden. Ich hatte ja bei der SPD in den Jahren zuvor mitbekommen, wie das aussehen kann.

Für Sie ging es aber im Grunde nahtlos weiter: Sie wurden Generalsekretärin.

Wolfgang Schäuble hat mich gefragt.

Wann war das?

Irgendwann vor dem 7. November 1998, kurz vor Wolfgang Schäubles Wahl zum CDU-Vorsitzenden. Darauf war ich nicht vorbereitet. Eingestellt hatte ich mich auf den stellvertretenden Fraktionsvorsitz mit den Themen Aufbau Ost und Forschung. Bis dann dieser interessante Vorschlag kam.

Haben Sie lange überlegt?

Da gab es eigentlich nichts zu überlegen. Sicher, mir war bewusst, dass ich zu dem landläufig geltenden Bild, was ein Generalsekretär darstellen sollte, nicht ganz passen würde. Etwas frecher, etwas forscher vielleicht, aber ich hatte Ideen, welche Impulse ich der Partei geben wollte, und habe die Aufgabe deshalb auch gerne übernommen.

Und dann kam die Spendenaffäre. Donnerstag, 4. November 1999: Die Staatsanwaltschaft Augsburg erwirkt einen Haftbefehl gegen den früheren Schatzmeister der CDU, Walther Leisler Kiep. Kiep habe, so hieß es, gemeinsam mit dem CDU-Finanzberater Weyrauch einen Koffer mit einer Spende von einer Million Mark entgegengenommen – eine Spende von dem wegen Steuerhinterziehung nach Kanada geflüchteten Karlheinz Schreiber.

Einen Tag später musste ich das erste Mal in dieser Sache vor die Presse. Noch waren die Ausmaße nicht zu erkennen. Alles war abgestimmt mit Wolfgang Schäuble und Helmut Kohl. Es ging um die Schreiber-Million. Erst im Laufe der nächsten Tage habe ich gespürt, dass die Angelegenheit ziemlich tiefe Dimensionen hatte. Das war schon düster. Doch schon da passierte das, was in den Wochen darauf immer wieder passierte: Teile der Medien verfügten ständig über Informationen, die ich nicht hatte. Das hat mich furchtbar geärgert. Hinzu kam, dass diejenigen, die auf die eine oder andere Weise beteiligt waren, nicht das Vertrauen zu haben schienen, ihr Wissen zu offenbaren. Aber nur so hätten wir gemeinsam überlegen können, wie die Sachverhalte zu bewerten waren.

Wer hat kein Vertrauen gehabt?

Alle, die in irgendeiner Weise, ob direkt oder indirekt, beteiligt waren.

Hatten die kein Vertrauen, oder hofften sie, da kommt doch nicht alles raus?

Ich habe das als mangelndes Vertrauen ausgelegt. Das ist aber auch unerheblich, denn fest steht: Diejenigen, die etwas hätten wissen können, haben nichts gesagt. Zugleich war aber offenbar geworden, dass es Quellen gab, die eine weitgehende Aufdeckung der Vorgänge ermöglichen würden. Alles, was rauszufinden war, erfuhren wir über die »Süddeutsche Zeitung«. Das hieß aber auch: Ich fühlte mich völlig abhängig von äußeren Umständen. Und das ist ein sehr unerquickliches Gefühl. Obendrein traf das alles eine Partei, die schon durch den Weggang von Helmut Kohl und durch den Verlust der Macht erschüttert war. Was nun passierte, löste Eruptionen aus, die an die Kernsubstanz dessen gingen, was die CDU ausmacht. Das war zu diesem Zeitpunkt schon dramatisch. Dabei hatten wir noch nicht einmal Kenntnis von den hessischen Verwicklungen.

Sie haben daraufhin einen Artikel geschrieben, der am 22. Dezember 1999 in der »F.A.Z.« erschien und als Bruch mit dem Übervater Kohl gesehen wurde.

Ich wollte zunächst einmal raus aus dieser Art Gefangenschaft, wollte für mich, für den Vorsitzenden und für die Partei wieder Bewegungsfreiheit erlangen. Der Artikel hatte eine doppelte Ebene: die Spendenaffäre und die Frage nach der künftigen Rolle von Helmut Kohl. Mir lag daran, seine Leistung angemessen zu bewerten, was aber auch zur Folge hat, dass die Rolle des aktiven Politikers Kohl zurückgestellt wird. Wenn Sie wollen, war der Artikel eine Notbremse. Die Partei musste aus der Position des Getriebenen heraus. Das ist ja auch gelungen.

Wenn Schäuble nichts davon gewusst hat, dann war der Artikel zumindest ein Vertrauensbruch gegenüber dem Vorsitzenden.

Er hat nichts davon gewusst. Mit dem, was Sie Vertrauensbruch nennen, waren für mich ziemliche Risiken verbunden. Ich habe den Artikel geschrieben, um dem Vorsitzenden Hilfestellung zu geben, weil ich fürchtete, dass wir sonst immer weiter abrutschen würden.

Hätte es Sie gewundert, wenn Schäuble gesagt hätte: »Frau Merkel, das war's«?

Damit musste ich rechnen. Aber eigentlich gab es keinen Anlass dazu.

Ich bitte Sie: Die Generalsekretärin veröffentlicht einen Trennungsbrief von Kohl, ohne dass der Vorsitzende auch nur Kenntnis davon hat.

Er hat es nicht gewusst. Was wäre die Alternative gewesen? Ich hätte ihn fragen können, aber er hätte sicher nein gesagt. Ich hätte ihn nicht überzeugen können. Aber ich wusste, dass wir nicht darauf vertrauen konnten, irgendwie durch die Spendenaffäre durchzukommen. In der Situation, in der wir miteinander nicht alle den gleichen Informationsstand hatten, wäre das der sichere Untergang gewesen. Deshalb bin ich das Risiko mit dem »F.A.Z.«-Artikel eingegangen.

War dies das größte politische Risiko, dass Sie bis dahin eingegangen sind?

Wahrscheinlich, ja.

Wolfgang Schäuble konnte sich wegen der ominösen Spende des Herrn Schreiber nicht lange als CDU-Vorsitzender halten. Von wann an waren Sie entschlossen, Parteivorsitzende zu werden?

Das war weniger ein Entschluss als vielmehr eine Entwicklung. Als ich den Artikel in der »F.A.Z.« geschrieben habe, wollte ich mir, aber eben auch Wolfgang Schäuble als Parteivorsitzendem Freiraum verschaffen. Damit wir aus der Position der nur Reagierenden herauskämen und wieder zu aktiv Handelnden werden könnten. Insofern habe ich bis zum letzten Moment darum gekämpft, dass Wolfgang Schäuble Parteichef und damit auch Fraktionsvorsitzender bleiben kann.

Was sich sehr schnell als unmöglich herausstellte.

Darüber ließe sich abendfüllend diskutieren. Ob es tatsächlich unmöglich war? Ich weiß es nicht, es ist aber auch unerheblich, denn letztlich hat Schäuble es für sich so empfunden. Als dann die Neuwahl auf der Tagesordnung stand, wusste ich, dass meine Kandidatur für den Parteivorsitz ein ungeheuer großes Wagnis sein würde.

Das hat Sie aber nicht daran gehindert, genau dies zu tun.

Ich habe mich nun wirklich nicht in dieses Amt gedrängt. Es entstand in der Partei eine Art – man kann fast sagen – Bewegung, die in diese Richtung zielte. Ich selbst habe diese Entwicklung zunächst sehr distanziert verfolgt.

Kann man nicht sagen, dass Sie diese Bewegung auch gefördert haben? Es gab die Regionalkonferenzen – man sprach von »Angies Road-Show«.

Diese Konferenzen waren lange vorher festgelegt worden – zur Vorbereitung des Essener Parteitags. Ohne dass man hätte wissen können, in welcher Lage wir dann sein würden.

Sie hatten auch Gegenwind: Da trafen sich zum Beispiel freitags vor der Schleswig-Holstein-Wahl am 27. Februar 2000 Rühe, Merz, Stoiber und Biedenkopf im Lübecker Ratskeller, um sich darauf zu verständigen, unter Umständen lieber einen Ministerpräsidenten als Kandidaten für den Parteivorsitz ins Rennen zu schicken. Tage danach war Biedenkopf im Gespräch.

Dieses Treffen oder das, was da angeblich vereinbart wurde, ist öffentlich dramatischer dargestellt worden, als es wohl tatsächlich war. Letztlich hat dieses Treffen die vielen Mitglieder, die mich als Vorsitzende haben wollten, aber eher in ihrer Haltung bestärkt. Deshalb haben mich die Berichte über dieses Treffen auch nicht weiter aufgeregt.

Nach den Regionalkonferenzen hatte jedenfalls niemand mehr eine Chance gegen Sie.

Mir war damals sehr bewusst, dass die emotionale Begeisterung im Alltag auch wieder abnehmen würde. Ob Chance oder nicht – es lief auf mich zu.

Hat es Sie damals nicht stutzig gemacht, dass so wenig unionsfreundliche Medien wie »Spiegel«, »Stern«, »Zeit« oder die »Woche« unisono schrieben, Angela Merkel müsse es werden?

Das habe ich schon durchschaut. Denen ging es im Wesentlichen nur um das Verhältnis zu Helmut Kohl, das geschah auch nicht aus Liebe zur CDU. Verstanden haben sie die CDU ohnehin nur begrenzt. Kurz: Ich habe die Unterstützung dieser Medien nicht verhindern können, ich habe sie aber auch nicht gefördert.

Was war die Erwartung in der Partei: Angela Merkel bringt alles wieder in Ordnung?

Vorherrschend war wohl das gemeinsame Empfinden, dass die CDU in einer Sackgasse steckt, dass die Partei sich wieder finden und auch neue Wege gehen muss. Viele haben auch nach meiner Wahl auf dem Parteitag in Essen gesagt, dass diese Entscheidung aus einer Notsituation geboren wurde. Und manche haben damit gerechnet, dass dies eine Übergangslösung für eine gewisse Zeit sein würde. Manche haben mir das später auch offen gesagt: Man habe nicht gewusst, ob ich den Parteivorsitz wirklich auf Dauer wolle. Diese Unsicherheiten gehörten dazu und waren ein Stück weit auch verständlich. Dass mein Werdegang ein sehr ungewöhnlicher war, das stand ja nun außer Frage.

Dieser ungewöhnliche Werdegang wäre beinahe mit der Kanzlerkandidatur gekrönt worden. Haben Sie im Januar 2002 die Entscheidung für Stoiber als Niederlage empfunden?

Erstens war ich immer davon überzeugt, dass die oder der Vorsitzende einer großen Volkspartei in der Lage sein muss, eine solche Kandidatur ins Auge zu fassen, sonst ist er oder sie als Vorsitzende fehl am Platze. Zweitens hat es in der CDU noch keine Situation gegeben, in der die Partei niemanden für eine solche Kandidatur hätte aufbieten können und sie einfach so der CSU überlässt. CDU und CSU haben immer den prinzipiellen Anspruch, einen Vorschlag zu machen. Das haben wir 1976 und 1980 bei der Frage Kohl oder Strauß beziehungsweise Albrecht oder Strauß alles schon durchlebt. Drittens muss derjenige, der antritt, dies auch aus eigenem Antrieb heraus tun wollen. Am Ende wurde es Edmund Stoiber, aber aus diesen Gründen habe ich eine Kandidatur für mich selbst auch sehr ernsthaft in Betracht gezogen, aus Verantwortung für die Partei, aber auch weil ich es selbst wollte.

Dann muss es umso schwerer gewesen sein, davon wieder Abstand zu nehmen?

Das stimmt. Aber es war auch klar, dass ein Wahlkampf, in dem CDU und CSU wirklich geschlossen sind, zu der Zeit deutlich besser mit Edmund Stoiber als Kanzlerkandidaten geführt werden konnte. Das war das Kriterium.

Hat es Sie geärgert, dass auch führende Leute der CDU – offen oder hintenherum – für Stoiber waren?

Genau das hatte mit der Frage der Geschlossenheit zu tun, die ich gerade angesprochen habe. Diese Lage habe ich deutlich gesehen, und ich wollte die Partei nicht in eine Zerreißprobe bringen. Unterm Strich war meine Entscheidung richtig, aber auch der gesamte Prozess dorthin war alternativlos. Viele haben sicher auch gesagt, die Frau macht immer nur Schritte nach vorne, ist immer nur erfolgreich, kann die eigentlich auch der Partei dienen, mal zurückstecken? Manche haben mir eine Kanzlerkandidatur mit Blick auf die harten Themen, also Wirtschaft oder Außenpolitik, nicht zugetraut oder noch nicht zugetraut. Und dann war noch die Frage, die die Gesellschaft bis dahin noch nicht beantwortet hatte: Kann in Deutschland eine Frau Kanzler werden?

Und, kann »frau« das werden?

Natürlich kann sie. Aber dass wir heute so weit sind, war nicht selbstverständlich. Mir haben zum Beispiel Kollegen selbst in Bezug auf den Fraktionsvorsitz sehr ehrlich gesagt, dass sie es als sehr ungewöhnlich empfinden, wenn eine Frau die Anweisungen gibt.

Als Sie zu dem berühmten Frühstück in Stoibers Haus in Wolfratshausen gefahren sind, waren Sie da eher erleichtert, oder machte es Ihnen zu schaffen, eine Niederlage eingestehen zu müssen?

Ich war mir der Verantwortung bewusst. Das Treffen war vereinbart worden, um einen Prozess zum Abschluss zu bringen und der Partei durch eine Entscheidung eine Zerreißprobe zu ersparen. Man kann auch sagen, es war ein notwendiges Frühstück.

Ein paar Monate früher, als die Union in Umfragen noch hinter der SPD lag, hätte Stoiber vielleicht gesagt: »Frau Merkel – bitte schön ...«

Dazu wäre es nicht gekommen. Ich selbst habe mich ja intensiv dafür eingesetzt, die Entscheidung erst zur Jahreswende 2001/2002 zu treffen. Es stand doch fest, dass vom Moment der Entscheidung an der Wahlkampf beginnen würde. Was das heißt, weiß jeder: Wenn über neun Monate die Aufmerksamkeit auf eine Person gerichtet ist – das ist ungeheuer schwer. Im Übrigen: Dass die Partei meinem Zeitplan gefolgt ist, also zuerst programmatisch Klarheit zu schaffen und erst dann die Personalentscheidung zu treffen, betrachte ich als wichtige Durchsetzungsleistung. Es hatte die Niederlage bei der Steuerreform im Juli 2000 gegeben – jetzt aber blieb die Partei einig und folgte der Vorgabe. Genau diese Disziplin hat um die Jahreswende

2001/2002 mit zu dem Vorsprung vor der SPD beigetragen. Somit war eine optimale Startposition für den Kandidaten geschaffen.

Meine Frage zielte auf etwas anderes: Hätte Stoiber die Kandidatur gewollt, wenn im Januar 2002 die Umfragen nicht so günstig für die CDU/CSU ausgefallen wären, wenn er keine realistische Siegeschance gesehen hätte?

Das mag sein. Aber der Wettbewerb zwischen Edmund Stoiber und mir hatte nichts mit dem Zeitpunkt der Nominierung zu tun. Stoiber und mich hat geeint, dass wir beide wussten, eine zu frühe Entscheidung würde letztlich auf Kosten des Kandidaten oder der Kandidatin gehen. Außerdem hatten sich realistische Chancen für einen Unionskandidaten oder eine Kandidatin schon von der Jahresmitte 2001 an abgezeichnet, als von da an unsere Kompetenzwerte die der SPD in den relevanten Politikfeldern übertrafen.

1998 haben Sie gesagt: »Noch bin ich nicht so hartgesotten, wie man das wahrscheinlich auf Dauer in der Politik sein muss.« Sind Sie härter geworden?

Ja, natürlich. Ich hatte als Ministerin schon einiges durchstehen müssen – aber doch immer noch in einem begrenzten Themenfeld und grundsätzlich auch unter dem Schutz des Kanzlers. Als Generalsekretärin ab 1998 habe ich schon ganz andere Erfahrungen gemacht, nicht zuletzt auch in der Zeit der Spendenaffäre. Nach meiner Wahl in Essen habe ich gesagt, dieser Wahltag war der letzte schöne Tag für eine lange Zeit. Damals galt für mich noch: »Was du sagst, ist richtig. Aber deine Stimme hat noch nicht das Gewicht, wie es die einer Parteivorsitzenden haben sollte.« Das hat sich deutlich geändert. Ich denke, ich habe als Parteivorsitzende schlicht an Standfestigkeit gewonnen.

Wenn Sie zurückschauen auf die Zeit nach der Wende: Was war in der Karriere geplant, was erkämpft, was war zufällig?

Geplant war nichts. Es gab eine bewusste Entscheidung, nämlich Politik zu machen und für den Bundestag zu kandidieren. Also nicht länger eine dienende Funktion auszuüben, sondern eine selbständige. Ansonsten sind die Dinge auf mich zugekommen. Das erste Ministeramt ist mir zugefallen. Meine Berufung zur Umweltministerin war so etwas wie ein Ritterschlag. Weitergekommen bin ich aber wohl auch deshalb, weil ich das, was ich gemacht habe, jeweils gut gemacht habe. So entschied sich Wolfgang Schäuble für mich als Generalsekretärin. Auch das war nicht geplant.

Am ehesten erkämpft war – von der ersten Nominierung als Bundestagskandidatin einmal abgesehen – wohl der Parteivorsitz?

Nein, erkämpft oder erarbeitet war am ehesten meine Wiederwahl auf dem Hannoveraner Parteitag im November 2002. Das war sozusagen meine erste ganz normale Wahl. Jeder hatte vorher genug Zeit gehabt, sich ein Bild von mir zu machen.

4
Doppelte Quote – Frau und Ossi

»Girls' Camp – eine ebenso perfide wie amüsante Erfindung«

Sie haben vorhin im Zusammenhang mit Ihrer schnellen Berufung zur Bundesministerin gesagt: »Frau, aus dem Osten und auch noch jung – das alles war kein Schaden.«

Stimmt.

Würden Sie mich dennoch als Chauvinisten bezeichnen, wenn ich danach frage, ob ein promovierter Physiker namens Andreas Merkel 1990 die gleichen Chancen gehabt hätte wie Angela Merkel?

Fragen kann man alles, aber die Antwort ist auch ziemlich klar: Er hätte eine Menge Chancen gehabt. Weil in der Wende-Zeit integre Persönlichkeiten, die sich in der Politik engagieren wollten, sehr gefragt waren – egal ob Frau oder Mann. 1989/90 war eine Zeit, in der es möglich war, sehr schnell sehr interessante Aufgaben zu übernehmen.

Nun sind Sie in einem Staat groß geworden, in dem Frauen als gleichberechtigt galten.

Was überhaupt nicht stimmte. Es gab keine einzige Kombinatsdirektorin, kein weibliches Vollmitglied des Politbüros, sondern nur eine einzige, ewige Kandidatin. Das kann man fortsetzen: Bis auf Margot Honecker war keine Frau in der Ministerriege, keine unter den SED-Bezirksvorsitzenden und so weiter. Die wirklichen Entscheidungsebenen waren für Frauen in der DDR genauso weit entfernt wie für Frauen in der Bundesrepublik.

Wie haben Sie dann damals die Emanzipationsbewegung im Westen gesehen?

Ich habe damals sehr gerne Simone de Beauvoir gelesen, eine der wichtigsten Vordenkerinnen des Feminismus. Wobei mich dieser Punkt an sich gar nicht fasziniert hat, denn die feministische Programmatik hat für mich keine besondere Rolle gespielt. Auch mit dem Klima Ende der sechziger Jahre in Paris hatte ich ja nichts zu tun. In Simone de Beauvoir habe ich vielmehr eine starke Frau aus dem bürgerlichen Lager gesehen, die einfach ihren Weg gegangen ist. Oder nehmen Sie die Chemikerin und Physikerin Marie Curie, die aus Polen kam und dann eine der ersten Studentinnen an der Sorbonne war. Diese Frauen haben mich beeindruckt.

Sie sagen, die Gleichberechtigung sei in der DDR keineswegs Realität gewesen. Demnach war die Stellung der Frau in der DDR keine Errungenschaft, auf die »frau« hätte stolz sein können?

Nein und ja: An der eigentlichen Machtausübung waren die Frauen jedenfalls nicht beteiligt. Aber: Sie hatten in vollem Umfang die Doppelbelastung Haushalt und Beruf zu tragen.

Der ostdeutsche Mann war also auch ein Chauvi?

Dieses Wort zieht es zu sehr ins Alberne. Die Männer hatten sich ganz einfach mehrheitlich darauf zurückgezogen, Autos zu reparieren oder in der Wohnung zu werkeln. Die eigentliche Arbeit für die Familie hatten die Frauen zu bewältigen. Um das schaffen zu können, mussten sie sehr gut »funktionieren«. Da blieb wenig Raum, lange darüber nachzudenken, was besser sein könnte. Es war kein Thema, ob man lieber nicht arbeiten und sich nur um die Familie kümmern sollte. Das gesellschaftliche Klima war so geprägt, dass eher diejenigen sich rechtfertigen mussten, die nicht berufstätig waren. Meine Mutter zum Beispiel: Sie war zu Hause, und ich habe das genossen. Dennoch wäre mir nicht eingefallen, Frauen, die den ganzen Tag arbeiten gingen, zu verurteilen. Denn bis auf meine Mutter, die allerdings später auch arbeitete, war ich ansonsten von solchen Frauen ja umgeben.

Sie hatten nicht den Eindruck, die Frauen im Westen haben es schwerer, die im Osten leichter?

Ich hatte mir, ehrlich gesagt, über Leben und Sehnsüchte der Frauen im Westen damals nicht viel Gedanken gemacht. Vielleicht auch weil meine Tante in Hamburg eine Familie hatte, immer aber auch als selbständige Ärztin gearbeitet hat. Sie war sozusagen das Gegenstück zu meiner Mutter. Das hieß aber auch: In meinem Bild vom Westen gab es durchaus berufstätige Frauen.

Hat die Wiedervereinigung in puncto »Stellung der Frau« etwas verändert?

Zunächst gab es eine ganz andere Veränderung: Nach der Wende war die Arbeitslosigkeit bei den Frauen sehr viel höher als bei den Männern. Darüber habe ich viel nachgedacht – gerade als Frauenministerin. Bei näherer Betrachtung, welche Industriezweige von der Treuhand erhalten wurden, kam dann heraus, dass sehr viel mehr Betriebe geschlossen wurden, in denen überwiegend Frauen beschäftigt waren – Papier- oder Textilfabriken etwa, während Stahlwerke und Werften eher eine Chance hatten. Zur Erklärung hieß es: Die IG Metall sei eben stärker und wisse, wie man an Mittel herankomme, um die eigene Klientel zu schützen. Ob das so richtig ist, sei mal dahingestellt, aber so wurde es von nicht wenigen gesehen. Zu Ihrer Frage: Ich denke, Frauen sind heute etwas freier in ihrer Entscheidung, wie sie es mit Familie und Beruf halten wollen. Auch die Diskussion um die Ganztagsbetreuung ist inzwischen im Westen weitgehend entideologisiert. Insofern hat die Wiedervereinigung die gesellschaftliche Diskussion und Entwicklung auch belebt.

Von den Errungenschaften der DDR ist ja immerhin der 8. März, der »Internationale Tag der Frau«, geblieben, der seit der Wende auch im Westen eine gewisse Rolle spielt.

Na ja, an den Muttertag kommt der 8. März lange nicht ran. Aber im Ernst: Mir missfällt, Teile eines völlig anderen Systems herauszupicken und dann zu sagen, das war aber ganz prima. Nehmen Sie die Kinderbetreuung. Die Kinderkrippen und Ganztagskindergärten waren letzten Endes eine Antwort auf die völlige ökonomische Ineffizienz der DDR-Wirtschaft. Sie waren auch Bestandteil des Versuchs, die Menschen so weit zu vergesellschaften wie irgend möglich. Deshalb ist der Kindergarten in den neuen Ländern heute auch ein anderer als zu DDR-Zeiten.

Im Westen war es immer von besonderer Bedeutung, dass sich die Stellung der Frau auch in der Sprache widerspiegele: Ministerin statt Minister. Bisweilen gab es da geradezu skurrile Kämpfe um die angeblich korrekte Ausdrucksweise. Konnten Sie das nachvollziehen?

Als ich Frauenministerin wurde, wurde gerade der Bericht zur »geschlechtsspezifischen Sprachausübung« fertig.

Was stand denn auf Ihrem Briefbogen: Ministerin oder Minister?

Genau weiß ich das nicht mehr. Wahrscheinlich hieß es Ministerin. Da gab es wohl eine Vorbildverpflichtung. Als ich das

Umweltministerium übernahm, hieß es jedenfalls wieder Minister ohne -in-Endung. Dafür musste ich dort Umweltpapier benutzen. Ich weiß nur, dass ich zunächst unglaublich oft angesprochen wurde, weil ich – wie das in der DDR üblich war – immer sagte, ich sei Physiker und nicht Physikerin.

Für das große »I«, also wie »SchülerInnen«, plädieren Sie sicher nicht?

Nein – weder mit Schrägstrich noch sonst wie.

In der CDU waren Sie für manche zunächst ein Fremdkörper: kinderlose Frau, geschieden, evangelisch. Haben Sie Vorbehalte zu spüren bekommen?

Nein, direkt nicht. Die Scheidung war sicher mal Thema bei ein paar Leuten im evangelischen Arbeitskreis der CDU, den ich einige Zeit geleitet habe. Es war erst nicht verstanden worden, warum ich so offen über meine Scheidung gesprochen habe. Dabei wollte ich diesen Weg wirklich nicht propagieren oder die Scheidung wie eine Monstranz vor mir hertragen. Mir war nur daran gelegen, mich dazu zu bekennen, dass auch Scheitern zum Leben gehört.

Ihr schneller Aufstieg hat in der CDU auch Neid und Missgunst ausgelöst. Ich vermute einmal, dass die CDU-Frauen da keineswegs solidarisch waren.

Was heißt solidarisch? Sie müssen sich an Folgendes erinnern: Helmut Kohl hat 1990 fast alle Frauenpositionen mit Frauen aus Ostdeutschland besetzt, Claudia Nolte wurde frauenpolitische Sprecherin der Fraktion, Maria Michalk familienpolitische Sprecherin der Fraktion, Sabine Bergmann-Pohl Staatssekretärin im Gesundheitsministerium. Das war für manche Frauen aus der alten Bundesrepublik schon eine harte Sache, vor allem wenn man bedenkt, wie lange Frauen gerade in der Politik kämpfen mussten, um überhaupt in aussichtsreiche Positionen zu kommen. Man kann es auch anders sagen: Die wenigen Frauen in der CDU mussten von dem geringen politischen Raum, der ihnen zugestanden wurde, mehr miteinander teilen, als die Männer miteinander teilen mussten, und so etwas kann manchen schon traurig oder wütend machen.

Wieso gibt es bei Frauen eigentlich so selten gut funktionierende Seilschaften – von Solidarität gar nicht zu sprechen?

Ihre These stimmt so nicht. Es gibt Solidarität, und es gibt Netzwerke, hier hat sich in den vergangenen zehn Jahren viel verändert, und zwar genau in dem Maße, wie Frauen auch aus dem Gebiet der Frauenpolitik heraustraten. Es gibt zwischen Journalistinnen, Politikerinnen und Frauen aus der Wirtschaft durchaus Verbindendes jenseits der ganz normalen Meinungs- und vor allem Interessenunterschiede.

Im Ernst? Werden Sie von Journalistinnen etwa besser behandelt als von männlichen Kollegen?

Nein, das ist nicht mein Punkt. Sie sprechen von Seilschaften und Solidarität. Und ich sage, es gibt jenseits der normalen Interessenunterschiede Verbindendes. Hier und da redet man offener miteinander.

Also eine Journalistin sagt schon mal zu Ihnen: »Also, liebe Frau Merkel, mit Ihren Haaren sollten Sie mal das oder das versuchen«?

Ja, das kommt schon vor, aber unser Austausch umfasst zuweilen auch noch etwas mehr als Diskussionen um Haare. Kurz und gut: Es gibt eine ganze Reihe von Frauen, die mir ganz offen sagen, was gelungen ist und was ich ändern müsste. Das hat sich gegenüber den frühen neunziger Jahren völlig verändert.

Ich hatte mal alle Frauen meiner damaligen Redaktion gegen mich, weil ich eine Frau zur Ressortleiterin gemacht habe.

So etwas wird es auch weiterhin geben. Warum sollten Frauen da anders sein als Männer? Aber die Erkenntnis wächst, gerade dann erfolgreich sein zu können, wenn man gelegentlich ähnlich rational begründete Seilschaften bildet, wie Männer das zu tun pflegen. Das darf eben nicht nur von persönlichen Sympathien abhängen.

Verstehen Sie, dass sich die weiblichen Mitglieder des Kabinetts Schröder/Fischer einmal in der Woche zum Frühstück treffen?

Man hört davon, und ich kann das auch nachvollziehen. Ob das unbedingt nötig ist, will ich mal dahingestellt sein lassen.

Sie sind Partei- und Fraktionsvorsitzende, Ihr Büro wird von einer Frau geleitet, Sie haben eine Sprecherin. Da ist dann schnell die Rede vom »Girls' Camp«.

Das war wirklich eine der spannendsten sprachlichen Erfindungen, die mir je begegnet sind. Wenn Frauen in ihren Führungsetagen in wichtigen Positionen auch von Frauen umgeben sind, hat das offensichtlich noch immer etwas Besonderes, vielleicht auch Geheimnisumwittertes an sich. Irgendwo ist dieses Wort deshalb perfide und amüsant zugleich.

Also, fürs Protokoll: Wie viele Männer gibt es denn in der Merkel'schen Führungsmannschaft?

Na gut, fürs Protokoll: Selbst bei Männern soll es vorkommen, dass Sekretärinnen weiblich sind. Das ist bei mir auch so. Ich habe eine Büroleiterin, Beate Baumann, ihr Stellvertreter ist ein Mann. Eva Christiansen, die schon in der Zeit von Generalsekretär Peter Hintze CDU-Pressesprecherin war, habe ich von ihm übernommen; ihr Stellvertreter ist ein Mann. In der Planungsgruppe gibt es – leider – überhaupt keine Frauen unter den Referenten. CDU-Generalsekretär Laurenz Meyer ist ein Mann, der CDU-Bundesgeschäftsführer ist ein Mann. Also, unterm Strich: In zwei entscheidenden Funktionen, Büroleitung und Sprecher, habe ich Frauen. Auch der Bundeskanzler hat eine Büroleiterin.

In einem Interview sagten Sie einmal, von Menschen in führenden Positionen gehe oft eine »Aura der Macht« aus. Fällt es Frauen schwerer, die »Aura der Macht« auszustrahlen?

Ich denke, diese Ausstrahlung hat etwas mit Reife, Lebenserfahrung und Selbstbewusstsein zu tun. Das ist nicht geschlechtsspezifisch.

Also keine Nachteile für Frauen?

Doch, die Stimme zum Beispiel. Macht und Souveränität verbinden wir sehr stark mit einer eher tiefen, dunklen Stimme. Nichts ist schlimmer als ein kreischender Ton. Oder: Frauen sind meistens kleiner als Männer. Auch das ist manchmal ein Nachteil. Aber Bundeskanzler Schröder ist nun auch nicht gerade sehr groß und hat es trotzdem geschafft. Es gibt noch ein Manko, das bei Fernsehsendungen nicht zu unterschätzen ist: Ein Mann wird äußerlich mit nur wenigen Merkmalen wahrgenommen: Gesicht, Krawatte, Hemd – fertig. Das geht sehr schnell. Bei einer Frau sind es sehr viel mehr Details: Rock oder Hose, Frisur, wie geschminkt und so weiter. Da gibt es mehr zu sehen. Wenn Sie nun ein Fünfzehn-Sekunden-Zitat haben, bleibt von dem Gesagten kaum etwas hängen, weil der Betrachter in der Kürze der Zeit die optischen und akustischen

Informationen kaum verarbeiten kann. Da haben es Frauen schwerer als Männer.

Das entspricht der Erfahrung vieler Politiker, dass es in den Zuschriften nach Fernsehauftritten meist um Äußerlichkeiten, nicht um die Inhalte geht.

Ja, diese Erfahrung ist ohnehin ernüchternd. Und dann kommt eben noch hinzu, dass man bei Frauen sehr viel mehr Äußerlichkeiten registrieren und damit kritisieren kann als bei Männern.

Sitzen Frauen in einer Doppelfalle? Zeigt eine Frau sich machtbewusst und hart, heißt es: »Die hat nichts Weibliches mehr an sich.« Tut sie das nicht, sagen manche: »Die kann es nicht.«

Im Grunde gibt es nur eines, worauf es ankommt: Authentizität. Die Menschen haben ein untrügliches Gespür dafür, ob jemand in sich selbst ruht oder eine Rolle spielt. Frauen tun sich manchmal schwer, die Gelassenheit, das Authentische auch zu zeigen. Das wird so lange bleiben, wie es immer noch wenig Frauen an herausragenden Stellen gibt. Es fehlt an Vorbildern in der jeweiligen Position. Man kann sich nicht vergleichen, nichts abschauen, sich nicht auf Vorgängerinnen berufen. Deshalb müssen Frauen noch viel stärker ihre Eigenheit entwickeln. Von diesem Weg darf man sich bloß nicht abbringen lassen. Zu scharf, zu hart, zu weich, überkandidelt oder was auch immer – die Leute merken es, wenn es nur eine antrainierte Rolle ist. Man muss sich seiner selbst sicher sein, dann kommt man auch als das rüber, als was man rüberkommen will.

Es heißt, Männer gingen mit Frauen in der Politik anders um als mit Männern. Wenn ja, warum?

Ich weiß ja nicht, wie Männer mit Männern umgehen. Ich weiß nur, wie Männer mit mir umgehen.

Anders gefragt: Hätte Eberhard Diepgen bei dem Bundesrats-Poker um die Steuerreform 2000 auch einen männlichen CDU-Vorsitzenden derart im Regen stehen lassen, wie er das damals mit Ihnen gemacht hat?

Ich glaube, das hatte vor allem mit Erfahrung zu tun. Wäre etwa ein Mann wie Bernhard Vogel damals Parteivorsitzender gewesen, hätte er wahrscheinlich mehr auf die Nuancen gehört und nicht geglaubt, dass alle die Strategie würden durchhalten können. Ich war damals eine noch unerfahrene Parteivorsitzende. Es ging nicht darum, dass die mich hintergangen haben. Ich war schlicht und einfach zu gutgläubig. Ich hätte meine Erwartungen nicht auf Sand bauen dürfen.

Sie waren nicht allein, was war mit dem damaligen Fraktionsvorsitzenden Friedrich Merz?

Um es ungeschminkt zu sagen: Keiner von uns wollte das Weichei sein. Dabei sind die anderen Mitspieler etwas aus dem Blick geraten. Man muss sich das alles wohl so erklären: Eine Parteivorsitzende, eine Frau als Chef zu haben war völlig ungewohnt. Damit fiel aber auch die, man könnte sagen, natürliche Emotionalität einer Parteiführung weg.

Also: kein Poltern, kein lauter Ton.

Nicht nur, auch kein Schulterklopfen, kein Zureden unter vier Augen, die Vertrautheit wie in einer Familie oder was auch immer. Diese gewachsene Gewohnheit, die war wie weggeblasen. Da war nur noch kalter, nüchterner Raum. Unter dieser Kühle haben auch viele Parteimitglieder gelitten. Und die Frage war, wie sich eine Parteivorsitzende ihre Partei erobern würde.

Wie?

Auf ihre Art, auf meine Art. Aber das hat ein bisschen Zeit gebraucht, bis dieses Vakuum wieder gefüllt war. Heute gibt es diese natürliche Emotionalität, von der ich gerade sprach.

Im Grunde wurden Sie doch bei der Steuerreform von Ihren Parteifreunden hereingelegt. Haben Sie nicht gedacht: »Warum tu ich mir das hier an?«?

Nein. Ich habe gedacht, warum warst du so naiv? Bei Eberhard Diepgen wusste ich, dass Schröder seine besondere Berliner Lage gegen uns ausnutzen würde. Das nicht wirklich ernst genommen zu haben, da lag der Fehler.

Zurück zur »Frau in der Politik«. Es gibt Leute, die meinen, Angela Merkel habe in der DDR gelernt, nicht immer zu sagen, was sie denkt. Was leicht als harmlos ausgelegt und weswegen Angela Merkel auch unterschätzt werde.

Na ja, ich kenne auch eine ganze Reihe von Männern, die keineswegs immer sagen, was sie denken. Das scheint doch eher eine allgemein menschliche Erfahrung zu sein. Immer das zu sagen, was man denkt, würde doch auch geradewegs ins Chaos führen. Und was das Harmlossein angeht: Das hat der eine oder andere früher vielleicht einmal gedacht. Aber inzwischen wissen meine Gesprächspartner, dass ich meinen Willen habe, dass ich mehr Ahnung habe, als manchem vielleicht auch recht ist, und dass man mich nicht so leicht über den Tisch ziehen kann.

Gemeint war wohl eher die Fähigkeit, sich durchzulavieren, wie man das in der DDR ja wohl musste. Kommt Ihnen das heute noch zugute?

Vielleicht habe ich damals gelernt, niemals etwas zu sagen, was man nicht halten, wozu man nicht stehen kann. Die Stasi hat immer gewusst, aus solchen Dingen Druck zu machen. Man wurde auf etwas festgelegt, was man mal einfach so dahingesagt hatte. Wenn ich in einer politischen Verhandlung meine Position beschreibe, dann ist das auch meine Position. Wenn ich nicht sicher bin, dass ich sie vielleicht räumen muss, dann nehme ich sie auch nicht ein.

Die Unternehmensberaterin Professor Gertrud Höhler hat über Sie geschrieben: »Hier kämpft kein Mann. Dieser Gegner ist eine Frau. Die Männer sind hin- und hergerissen von Zorn, Bewunderung und Unterwerfungsanfällen.« Eine zutreffende Beschreibung?

Tja, was soll ich dazu sagen? Vielleicht etwas überhöht. Ich lasse das einfach mal so stehen. Unterwerfung beobachte ich nicht allzu häufig.

Und Bewunderung?

Ich bewundere ja auch manche Männer. Es mag schon vorkommen, dass der eine oder andere Mann gut findet, was ich mache.

Sie haben mal gesagt, Frauen falle der Ausstieg leichter. Wenn das stimmt, wäre das doch ein Vorteil gegenüber den Männern?

Ich glaube schon, dass das stimmt. Und es ist ein Vorteil. Ich habe schon eine ganze Reihe von Politikerinnen erlebt, die es sehr gut geschafft haben, noch einmal in eine neue Lebensphase zu gehen und von der Politik wieder Abstand zu nehmen. Das macht ein Stück freier. Ich wollte damit aber nicht sagen, dass ich selbst irgendwann daran gedacht hätte aufzuhören.

Die unvermeidliche Frage: Können Tränen in der politischen Auseinandersetzung eine Waffe sein?

Wir haben vorhin über das Erlebnis mit meinem Ozongesetz gesprochen, aber grundsätzlich meine ich: In der Politik sollte es allenfalls eine kalkulierte Form der Emotionalität und Aufregung geben. Und kalkulierte Tränen halte ich für kein probates Mittel.

Von wem stammt folgendes Zitat: »Als Frau muss man mehr Gelassenheit zeigen – und dann zuschlagen«?

Das könnte von mir sein.

Genau. Sie können sich vorstellen, dass es in der CDU eine Reihe von Männern gibt, die das sofort Ihnen zuschreiben würden?

Kann ich mir vorstellen. Es gibt aber sicher viele Männer, die ähnlich verfahren.

Wieso muss eine Frau mehr Gelassenheit zeigen als Männer?

Es geht nicht um »mehr« im Vergleich zum Mann. Man könnte sagen, das ist eine Relativbetrachtung: Frauen fällt es oft schwerer, Gelassenheit zu zeigen.

Was wäre in Deutschland anders, wenn wir mehr Oberbürgermeisterinnen, mehr Ministerpräsidentinnen, eine Bundeskanzlerin oder auch eine Bundespräsidentin hätten?

Wir hätten womöglich ein höheres Maß an Bodenständigkeit. Mehr Erdung. Frauen sind immer noch ein Stück mehr mit dem normalen Leben verbunden. Eine Politikerin wie die hessische Sozialministerin Silke Lautenschläger oder ihre niedersächsische Kollegin Ursula von der Leyen, die auch noch Kinder großziehen, bringt sicher gerade in sozial- und bildungspolitische Fragen andere Perspektiven ein.

Eine Bundeskanzlerin stünde mit Arbeitslosigkeit, mit Wachstumsschwäche …

… vor denselben Problemen wie ein Mann. Die politische Agenda wird nicht dadurch verändert, dass plötzlich eine Frau Bundeskanzlerin ist. Sie müsste zu Beginn vielleicht sogar mit einem gewissen Nachteil leben. Nämlich damit, dass manche bei einer Frau fragen: »Kann die das überhaupt, unser Land, unsere Wirtschaft lenken, mit den Bossen dieser Welt umgehen et cetera?«

Worin bestünde denn dann für die Gesellschaft der Vorteil, wenn es mehr Frauen in herausragenden politischen Ämtern gäbe?

Der Politik tut es immer gut, wenn sie einen möglichst repräsentativen Querschnitt der Bevölkerung widerspiegelt. Oder um Ihre Frage anders zu beantworten: Es muss nicht unbedingt ein Vorteil sein, aber es wäre gewiss auch kein Nachteil.

Wann werden wir die ersten Länderkabinette sehen, in denen Frauen in der Mehrheit sind?

Das kann im Grunde jederzeit passieren. Auch in einer CDU-Regierung könnten mal fünf Frauen und drei Männer sitzen statt andersrum. Das würde auch gar kein großes Aufsehen mehr erregen. Die Zeit, wo Frauen grundsätzlich nur für Soziales, Frauen, Familie oder Bildung infrage kamen, ist ja seit der Zeit von Birgit Breuel als niedersächsischer Finanzministerin vorbei. Wir haben mit Gabriele Wurzel in Niedersachsen eine Chefin einer Staatskanzlei. Die CDU stellt mit Elisabeth Heister-Neumann in Hannover, mit Ingeborg Spoerhase-Eisel in Saarbrücken, mit Barbara Richtstein in Brandenburg und Birgit Dietzel in Thüringen gleich vier Justizministerinnen. Im Saarland steht an der Spitze des Innenministeriums, also eines weiteren klassischen Ressorts, Annegret Kramp-Karrenbauer.

Frauenquote und Frauenquorum haben demnach doch irgendwie etwas gebracht?

Von der Quote habe ich gar nichts gehalten, musste mich da aber etwas zurückhalten. Denn als Frauenministerin konnte ich ja nicht die Vorkämpferin gegen die Quote sein.

Waren Sie der Ansicht, gute Frauen kommen auch ohne Quote überallhin?

Im Grunde ja.

Nachdem die SPD ihre Quote eingeführte hatte, folgte 1996 die CDU-Variante des Quorums. Das heißt, Frauen sollen, müssen aber nicht zu einem Drittel an Parteiämtern und Kandidaturen beteiligt werden.

Da muss ich jetzt im Rückblick sagen: Dank des Quorums hat sich das Bild eines CDU-Parteitages oder die Zusammensetzung der Vorstände im Bund, in den Ländern und den Kreisen schon stark verändert. Dass wir heute im Bundesvorstand 40 Prozent Frauen haben, dass auf einem CDU-Landesparteitag wie dem von Baden-Württemberg 40 Prozent der Delegierten Frauen sind, das gab es früher einfach nicht. Die Partei hat unter dieser Entwicklung jedenfalls nicht gelitten – im Gegenteil. Es hat ihr genutzt. Hier habe ich meine Meinung geändert.

Aber in den entscheidenden Positionen, vom Partei- und Fraktionsvorsitz einmal abgesehen, sitzen trotz des Quorums vor allem Männer.

Richtig. Bei Kreisvorsitzenden oder Landesvorsitzenden haben wir nach wie vor eine männliche Dominanz. Das Quorum hilft ja auch nicht bei den Direktmandaten. In Ländern, wo die CDU überwiegend die Wahlkreise direkt gewinnt, gibt es nach wie vor nur wenige weibliche Abgeordnete. Mit 20 Prozent Frauen in der Fraktion schneiden wir im Bundestag schlechter ab als die anderen Parteien. Da lohnt es sich schon, sich noch einige Gedanken zu machen.

Frauen, Männer, Vorteile, Nachteile – mal abgesehen davon: Wie steht es eigentlich um die Ostdeutschen? Sind die Ostdeutschen im politischen Geschäft benachteiligt?

Es gibt einen Aspekt, den man auch beim Namen nennen muss: Menschen in Ost und West haben ein ganzes Stück des Lebensweges nicht gemeinsam verbracht. Jugenderinnerungen, was jemand erlebt hat, was ihn geprägt hat, was ihm oder ihr widerfahren ist – das sind in Ost und West unterschiedliche Erfahrungshorizonte …

… die auch die Kommunikation erschweren.

Ja, schwieriger machen, aber auch interessanter und spannender. Und natürlich ist es vollkommen in Ordnung zu fragen, ob jemand, der die Genesis der Bundesrepublik gar nicht miterlebt hat, einschätzen kann, was den Westdeutschen an den staatlichen und gesellschaftlichen Errungenschaften wichtig ist. Versteht so jemand …

… wie Angela Merkel …

… versteht die unsere Werte? Weiß die überhaupt, was das ist? Ich sage zum Beispiel manche Dinge nicht so wie jemand, der im Westen geprägt wurde. Das hat seinen Charme, das führt aber auch zu einer gewissen Fremdheit. Ich folgere daraus, dass wir aus unseren unterschiedlichen Biografien einfach viel mehr machen müssen. Darin liegt eine ungeheure Chance. Die Perspektiven, aus denen Ostdeutsche auf die Bundesrepublik schauen, können genau für diese Republik hochinteressant und bereichernd sein. Ich weiß doch, wie es mir selbst ergangen ist: Ich war aus vollem Herzen für den Beitritt der DDR zur Bundesrepublik und bin es auch heute noch. Aber mit meiner anfänglichen Distanz konnte ich 1990 deutlicher als vielleicht manch anderer sehen, dass es auch in der Bundesrepublik so etwas wie »sozialistische« Elemente gibt, da ist viel zu viel Bürokratie und Langsamkeit – alles Dinge, die meiner Idealvorstellung überhaupt nicht entsprachen und die mir deshalb schlaglichtartig auffielen. Wenn ich aus dieser Erfahrung und Erkenntnis heraus dann versuche, dieses Land, diese Bundesrepublik, dem, was sie aus sich machen könnte, näher zu bringen, dann stößt das mitunter sicher auf Skepsis. Manche Leute halten das nur für Meckerei. Das ist aber schon der erste Schritt zu einer notwendigen Diskussion über unser Land, und das kann Deutschland nur gut tun.

Ich bewundere schon seit vielen Jahren Politiker aus dem Osten, gleich welcher Partei, die etwa über die dynamische Rente von 1957 so reden, als seien sie damals dabei gewesen. Kann man so etwas lernen, nachholen?

Erst nach fünf oder sechs Jahren – etwa auf dem Weg von West- nach Ostberlin – ist bei mir das Gefühl weggefallen, eine Grenze passiert zu haben. Nach zehn Jahren konnte ich formulieren: »Wir, die CDU, haben die Rentenreform von 1957 gemacht.« Mit solchen Sätzen habe ich mich jahrelang ungeheuer schwer getan.

Das ist das eine, man muss die Dinge aber auch alle präsent haben.

Das ist ja nur eine intellektuelle Aufgabe, mehr nicht, und solange die Dinge eine logische Entwicklung genommen haben, ist das kein Problem – etwa beim Rentensystem. Schwieriger ist das mit den Sündenfällen, zum Beispiel wie oft von diesem System abgewichen wurde, warum man heute nicht mehr erklären kann, wieso der Rentner wie viel Krankenkassenbeiträge zahlen muss oder warum der Sozialhilfeempfänger überhaupt keine Beiträge zur Krankenversicherung zahlt, aber höhere Leistungen erhält. Ansonsten folgt vieles in der Konstruktion der Bundesrepublik dem gesunden Menschenverstand und ist deshalb für mich sehr einleuchtend.

Eine Zeit lang haben Sie hinnehmen müssen, dass die Öffentlichkeit sich vor allem mit Angela Merkels Erscheinungsbild auseinander setzte: mit der Kleidung, mit der Frisur und anderem. Oft wurde gelästert. Das muss Sie doch verletzt haben?

Verletzt ist vielleicht zu viel. Ich habe mich gewundert, wie lange man sich mit Äußerlichkeiten aufhalten kann.

Es gibt einen schönen Satz von Monika Maron, die nach der Wende beim Blick durch ein Westberliner Restaurant gesagt hat: »Wir haben Haare, die Westdeutschen haben eine Frisur.« Ging Ihnen das auch so?

Ich will es andersrum sagen: Das DDR-System hat sich sowieso für jeden interessiert. Unentwegt. Jemand wie Monika Maron oder auch ich musste nichts dazu tun, um aufzufallen. Dazu reichten schon kleinere Abweichungen vom erwarteten Verhalten aus. Nach der Wende lernten wir dann diesen für uns doch eigenartigen Wettbewerb des Sichpräsentierens kennen, das kannten wir überhaupt nicht. Heute spüre ich bei mir, dass mir das auch Freude machen kann. Selbstbewusst oder auch selbstgewiss aufzutreten heißt doch, mit sich im Reinen zu sein. Diese Fähigkeit und Möglichkeit ist eine riesengroße Errungenschaft, die uns die deutsche Einheit gebracht hat.

Alles eitel Sonnenschein, demnach?

Nein, nichts ist ohne Kehrseite. Dieser Wettbewerb macht das Leben auch schonungsloser. Und man muss schon aufpassen und sich auch trauen, nicht nur alles positiv und strahlend zu zeichnen. Zuzugeben, wenn etwas nicht gelingt, eine Niederlage einzuräumen, manchmal auch Traurigkeit zu zeigen – ich denke, das gehört zu einer gereiften Persönlichkeit dazu.

Zurück zu den Lästereien über Sie. Haben Sie sich wirklich nicht geärgert?

Ärger wäre nicht das richtige Wort. Mich hat damals gewundert, was Leute über mich sagten oder über mich schrieben, die nie mit mir geredet, mich nie gesehen hatten. Ich habe mich gefragt, was das für Menschen sind, die sich derart abwertend äußern, obwohl sie mich gar nicht kennen. Und da taten sich ja nicht nur Männer unrühmlich hervor. Frauen können genauso sein. Ich habe mal erlebt, dass eine Fotografin plötzlich unter dem Kabinettstisch lag, um meine schiefen Absätze zu fotografieren. Man mochte gar nicht glauben, wozu jemand fähig sein kann.

Und wenn jemand wie Heiner Geißler im Sommer 2003 laut über Ihre Kleidung nachdenkt – und das nicht gerade schmeichelhaft?

Dann muss ich damit leben.

Bei den Männern wird weniger über Äußerlichkeiten gelästert. Mit einer Ausnahme: Bundestagspräsident Thierse. Der Bundestagspräsident ist schon bis in die Kabarettprogramme vorgedrungen.

Tatsächlich?

Ja, da heißt es dann, Thierse trage noch immer die Anzüge, die früher »nach drüben« geschickt worden seien.

Na ja. Ich bin immer erstaunt, wenn ich höre, wer zu den Bestangezogenen gehört und wer nicht. Aber es ist schon richtig, da müssen auch Männer einiges ertragen. Wie viele Geschichten hat es über die Haarfarbe von Gerhard Schröder gegeben?

Noch mal zurück zu Ihrem Ost-Outfit Anfang der neunziger Jahre, die langen Röcke. Meine erste Begegnung mit Ihnen ergab sich auf der schon erwähnten Kanzler-Reise in die Vereinigten Staaten.

Nach Kalifornien?

Ja, nach San Francisco. Da trugen Sie einen langen weiten Rock und Sandalen.

Wirklich? Bilden Sie sich das nicht nur ein?

Das war keine Einbildung. Vor der Zwischenlandung im kanadischen Goose Bay haben Sie dann noch ein paar gestrickte Socken und eine Weste übergezogen und sind dann hinter Helmut Kohl die Ehrenfront abgeschritten.

Ich kann mich daran gar nicht mehr erinnern.

Doch, doch. Ich erinnere mich noch genau. Und damals sagte mir ein Kabinettskollege von Ihnen, das sei ganz gut so. Man wolle einen zweiten Fall Sabine Bergmann-Pohl vermeiden. Die ehemalige Volkskammerpräsidentin war ja nach der Wende Staatssekretärin und wurde unter anderem durch ihre Escada-Kostüme bekannt. Dieser CDU-Politiker fand aber Ihr Strickwesten-Image mit Blick auf die ostdeutschen Frauen besser. Eine Marketingfrage?

Mit Marketing hatte meine Kleidung sicher nichts zu tun. Anders als die Ärztin Bergmann-Pohl kam ich aus einem Beruf, in dem Außendarstellung weniger gefragt war. Man scheuerte sich allenfalls die Ärmel durch. Ich habe mir auch immer vorgenommen, mir nicht zu viel Zwang anzutun. Ich sah schon, dass Hannelore Kohl zum Beispiel anders angezogen war. Aber ich wollte bei all den Veränderungen auch nicht ein letztes Stück Vertrautheit aufgeben.

Sie haben sich anfangs doch sicher als Fremdkörper empfinden müssen?

Mag sein. Aber ich weiß noch, wie jemand zu mir kam, ich glaube, es war Michaela Geiger von der CSU, und sagte: »Weißt du, du kannst ruhig mal einen Hosenanzug anziehen.« Und ich dachte, Hosenanzug? Ernsthaft? Das wäre doch was. Heute kann ich so etwas gar nicht mehr verstehen. Aber damals! Mein Gott, in der DDR hatte es für die so genannte Karrierefrau ein bestimmtes Kostüm, »Präsent 20«, gegeben, voll aus Kunststoff, absolut knitterfrei und absolut grässlich. Als die Diskussion um meine Kleidung dann im Westen losging, hatte ich das Gefühl, ich sollte in genau so ein Abteilungsleiterkostüm gesteckt werden. Das wollte ich nicht. Wenn ich an das Kostüm bei meiner ersten Vereidigung denke, wie ich da aussah: wie reingesteckt. Die modische Annäherung kam dann sehr, sehr vorsichtig, Schritt für Schritt.

Hellmuth Karasek meinte mal, bei Ihnen sei – anders als bei Herrn Thierse – nicht mehr feststellbar, ob Sie aus dem Osten oder aus dem Westen kämen. Ein Kompliment?

Im Großen und Ganzen ist das ein Kompliment.

Lothar de Maizière hat sogar gesagt, Sie seien eine West-Politikerin geworden.

Das ist etwas anderes als der Satz von Karasek, das hat einen bösen Unterton. Ich verleugne meine Herkunft nicht, im Gegenteil. Aber Ost und West zu verbinden – das hat doch auch etwas.

Ist das Doppeletikett »Frau plus Ostdeutsche« womöglich grundfalsch, weil Angela Merkel in erster Linie eine rationale Physikerin ist?

Keine Frage, mein Denken ist von der naturwissenschaftlichen Bildung geprägt. Das kann und will ich auch gar nicht leugnen. Das macht auch die Persönlichkeit aus. In den westdeutschen Politikerbiografien kommt diese Herkunft eher selten vor. Was sich leicht erklären lässt.

Sie nutzen das?

Sicher. Ich versuche, rationales Denken in die Diskussionen zu bringen. Das überrascht manche Männer, die ja gerne umgekehrt argumentieren, Frauen könnten das gar nicht.

Apropos Physikerin: Oskar Lafontaine ist auch einer.

Nein, nicht wirklich, denn der hat den Beruf nie ausgeübt.

5
Begegnungen

»Helmut Kohl und die Partei – das kann man doch gar nicht trennen«

Als Bürgerin der DDR haben Sie Helmut Kohl sozusagen im Fernsehen kennen gelernt. Welchen Eindruck hatten Sie von dem Oppositionsführer und späteren Kanzler?

An den Oppositionsführer kann ich mich, ehrlich gesagt, nicht besonders gut erinnern. Von 1973 bis 1978 habe ich studiert, und das Fernsehen hat mich in den siebziger Jahren insgesamt eigentlich gar nicht interessiert. Um es anders zu sagen: Kohl war in meiner Erinnerung immer Kanzler.

Und hat der Kanzler Kohl Ihnen damals gefallen oder gar imponiert?

Gefallen hat mir, dass er gegenüber der DDR eine harte, klare Linie vertrat. Ich erinnere mich noch sehr gut an den Honecker-Besuch 1987 in Bonn. Das abendliche Bankett in Bad Godesberg wurde im Fernsehen – West wie Ost – übertragen. Dort legte der Bundeskanzler ein klares, eindeutiges Bekenntnis zur deutschen Einheit ab. Und Honecker musste sich das anhören. Das fand ich ganz toll und auch sehr beruhigend.

Hat es Sie nicht irritiert, dass ausgerechnet Helmut Kohl Honecker als Staatsgast empfing? Oder war die Zweistaatlichkeit zu dem Zeitpunkt eine eher sekundäre Sache?

Ich glaube, das hat mich und wohl auch die meisten anderen Menschen nicht wirklich irritiert. Aus einem einfachen Grund: Wir befanden uns längst in einer Phase, in der viele Hoffnungen mit direkten Begegnungen verbunden wurden – politisch wie menschlich. Ein Jahr vor dem Honecker-Besuch war ich übrigens das erste Mal im Westen. Bei der Hochzeit meiner Cousine in Hamburg. Es gab viele solcher Kontakte unter den Menschen.

Das heißt aber auch, dass man innerlich doch bereit war, sich mit der Teilung abzufinden?

Nein, überhaupt nicht. Nur: Wir waren doch kein Nichts. Man konnte die Existenz der DDR ja nicht schlichtweg negieren. Sie war UN-Mitglied und diplomatisch weitgehend anerkannt. Es gab uns. Und es gab die Grenze.

Was ist Ihnen zu Kohl aus den frühen Jahren noch in Erinnerung geblieben?

In Erinnerung geblieben ist mir, dass er in den Medien oft als unbeholfen, manchmal gar als dümmlich dargestellt wurde. Ich konnte das nicht verstehen und habe das damals schon für Blödsinn gehalten. Auch weil ich mir überhaupt nicht vorstellen konnte, dass 60 Millionen Deutsche in freier Wahl einen Kanzler wählen, der nicht ganz bei Trost sein soll. Außerdem haben wir in unserer Familie Kanzler wie Brandt oder Schmidt sehr geschätzt. Im Vergleich war Helmut Kohl in meinen Augen wirklich nicht zweite Garnitur.

Nun waren seit 1983 nicht Brandt oder Schmidt, sondern Lafontaine, Vogel oder Rau die Gegenspieler.

Aber die haben mich damals nicht besonders interessiert. Da war der Kanzler schon wichtiger.

Wie wurde Kohl in Ihrer Familie gesehen?

Mit Respekt, aber durchaus auch mit Distanz. Sie dürfen nicht vergessen, dass zum Beispiel meine Mutter nach der Wende in die SPD eingetreten ist und nicht in die CDU. Wenn aber ich persönlich an das erste Kabinett Kohl denke mit Gerhard Stoltenberg als Finanzminister, aber auch an Manfred Wörner als Verteidigungsminister – da haben wir so etwas wie Hochachtung vor der Fähigkeit empfunden, ein Land zu führen und dieses Land auch aus einer schweren Situation herauszubringen.

Sie haben Helmut Kohl im Wahlkampf 1990 das erste Mal persönlich getroffen. Fiel Ihnen da ein Unterschied zwischen dem Nah- und dem Fernbild auf?

Ich hatte ihn in der Übergangszeit ja schon bei einigen Gelegenheiten beobachten können, im Volkskammerwahlkampf und später dann zu Zeiten der DDR-Regierung, und als sehr zielstrebigen Menschen wahrgenommen. Für uns, für die Ostdeutschen, war er der Mann, der uns wollte. Im Gegensatz zu Lafontaine und all denen, die uns nichts gegönnt haben. Er kam weicher und väterlicher rüber, als das von vielen Menschen, die ihn nur in Wahlkämpfen und politischen Auseinandersetzungen sehr hart erlebt hatten, wahrgenommen wurde. Er wirkte absolut sicher und innerlich völlig überzeugt von dem, was er tat. Das hatte eine sehr beruhigende Wirkung. Das passte überhaupt nicht dazu, dass Kohl erst kurz zuvor, auf dem Bremer CDU-Parteitag im September 1989, einen ziemlichen Aufruhr zu überstehen hatte.

Da scheiterte der Putschversuch von Heiner Geißler und Lothar Späth ziemlich kläglich.

Mir ist erst viel später richtig aufgegangen, dass derselbe Helmut Kohl, der nach 1990 derart sicher und selbstgewiss auftrat, erst wenige Monate, fast Wochen vorher so unter Beschuss gestanden hatte.

Hat sich Ihr Kohl von 1990 aus der Perspektive 2003 verändert?

Wir sind älter geworden.

So war das nicht gemeint.

Die Frage ist auch nicht einfach zu beantworten. Ich will es mal so versuchen: Acht Jahre Mitglied im Kabinett Helmut Kohls – das war eine unglaublich gute Lehrzeit. Natürlich gab es auch Unerwartetes: Helmut Kohl sprach oft von Dingen, die mir in der täglichen politischen Arbeit sehr weit weg erschienen. Er hat schon immer vom Jahr 2000 gesprochen, von der Jahrtausendwende, von der Entwicklung der Menschen. Im Gegenzug konnte er gleichzeitig ziemlich ausführlich über die Milchpreise reden. Über das Lebensgefühl der Deutschen und alles, was ihr Portemonnaie anging, darüber wusste er immer Bescheid.

Gab es auch Eigenschaften Kohls, die Sie überrascht haben, die Sie ihm nicht zugetraut hätten?

Manche Eigenschaften hat man natürlich erst nach und nach kennen gelernt. Beispielsweise hat Helmut Kohl sich sehr schwer getan, mal einen Rückzieher zu machen, wenn erkennbar wurde, dass seine Position nicht die richtige war. Er hat dann seinen Standpunkt einfach weiter verfochten in der Hoffnung, man werde aufhören, dagegen zu argumentieren.

Und? Hörten Sie auf?

Ja, manchmal habe ich es dann sein gelassen. Es brachte ja nichts. Verblüffend war allerdings, dass er später, wenn man wieder darauf zu sprechen kam, über eine solche Situation durchaus lachen konnte. Da war die Blockade dann gelöst.

Wie hat auf Sie diese spezielle Atmosphäre im engeren Kreis um Kohl gewirkt, diese Kameraderie, diese Frotzeleien …

… »Ihr aus euren mecklenburgischen Sümpfen« und so …

… auf Kosten Dritter, das einseitige Duzen?

Gestört hat mich das nicht, obwohl es natürlich eine Form der Ungleichbehandlung war. Das konnte sich der Bundeskanzler leisten, aber von uns konnte keiner in gleicher Weise antworten. Was ich aber sehr geschätzt habe: dass er es immer verstanden hat, eine vertrauliche und angenehme Gesprächsatmosphäre zu schaffen, am kleinen Besprechungstisch in Strickjacke und so. Da konnte man sehr gut schildern, worum es gerade ging. Selbst wenn es sich dabei um scheinbar unüberwindbare Hürden handelte. Dazu kam auch die Fähigkeit, Konflikte zu lösen, Streitende zusammenzubringen.

Ich erinnere mich noch gut, wie Kohl Sie auf der schon erwähnten Amerika-Reise im Sommer 1991 Präsident Bush senior vorstellte – ganz im Habitus eines stolzen Vaters. War Ihnen das peinlich? Oder hat Sie das eher amüsiert?

Das war noch eine Zeit, in der mich das nicht gestört hat. Da war so vieles neu und beeindruckend. Gestört hat mich später oft die Haltung mancher Journalisten, die sich nicht davon lösen konnten, mich nur im Zusammenhang mit Kohl zu sehen. Aber das hat sich ja dann auch mal erledigt.

Wie wäre Ihre Laufbahn ohne Helmut Kohl verlaufen? Wären Sie auch ohne seine Unterstützung Ministerin geworden?

Keine Ahnung. Ich bin ohne Helmut Kohls Einfluss oder Zutun Abgeordnete geworden. Und ich denke, auch anderen wäre aufgefallen, dass ich für die parlamentarische Arbeit oder für ein Regierungsamt einige Fähigkeiten mitbrachte. Was sich daraus entwickelt hätte, kann niemand sagen.

Wer jemanden fördert, tut dies oft in vielen kleinen Schritten – mal hier ein Tipp, mal da eine Empfehlung. Könnte es sein, dass Kohl Sie stärker gefördert hat, als Ihnen das damals bewusst war?

Das glaube ich nicht. Ich habe das schon sehr gut mitbekommen. Es gab immer wieder Empfehlungen, Juliane Weber rief an, riet, wen man kennen lernen sollte und Ähnliches. Der Bundeskanzler hat mich auch mit vielen Leuten in der Wirtschaft bekannt gemacht. Und als ich mir das Bein gebrochen hatte, hat er mir sogar einen Arzt im Johanniter-Krankenhaus empfohlen. Er hat sich sehr gekümmert. Auf der anderen Seite hatte ich aber auch die Freiheit, die Arbeit nach eigenem Gutdünken zu machen. Da ließ er uns schon an der langen Leine laufen.

Aber es gab doch sicher auch Ärger?

Doch, schon. Von manchen Sachen hat Helmut Kohl einfach nicht viel gehalten. Etwa dem Bericht zur Lage der Jugend. Ich wusste: Wenn man da falsch einsteigt, ist die Redezeit im Kabinett nach 40 Sekunden mit der ersten Bemerkung Kohls beendet.

Wie viele Minuten haben Sie geschafft?

Mit streng strategischem Vorgehen: etwa dreieinhalb Minuten.

Und wie?

Am Anfang bloß keine Zahlen nennen oder statistische Untersuchungen zitieren. Dann kam sofort die Frage, welcher kluge Professor sich da hervortue. Für mich war das ärgerlich. In meinem Ressort »Frauen und Jugend« gab es ohnehin nur ab und an Punkte, die ins Kabinett kamen. Und dann nichts ausführlich sagen zu können war schon nervig. Wenn ich daran denke, wie lange Manfred Kanther als Innenminister sprechen durfte! Das wurde dann für mich erst besser, als ich Umweltministerin war.

Sie haben vorhin den eher rechthaberischen Kohl beschrieben. Heißt das, es gab keinerlei Raum für Kritik?

Doch, den gab es schon. In einer ruhigen Minute konnte man über vieles auch sehr kritisch sprechen. Er konnte nur nicht leiden, wenn Kritik hinterrücks geäußert wurde.

Was Sie heute sicher nachvollziehen können …

So ist es.

Was hat Kohl mit der Förderung von Angela Merkel bezweckt? Wollte er etwas für Sie persönlich tun, für die Partei, oder wollte er das »System Kohl« stärken?

Das kann man nicht immer auseinander halten. Helmut Kohl wollte Kanzler bleiben, und indem er Kanzler blieb, hat er die CDU gestärkt. Er hat über viele Jahre ein sehr gutes Gespür dafür gehabt, wo Erneuerung und Auffrischung nötig war. Er hat sehr geschickt Personal ausgesucht und Risiken nicht gescheut. Meine Ernennung zur Ministerin nach der Wahl 1990 war sicher so ein Risiko. Aber er hat viele Quereinsteiger geholt. Rita Süßmuth zum Beispiel oder Hedda von Wedel, die er an die Spitze des Bundesrechnungshofs gesetzt hat, oder die Ministerinnen Ursula Lehr und Dorothea Wilms. Oder Richard von Weizsäcker. Sie alle wären ohne die Regierungsmehrheit, mithin vor allem auch ohne Helmut Kohl, wahrscheinlich nicht das geworden, was sie schließlich geworden sind. Helmut Kohl ist auch nicht davor zurück geschreckt, Leute zu nehmen, die seiner politischen Auffassung und Mentalität nicht ganz entsprachen.

Sind Sie mal in eine Lage gekommen, in der Kohl von Ihnen mehr oder weniger blinde Gefolgschaft erwartet hat?

Gefolgschaft hat er schon erwartet. Ein Beispiel habe ich mehrfach erwähnt. Ich war gegen das Frauen-Quorum. Aber für mich als Frauenministerin gab es da kein Entweichen. Ich musste keine leidenschaftlichen Plädoyers dafür halten, aber ich musste dafür sein.

Gibt es noch weitere Beispiele für Kohls Pochen auf Gefolgschaft?

Ich erinnere mich an eine Situation in der Fraktion. Es ging darum, dass im Haushaltsentwurf keine Zuschüsse mehr für die Bundesanstalt für Arbeit eingeplant waren. Ich hielt das gerade mit Blick auf den Osten nicht für sachgerecht. Die Ost-Abgeordneten haben sich dann in der Fraktion – nicht etwa im Parlament – bei der Abstimmung über den Entwurf enthalten.

Was passierte?

Kohl kam sofort auf uns zugeeilt und hat uns komplette Undankbarkeit vorgeworfen. Wo er doch so viel für den Osten getan habe.

Haben Sie jemals Angst gehabt und gedacht: »Jetzt wirft er mich raus«?

Angst weniger – aber Unwohlsein gab es schon. Etwa nach einem Interview, das im Kanzleramt nicht auf Gegenliebe gestoßen war. Es war nicht einfach, ihm öffentlich zu widersprechen. Wenn ich als Umweltministerin mit der Autoindustrie zu tun hatte, war klar, dass die sofort den Kontakt zum Kanzleramt suchen würde, wenn sie mit einer meiner Forderungen nicht einverstanden war. Er wusste immer über alles Bescheid. Ich hatte auf der anderen Seite die Interessen meiner Klientel und meines Ministeriums zu vertreten.

Roland Koch sagt, Kohl habe nur solche Leute wirklich ernst genommen, die ihm nicht nach dem Munde redeten und die den ersten Wutanfall überstanden.

Ja, das kann man sagen. Und es kam noch etwas hinzu: Kohl merkte stets, ob es bei Auseinandersetzungen wirklich um die Sache oder um persönliche Profilierung oder Ähnliches ging. Für mich war das ohnehin eigenartig. Ich kam aus einer – man könnte sagen – Sachwelt. In der DDR gab es für mich nicht den Weg einer »persönlichen« Karriere. Die Profilierung – wenn überhaupt – ergab sich allein aus dem Arbeitsgebiet. Und dann musste ich lernen, dass Politik eben nicht nur aus dieser Sachebene besteht. Das konnte man in mehrfacher Hinsicht bei Helmut Kohl gut lernen.

Gibt es etwas, was Sie am Kabinettschef Kohl rundheraus bewundert haben?

O ja. Er hatte ein untrügliches Gespür dafür, wenn wir anfingen, so eine Attitüde des Abhebens anzunehmen, zu hochfahrend an die Dinge heranzugehen. Ich weiß nicht, ob er das am Gang oder an anderen Verhaltensweisen gesehen hat. Tatsache war: Er merkte das sofort. Und ebenso gewiss war: Der Dämpfer folgte prompt. Das war sehr hilfreich.

Konnte man mit Kohl acht Jahre so eng zusammenarbeiten, ohne sich zu sehr anzupassen?

Was heißt anpassen? Ich habe in den acht Jahren viel gelernt.

Eis essen zum Beispiel.

Wie bitte?

Ich erinnere mich an ein Essen mit Journalisten, da lehnten Sie das Eisdessert ab mit der Bemerkung, an Eis liege Ihnen nichts. In der Gesellschaft des damaligen Kanzlers, der ja gerne üppig auftischen ließ, habe ich Sie ganz anders erlebt. Da aß Angela Merkel brav die extragroße Portion Eis, die Helmut Kohl ihr persönlich servierte.

Vielleicht war das ja ein Schwarzwaldbecher, das ist so ziemlich die einzige Sorte, die ich mag. Aber im Ernst: Ich habe wirklich viel von ihm gelernt. Ein Beispiel: Als Honecker mit Duldung der Bundesregierung nach Chile ausreiste, da ist der damalige sächsische Umweltminister Arnold Vaatz aus Protest aus der Grundsatzprogramm-Kommission der CDU ausgetreten. Ich habe damals zu Kohl gesagt, ich fände dieses Verhalten von Vaatz falsch. Worauf Kohl mir knapp riet: »Dann schreiben Sie ihm das und geben Sie mir eine Kopie des Briefes.«

Er wollte Sie zwingen, Farbe zu bekennen …

Genau. Und er hatte ja Recht damit. Sich quasi heimlich zu entrüsten, nutzte ihm gar nichts. Ich habe Arnold Vaatz jedenfalls meine Meinung mitgeteilt. Ob schriftlich oder mündlich – das weiß ich nicht mehr. Vier Wochen später kam dann die Überraschung: Kohl und Vaatz trafen sich in Leipzig zum Essen. Und daraus wurde eine der besten Bekanntschaften. Für Kohl war das typisch: Sperrige Typen interessierten ihn.

Kann man das »von Kohl lernen« auf ein paar Begriffe bringen?

Kann man: die Bodenhaftung behalten, den Wert des Persönlichen in der Politik schätzen, nicht so viel Anonymität aufkommen lassen. Und vor allem eines: nicht nur aus dem Jetzt heraus urteilen, sondern die künftige Entwicklung im Auge haben.

Haben Sie von Kohl auch gelernt, dass Parteifreunde nicht immer Freunde sind?

Muss man das erst lernen? Gesundes Misstrauen reicht, um zu wissen, dass man nicht alles zum Nennwert nehmen sollte.

Das klingt alles einleuchtend, aber auch ein wenig harmlos. Vielleicht haben jene Merkel-Deuter ja Recht, die behaupten, Sie hätten von Kohl in erster Linie gelernt, wie man sich knallhart durchsetzt und dabei auch Opfer in Kauf nimmt?

Was soll ich dazu sagen? Wer so redet, sollte bedenken, dass ich die größeren Auseinandersetzungen in der Partei, als Helmut Kohl seine Position und Macht etabliert und gefestigt hat, gar nicht miterlebt habe. Als ich hinzukam, war die CSU eingebunden, Theo Waigel war Finanzminister, Heiner Geißler war schon nicht mehr Generalsekretär und so weiter. Nach der Einheit kam für ihn doch die Phase, in der er völlig unangefochten war. Die Zeit, als es in der CDU noch richtig abging, war da nun wirklich vorbei. Und für Helmut Kohl waren die Jahre, als auch bei ihm das Verhältnis zu manchem Ministerpräsidenten der CDU nicht nur von eitel Sonnenschein geprägt war, im Wesentlichen Vergangenheit.

Alles in allem: Sind Sie Kohl dankbar?

Ich habe Kohl viel zu verdanken, und dennoch finde ich das Wort Dankbarkeit in diesem Zusammenhang nicht passend. Denn ich habe etwas geleistet. Mir wurde nichts geschenkt.

Nach der Wahlniederlage 1998 hatte man den Eindruck, die neue Generalsekretärin Merkel lege großen Wert darauf, dass sich die Partei von dem »Alten« möglichst zügig abnabelt.

Ach Gott, das war doch für alle schwierig. Es war klar, dass der neue Parteivorsitzende alle Unterstützung bekommen musste. Kohl musste damit aus dem Mittelpunkt der Aufmerksamkeit heraustreten. Sich darauf umzustellen war für ihn natürlich genauso schwierig wie für uns. Aber wer hätte denn allen Ernstes erwartet, dass nach 16 Jahren und einer solchen Zäsur alles bleiben würde wie gehabt. Ein Beispiel: Helmut Kohl hat damals nicht verstanden, warum ich eine neue Werbeagentur für die CDU beauftragt habe. Dabei musste sich mit anderem Personal selbstverständlich auch in der Präsentation nach außen etwas ändern. Das hieß jedoch nicht, dass man nicht mehr achtete, was vorher war. Im Gegenteil. Aber wir standen vor einer neuen Epoche, die auch eine andere Darstellung und vieles andere brauchte, was es vorher nicht so gegeben hatte. Ich weiß noch: Erfurter Parteitag 1999. Helmut Kohl erschrak, als er die Gestaltung des Podiums mit blauer Rückwand und anderem sah. Früher war sie immer weiß mit schwarzer Schrift. Manchmal dachte ich, einige von diesen Dingen hat er so aufgenommen, als wären sie nur gemacht, um ihn zu ärgern. Das war aber nicht der Fall.

Nochmals eine Rückblende: Waren Sie enttäuscht, dass Kohl bis 1998 an der Kanzlerschaft festgehalten hat?

Nein, es gab keine Alternative.

Hätte Schäuble bei einer geheimen Wahl im Bundestag in der Mitte der Legislaturperiode etwa nicht die Mehrheit bekommen?

Wer weiß? Es kam jedenfalls nicht dazu. Das meine ich mit »keine Alternative«. Hätte die FDP noch mal mitgemacht, wäre die CSU dabei gewesen? Und es steht ja nun wirklich auch in den Sternen, ob wir die Wahl 1998 in anderer Besetzung gewonnen hätten.

Kommen wir zur Spendenaffäre: Was hat Sie damals mehr überrascht: dass Helmut Kohl schwarze Kassen hatte oder die Art und Weise, wie er damit umgegangen ist?

Das alles war außerhalb meines Denkens. Die Flick-Affäre war mir natürlich ein Begriff, aber ich hätte nie erwartet, dass es nach diesen Erfahrungen in den siebziger und frühen achtziger Jahren der alten Bundesrepublik noch einmal zu so einem Problem kommen würde.

Waren Sie von Helmut Kohl enttäuscht?

Enttäuscht schon, ja. Ich hätte nicht gedacht, dass sich nach den Erfahrungen der Flick-Affäre so etwas wiederholt.

Hat Kohl in der Spendenaffäre die eigenen Interessen über die der Partei gestellt?

Jeder hatte seine subjektiven Wahrnehmungen: Wir dachten, uns wird nicht genug geholfen. Kohl dachte, ihm werde nicht genug geholfen. Das war natürlich eine menschlich nicht einfache Situation.

Das beantwortet die Frage noch nicht.

Kohl hat seine Interessen gut wahrgenommen, und aus seiner Sicht deckten sich seine Interessen mit denen der Partei. Er war aber nicht mehr ihr Vorsitzender und somit in gewisser Weise auch vom Handeln anderer abhängig. Unsere Aufgabe war es deshalb, seine Interessen später mit denen, die für die Partei in der neuen Zeit wirklich gut und notwendig waren, wieder zusammenzuführen. Das ist Gott sei Dank gelungen.

Muss man nicht respektieren, wenn jemand wie Kohl, der ein Ehrenwort gegeben hat, an diesem Ehrenwort auch festhält?

Er hat es getan. Wir mussten das so hinnehmen.

Im bürgerlichen Verständnis hat ein Ehrenwort einen ziemlich hohen Rang. Das bricht man nicht einfach, auch wenn man dadurch Nachteile hat.

Wie auch immer, ich sage dazu nur, wir mussten es hinnehmen, und wir haben es hingenommen. Helmut Kohl selbst hat im Nachwort zu seinem Tagebuch alles Notwendige aus seiner Sicht dazu gesagt. Er weiß zum Teil natürlich selbst, dass er es uns damit nicht leichter gemacht hat. Umgekehrt war die Lage aber auch für mich nicht leicht. Ich bin mit einer Situation konfrontiert worden, die ich nun wahrlich nicht geschaffen hatte. Es war im Übrigen doch auch klar, dass mit der Spendenaffäre auch der Kampf begonnen hatte, ob die CDU nicht dauerhaft zu Boden gebracht werden könnte. Als Generalsekretärin hatte ich die Aufgabe, dem etwas entgegenzusetzen. Und wie das geschah, das hatte doch selbstverständlich auch etwas damit zu tun, wie die einzelnen Akteure agierten, und je mehr sie sich zurückzogen und nichts sagten, umso vertrackter war die Lage der CDU. Das hätte in unserer Zeit – in der modernen Medienlandschaft zumal – im Chaos geendet. Selbst wenn ich es überhaupt gewollt hätte – aber wo wäre denn eine gemeinsame Schadensbegrenzung durch Bunkermentalität möglich gewesen, wenn schon die Hauptakteure nicht alles voneinander wissen? Sie dürfen auch nie vergessen: Ausgelöst wurde das Ganze nicht von innen, sondern von außen, durch staatsanwaltliche Ermittlungen und in der Folge durch immer neue Medienveröffentlichungen. Kurz und gut: Deshalb waren in Kenntnis dieser Rahmenbedingungen in dieser speziellen Phase mit den betroffenen Akteuren die Interessen der Partei und die Helmut Kohls nicht immer identisch, und somit konnte ich mich auch nicht nur aus der

Sicht der Interessen Helmut Kohls mit der Sache befassen, auch wenn er für die Partei eine immens wichtige Figur, ja sogar Teil ihrer Identität war und ist. Spätestens als der hessische Teil der Affäre bekannt wurde, stand ohnehin außer Zweifel, dass wir uns zu den Fehlern, die da gemacht wurden, in jedem Fall hätten bekennen müssen. Dass wir die Aufklärung selbst betreiben und auch zu einer politischen Bewertung der Vorgänge würden kommen müssen, und zwar Aufklärung nicht im Sinne der von einigen betriebenen Hexenverfolgung, sondern sehr verantwortungsbewusst – mit Blick auf die gemachten Fehler und mit Blick auf Identität und Seele der Partei.

Beim hessischen Teil der Affäre hatte ich fast immer den Eindruck, Sie träten mehr als eine Pflichtverteidigerin von Roland Koch auf – mit Betonung auf Pflicht.

Als in Hessen die Enthüllungen mit den vermeintlichen Vermächtnissen und allem, was dazugehörte, aufkamen, lagen bereits sehr aufreibende Wochen der Spendenaffäre hinter uns. Hinzu kam auf Bundesebene sofort unsere Angst, welche finanziellen Auswirkungen diese neuen Erkenntnisse mit Blick auf Rechenschaftsbericht und Ähnliches haben würden. Wenn Sie außerdem tagtäglich neue Meldungen solcher Art vor der Öffentlichkeit kommentieren müssen, dann wirkt manches mit der Zeit etwas maskenhaft. Wenn es so wirkte, hatte es eher mit Erschöpfung zu tun als mit Pflichtverteidigung. Was auch in Roland Koch vorging, kann ich mir sehr gut vorstellen. Das war für alle eine schlimme Zeit.

Über Ihren »F.A.Z.«-Artikel im Dezember 1999 haben wir bereits gesprochen. In diesem Zusammenhang stellt sich die Frage: Wann haben Sie von der Schreiber-Spende an Schäuble erfahren? Manche vertreten ja die These, Schäuble habe Sie für den Artikel nicht abstrafen können, weil Sie bereits von der Schreiber-Spende wussten.

Beides hatte nichts miteinander zu tun. Den »F.A.Z.«-Artikel habe ich aus der Überzeugung heraus geschrieben, dass es unabwendbar notwendig sei, jetzt eine Art Notbremse zu ziehen. Tage zuvor gab es die berühmte ZDF-Sendung »Was nun«, in der Helmut Kohl seine Annahme von Spenden und das Ehrenwort erläuterte. Wir haben das aus dem Fernsehen erfahren, ein Ende war überhaupt nicht absehbar. Man mag mir ja mitunter Zögerlichkeit vorwerfen, aber eines steht fest: Wenn ich von der Richtigkeit einer Sache zutiefst überzeugt bin, dann gibt's kein Wenn und kein Aber. Deshalb hat bei dem Artikel die Frage, ob ich anschließend rausfliege oder nicht, überhaupt keine Rolle gespielt. Für mich stand die Identität der CDU, man kann auch sagen die Lebensfähigkeit, auf dem Spiel. Es musste gleichsam eine Schranke heruntergelassen oder ein Stoppschild gesetzt werden. Da habe ich gehandelt – egal welches Risiko in Kauf zu nehmen war.

Falls Sie gewusst hätten, dass Schäuble angreifbar ist, wäre das Risiko allerdings kalkulierbar gewesen?

Die ganze Spekulation über diese Frage ist doch auch aus einem ganz anderen Grund absurd: Jeder wusste, dass mich ein anderer Vorsitzender nicht als Generalsekretärin genommen hätte. Ich musste also nicht nur politisch, sondern ganz persönlich das größte Interesse daran haben, den Parteivorsitzenden, der mich in dieses Amt geholt hatte, uneingeschränkt zu unterstützen, und nicht, ihn zu schwächen.

Sie haben die Trennung von Kohl vollzogen, Sie haben Kohl aber auch wieder zurückgeholt – am 1. Oktober 2000 im Berliner »Tränenpalast« zum zehnjährigen Jubiläum der deutschen Einheit. War das eine Art Wiedergutmachung?

Um Wiedergutmachung ging es nicht. Ich wollte deutlich machen, dass Helmut Kohl Teil der CDU ist und dass sich daran wegen der Spendenaffäre auch nichts ändert. Kohl und die Partei – das kann man doch gar nicht trennen, wie auch Adenauer und die Partei nicht zu trennen sind. Kohl hat die CDU selbst immer als seine politische Heimat bezeichnet – das stimmt ohne Zweifel. Eine Feier der CDU zum 10. Jahrestag der Deutschen Einheit ohne Helmut Kohl wäre für mich völlig undenkbar gewesen. Ich weiß noch, wie ich ihn aus dem Auto heraus in Österreich angerufen habe, um ihn einzuladen. Ich war mir nicht sicher, ob er es macht, aber er ist dann ganz praktisch an die Sache herangegangen.

Sie haben Kohl zurückgeholt, damit waren aber auch – wer immer das wollte – alle Versuche, ihn aus der Partei zu drängen, gescheitert.

Mein Ansinnen war zu keiner Zeit, ihn aus der Partei zu drängen. Damit hätte man ihn, aber auch die Partei gleichermaßen verwundet. Derlei stand nie zur Debatte, schon gar nicht, als aus den Reihen der Regierungskoalition gefordert wurde, wir sollten Kohl ausschließen. Was für ein Unsinn.

Können Sie verstehen, dass Kohl die Partei als undankbar empfunden hat?

Auch er hat in dieser Zeit viel gelitten, und so wie ich ihn kenne, kann ich verstehen, wenn er so empfunden hat. Aber ich teile das nicht.

Wie beschreiben Sie die Rolle Helmut Kohls heute?

Für die Partei war es geradezu konstitutiv, dass die Spannungen abgebaut worden sind. Das ist wie in jeder Familie – Wunden sind manchmal nicht zu vermeiden, aber sie müssen auch wieder geschlossen werden. Helmut Kohl ist in der CDU wieder uneingeschränkt beheimatet. Und für mich ist er ein guter Ratgeber – ein uneigennütziger dazu. Vor eineinhalb Jahren hat mich der frühere amerikanische Präsident Bush senior bei seinem Besuch in Berlin gefragt, wie viele Leute noch an die Spendenaffäre denken, wenn sie Kohl sehen. Ich habe damals pessimistisch gesagt, von 100 würden vielleicht 40 daran denken, 60 nicht. Er hat mich dann gefragt, ob das mit der Zeit nicht deutlich weniger würden? Das habe ich bejaht. Und genau so ist es. Was Kohl Gutes geschaffen und geleistet hat, steht im Bewusstsein der Menschen wieder im Vordergrund.

Sie haben Helmut Kohl eben als uneigennützigen Ratgeber bezeichnet. Wie oft sprechen Sie ihn?

Alle ein, zwei Monate.

Telefonisch?

Nein, ich gehe lieber zu ihm hin. Ich habe ihn zum Beispiel vor meiner Amerika-Reise im Frühjahr 2003 um seine Einschätzung gebeten.

Haben Sie 2002 auch über die Kanzlerkandidatur mit ihm gesprochen?

Schon, aber erst zu einem relativ späten Zeitpunkt.

Vertrauen Sie einander wieder?

Ja. Was nicht heißt, dass mit Blick auf die Spendenaffäre die unterschiedliche Wahrnehmung der Dinge verschwunden wäre.

Kommen wir zu Helmut Kohls Nachfolger und Ihrem Gegenspieler. Wann sind Sie Gerhard Schröder zum ersten Mal begegnet?

Als ich Umweltministerin und er Ministerpräsident in Niedersachsen war.

Aber Sie wussten auch zu DDR-Zeiten schon von dem Juso-Rebellen und Brandt-Enkel Schröder?

Nein, damals war er mir kein Begriff.

Können Sie den ersten Eindruck bei der ersten Begegnung noch schildern?

Da fällt mir das Wort pragmatisch ein.

Das klingt eigentlich positiv.

Ja nun, in Deutschland wird niemand Kanzler, der nicht auch über positive Eigenschaften verfügt.

Sie hätten auch sagen können, »opportunistisch«, was ihm ja von der CDU gemeinhin vorgeworfen wird.

Richtig, das schwingt im Pragmatischen immer ein wenig mit. Aber warum gleich so heftig? Wissen Sie, ich habe Schröder und Lafontaine damals bei Energiekonsens-Gesprächen erlebt. Schröder hat da nie, wie Lafontaine, die absolute Position eingenommen, Kernenergie sei des Teufels. Lafontaine war in manchem ein Überzeugungstäter, Schröder nicht.

Und Überzeugungstäter zu sein, finden Sie positiver?

Es kommt drauf an. In manchen Fragen ist Pragmatismus wichtig, in manchen Fragen muss man Überzeugungstäter sein. Kohl war doch auch beides: in vielem pragmatisch, in bestimmten Fragen unerbittlich – DDR, Europa, die Freundschaft mit Amerika.

Hat Schröder bestimmte Fähigkeiten, von denen Sie sagen würden: »Die hätte ich auch gerne«?

Nein, meine Fähigkeiten reichen mir. Sicher hat er eine Begabung zur Darstellung, die schon beachtlich ist. Schröders Fähigkeit, etwas zu inszenieren, ohne dass etwas dahinter steht, nötigt einem fast schon Respekt ab. Man kann sich darüber aufregen, nur hilft das nichts. Damit muss man sich schon auseinander setzen, und das tun wir ja auch.

Sie sagen selbst, Politik sei auch eine Inszenierung. Nun streiten sich Parlamentarier gerne vor der Kamera, aber danach geht man dann gemeinsam an die Bar. Kann man mit Schröder so umgehen?

Das kann man wahrscheinlich, aber ich tue das nicht. Ich habe ihn auch nie in solchen Situationen getroffen. Wir sind uns eigentlich immer nur offiziell begegnet.

Wäre es nicht normal, dass sich Kanzler und Oppositionsführerin gelegentlich zwanglos unterhalten?

Schon, aber Schröder verzichtet auf den regelmäßigen Kontakt zur Opposition. Das ist bedauerlich. Denn es kann immer Situationen geben, in denen eine gewisse Vertrauensbasis von Nutzen wäre. Dazu muss man sich ein wenig kennen.

Nach den Energiekonsens-Gesprächen sollen Sie gesagt haben, es werde eine Zeit kommen, da würden Sie Schröder Ihrerseits in die Ecke stellen. Darauf freuten Sie sich schon.

Ich bin dabei, noch nicht abschließend, aber das läuft. Übrigens: Mit Schröder hätte man damals einen Konsens finden können. Die Gespräche sind an Lafontaine gescheitert. Typisch für Schröder war nur, dass er, weil er sich gegen Lafontaine nicht hatte durchsetzen können, gerade mich sehr herablassend als Schuldige angeprangert hat. Er war der Verlierer in der Sache, nicht ich. Hier hatten wir unsere erste richtige Konfrontation.

Was überwog da bei Schröder – unbedingt gewinnen zu wollen oder männliche Überheblichkeit?

Beides. Aber seine herabsetzende Art bekommen Männer genau so zu spüren. Das ist so seine Art.

Schröder gibt sich doch gern als der Unwiderstehliche.

Das hat mich nie interessiert.

Schröder ist ja kein Ideologe …

Das meine ich ja mit Pragmatiker.

Ich will auf etwas anderes hinaus: Ist er ein pragmatischer Sozialdemokrat, oder ist er ein Meister der Beliebigkeit?

Das geht bei Schröder ineinander über. Ohne Pragmatismus können Sie eine Partei, geschweige denn eine Regierung nicht führen. Gefährlich wird es allerdings, wenn es keinerlei Fixpunkte mehr gibt, nichts Verlässliches, das dauerhaft Orientierung schafft. Schröder hat etwa beim Eingreifen der USA in Afghanistan »uneingeschränkte Solidarität« versprochen, ein Wort, was wir so nie gesagt hätten. Ein Jahr später aber hat er angesichts des bevorstehenden Irakkriegs die denkbar größte Distanz zu Amerika gesucht und das schlimme Wort vom »deutschen Weg« gesagt. Das hat mit Pragmatismus nichts mehr zu tun. Das ist Beliebigkeit, und die ist gefährlich.

Gehen Sie so weit zu sagen, für Schröder gelte die Maxime »Erst komme ich, dann die Partei, danach das Land«?

Im Wahlkampf 2002 hat er sich selbst jedenfalls wichtiger genommen. »Der oder ich« – das war seine Parole. Auf welchen Plätzen Partei und Land da rangierten, darüber mag man streiten. Die Ängste der Menschen vor einem drohenden Krieg derart zu instrumentalisieren, wie er das getan hat, das hat es jedenfalls selten gegeben.

In der Wirtschafts- und Steuerpolitik ist Gerhard Schröder doch sehr früh vom starren ideologischen Kurs der SPD abgewichen.

Ja und nein. Er ist 1998 einerseits mit dem Slogan der »neuen Mitte« als der pragmatische Wirtschaftsmensch angetreten und hat ja auch die SPD aus ideologischen Gräben herausgeführt. Andererseits hat er zum Beispiel unseren demographischen Faktor in der Rente als »unanständig« beschimpft, was mit moderner Wirtschafts- und Sozialpolitik nichts zu tun hatte. Vor allem aber hat er 1998 ganz nüchtern analysiert, dass das Problem der CDU nicht darin bestand, die falsche Politik gemacht zu haben, sondern dass bei uns nach 16 Jahren einfach die innovative Kraft nachließ und auch die personelle Erneuerung schwer fiel. Der Schlüssel zu seinem Wahlerfolg war der Slogan »Ich will nicht alles anders, aber manches besser machen«. Damit hat er den Menschen die Angst vor einem radikalen Wechsel genommen.

Das ist ja an sich nichts Schlechtes. Aber auf den Punkt gebracht: Was ist Schröders größter Fehler, was ist seine größte Schwäche?

Ihm fehlt jegliche Vorstellung über das Ziel aller Bemühungen. Deshalb kann auch keinerlei Berechenbarkeit und Verlässlichkeit entstehen. Das führt zu Chaos, Durcheinander und großer Enttäuschung. Da ist kein Kompass, keine innere Richtung, keine Überzeugung. Da regiert das Nichts. Alles wird so gemacht, wie es gerade passt. Und das ist ein echtes Problem für Deutschland. Das zeigt sich nicht nur im Innern, sondern auch besonders deutlich bei seinem Harakiri-Kurs in der Außenpolitik.

Wahlen werden nur selten mit außenpolitischen Themen entschieden.

Mag sein, aber das ändert nichts an dem von mir beschriebenen Tatbestand.

Nun muss sich ein Bundeskanzler auch einiges gefallen lassen. Der Umgang ist ruppig. Finden Sie nicht, dass der Respekt vor dem Amt eigentlich etwas mehr Zurückhaltung geböte?

Respekt vor dem Amt ist wichtig, aber Schröder teilt selbst sehr gerne aus. Das prägt auch den Ton, in dem geantwortet wird. Wir müssen uns als Opposition jedoch darüber im Klaren sein, dass wir ihn mit Beschimpfungen nicht aus dem Amt bringen. Schröder als Schauspieler zu verunglimpfen mag ja ganz nett sein, aber das prallt doch an ihm ab. Da schwingt sogar immer noch etwas Bewunderung mit.

Also ist Schröder ein schwieriger Gegner?

Ja, aber ein schlagbarer. Er ist für uns allerdings dann schwierig, wenn er eine Politik macht, die mit Worten im Grunde ganz nahe an der CDU-Politik ist – Steuersenkung, Arbeitsmarktreform und so weiter. In dieser Situation muss es gelingen, ihn an seinen Taten zu messen.

Wenn Sie Schröder mit anderen Sozialdemokraten vergleichen, wäre ein Clement oder ein Eichel ein seriöserer Partner?

Es wären wahrscheinlich Gesprächspartner, die mehr an der Sache orientiert sind. Denn Schröder interessiert sich eigentlich nicht für Sachfragen.

Können Sie sich vorstellen, Vizekanzlerin in einem Kabinett Schröder zu sein?

Nein.

Das heißt, derlei wird es nie geben?

Ich strebe das nicht an. Das läge nicht im Interesse der CDU. Wissen Sie, es lohnt sich einfach nicht, über eine große Koalition zu sprechen. Die ist nicht erstrebenswert, nicht notwendig, und es gibt keinerlei Grund dazu, zumal die Grünen ein derart gefügiger Koalitionspartner der SPD sind. Außerdem wird Schröder seine eigene Truppe schon hinter sich bekommen. Wenn Schröder in seiner eigenen Partei scheitert, gibt es eher Neuwahlen, aber keine große Koalition. Sie sehen, die ganze Frage stellt sich nicht.

Kommen wir zum Vizekanzler Joseph Martin Fischer.

Zu ihm fällt mir eigentlich nicht viel ein.

Dann versuchen wir's mal. Wie haben Sie in der DDR die Achtundsechziger-Bewegung wahrgenommen?

Hauptsächlich über die Geschehnisse beim Einmarsch der Russen in Prag. Vielleicht noch die Studentenrevolte in Paris. Und dann ist mir noch in Erinnerung, was meine Hamburger Cousinen mir vermittelt haben. Das Chaos an den Schulen etwa. Oder die Slogans – Marsch durch die Institutionen und so.

Und den großen Straßenkämpfer und Revolutionär Fischer haben Sie dabei nicht registriert?

Nein. Der fiel mir erst auf, als er 1994 in den Bundestag kam. In der ersten Legislaturperiode nach der Einheit waren ja nur die

Bündnis-Grünen aus dem Osten im Parlament vertreten. Die West-Grünen kamen erst vier Jahre später zurück.

Hatten Sie nie von dem hessischen Umweltminister Fischer gehört?

Sicher hatte ich davon gehört, alles, was damit zu tun hatte – Turnschuhminister und Ähnliches. Aber ich bin ihm halt erst im Bundestag begegnet. Ich bin übrigens heute noch davon überzeugt, dass der hessische Umweltminister Fischer der Wirtschaft sehr geschadet hat – insbesondere dem Chemiestandort Frankfurt.

Und der erste Eindruck?

Ich fand ihn unglaublich arrogant. Deshalb habe ich mir damals vorgenommen, den Kontakt nur auf das Allernotwendigste zu beschränken.

Was schätzen Sie an ihm?

Er hat seine Partei regierungsfähig gemacht. Und er hat es geschafft, dieser Partei die schwierigsten Richtungswechsel zu vermitteln. Wie er das zelebriert, das verrät schon eine echte Begabung: mit Pathos und Leidenschaft und mit einer selbstquälerischen Haltung. Langsam wird das alles allerdings durchschaubar.

Hat der Außenminister Fischer seine Aufgabe nicht doch besser bewältigt, als mancher es geglaubt hatte?

Das hat er, davon lebt er ja auch. Das Urteil könnte auch so stehen bleiben, wenn da nicht das Lavieren in der Irakpolitik gewesen wäre, als er sich vom französischen Außenminister hat instrumentalisieren lassen. Darüber kann man nicht einfach hinweggehen, wenn man ihn heute beurteilt.

Können Sie verstehen, dass Fischer der beliebteste deutsche Politiker ist?

Ja. Außenminister stehen immer hoch im Kurs. Auch Genscher war der beliebteste Politiker in seiner Zeit. Hinzu kommt: Im bürgerlichen Lager finden viele es toll, wie bürgerlich Fischer geworden ist, in den innenpolitischen Konflikten ist er nicht immer präsent, und die Fernsehtermine sind immer harmonisch und bedeutungsvoll. Alles ideale Voraussetzungen, um auf der Popularitätsleiter ganz oben zu stehen.

Anfang 2001 haben Sie Fischer im Bundestag aufgefordert, er solle die Irrtümer und Fehler in seiner eigenen Entwicklung eingestehen. Haben Sie wirklich erwartet, er täte das?

Es hätte mich gefreut, aber ich habe das eigentlich nicht erwartet. Mich hat nur gestört, dass Fischer im Grunde immer noch stolz ist auf seine Vergangenheit. Die Zerknirschtheit, die er da öffentlich an den Tag gelegt hat, diese scheinbare Reue, das wurde immer genau so dosiert, wie es gerade nötig erschien. Was da zelebriert wird, ist das Fischer-Modell: Ein starker Typ ist nur jemand, der sich schon fünfmal geirrt hat.

Fischer war Anführer einer politisierenden Schlägerbande, seine Rolle beim Einsatz von Molotow-Cocktails in Frankfurt ist nie geklärt worden, die Waffe, mit der Hans-Herbert Karry erschossen worden ist, wurde in seinem Auto transportiert – was fasziniert das bürgerliche Publikum an einer solchen Biografie?

Brüche im Leben von Menschen haben immer etwas Interessantes an sich. In Wahrheit aber interessieren sich die Menschen nicht mehr für die damalige Zeit. Sie wissen, dass die Republik den Härtetest 1968 bestanden hat. Das Thema ist durch. Es liegt weit zurück. Freilich werden auch die Schäden, die damals verursacht wurden – die Fehlentwicklungen im Bildungswesen, die

Technikfeindlichkeit, die Ablehnung von Eliten und vieles andere –, viel geringer eingeschätzt, als sie wirklich sind. Dagegen werden die vermeintlichen Errungenschaften einer gewissen Liberalisierung der Gesellschaft überbetont.

Haben wir uns mit 1968 und den Folgen intensiv genug auseinander gesetzt?

Unterm Strich – nein.

Fischers Grüne wurden lange von den anderen Parteien sehr distanziert betrachtet. Heute tragen sie die Bundesregierung mit. Die Partei ist also im demokratisch-parlamentarischen System angekommen.

Das denke ich schon. Vielleicht mit einer Einschränkung: Bei der Sicherheitspolitik hätte ich nach wie vor große Bedenken, wenn sie von den Grünen allein verantwortet würde.

Haben Sie zur Wirtschaftspolitik der Grünen mehr Zutrauen?

Da ist ihr Ruf besser als ihre Taten. Wo immer die Grünen regieren, gibt es eine unglaubliche Bürokratie. Man sehe sich nur an, was die Verbraucherministerin Künast in ihrem Bereich inszeniert hat. Und mein Deutschland-Albtraum, zugegeben etwas überspitzt, sieht ja so aus: Jeder besitzt eine Windmühle und glaubt sogar noch, er tue etwas für die Umwelt, vergisst aber die hohen Subventionen. Am redlichsten bemühen sich die Grünen in sozialpolitischen Fragen um neue Antworten – Generationengerechtigkeit, Eigenverantwortung etwa. Sie sind keine Partei der kleinen Leute, sie sind keiner speziellen Bevölkerungsgruppe verpflichtet. Das macht es ihnen leichter, auch Ungewöhnliches zu überlegen.

Könnten Sie sich vorstellen, mit Joseph Fischer eines Tages mal in einem Kabinett zu sitzen?

Nein. Mit Fischer sicher nicht. Er hat für mein Gefühl das Ende seiner Wandlungsfähigkeit erlangt. Die Generation Fischer insgesamt wird zu einem Wandel hin zur CDU nicht mehr fähig sein. Kurz: Ein Zusammengehen mit den Grünen, das wird es in diesem Jahrzehnt nicht mehr geben.

6
Ordnung der Wirtschaft

»Deutschland muss wieder ein Land werden, in dem Wohlstand und Kreativität zu Hause sind«

Der Wirtschaftsstandort Deutschland befindet sich in einer geradezu paradoxen Situation. Wir klagen über zu wenig Wachstum, zu viel Bürokratie, zu hohe Abgaben, zu geringe Investitionen. Aber an demselben Standort schaffen es viele Unternehmen, so gute Produkte herzustellen, dass sie diese mit großem Erfolg in alle Welt verkaufen können. Haben Sie eine Erklärung für diesen Widerspruch?

Ja, das ist ja nicht schwer. Gott sei Dank gibt es noch qualitativ so gute Produkte »made in Germany«, die sich in der Welt bestens verkaufen lassen. Und es gibt noch Unternehmen, auch ausländische, die Deutschland als einen ganz herausragenden Standort ansehen, wenn ich zum Beispiel AMD nehme, den amerikanischen Speicher- und Chiphersteller. Dessen Manager finden den Standort Dresden zum Teil besser und effizienter als den Standort Amerika, wegen der Verlässlichkeit und des Engagements der Mitarbeiter. Aber wir haben zu wenige solcher Unternehmen. Wir haben im Verlauf des dramatischen Wandels von der Industriegesellschaft zur Wissensgesellschaft nicht die Anteile am Innovationspotenzial der Welt halten können, die wir vor dreißig, vierzig Jahren gehabt haben.

Das heißt aber doch, man kann hierzulande nach wie vor innovative Produkte herstellen zu weltweit wettbewerbsfähigen Preisen. Also kann es nicht am Standort liegen, oder?

Im Prinzip kann ein Unternehmen auch am Standort Deutschland international wettbewerbsfähig sein. Aber das gilt nicht für alle Branchen gleichermaßen. Wir haben zum Beispiel unsere klassischen Standbeine, also Automobilbau, pharmazeutische Industrie, Maschinenbau. Hier waren und sind wir gut gerüstet. Deshalb haben es die Unternehmen dieser Branchen auch geschafft, ihre Innovationszyklen dem globalen Wettbewerb anzupassen. Dennoch hat sich beim Automobilbau der gesamte Zuliefererbereich entweder sehr stark verändert, oder er ist bereits ins Ausland abgewandert, insbesondere nach Mittel- und Osteuropa. Das heißt, dass die Tiefe der Produktion viel geringer geworden ist und damit auch die Zahl der Arbeitsplätze.

Und in der pharmazeutischen Industrie?

Hier können wir zum Teil an unsere alten Stärken anknüpfen. Aber unser Anteil am Weltmarkt ist in den letzten zwanzig Jahren massiv gesunken. Viele Forschungseinrichtungen sind aus Deutschland nach Amerika gegangen. Dennoch gibt es einzelne Bereiche, die recht gut funktionieren.

Am besten hat sich ja wohl der Maschinenbau behauptet.

Das ist in der Tat eine sehr erfolgreiche Branche. Der deutsche Maschinenbau hat sich trotz all dieser Schwierigkeiten sehr gut entwickelt, weil in Deutschland die Arbeitskraft sehr teuer und der Druck zu rationalisieren deshalb sehr hoch ist. Das heißt, der Maschinenbau braucht möglichst effiziente Lösungen. Die lassen sich dann auch gut exportieren.

Chemie, Automobilbau, Maschinenbau – das sind aber eher alte Industrien.

Das ist genau einer unserer Nachteile, dass sich die forschungsintensiven Bereiche nicht ausreichend weiterentwickelt haben.

Wir müssten eigentlich mehr Software produzieren, mehr Kraftwerkstechnologie, mehr Nanotechnologie. Wir sind durch das rot-grüne Moratorium in der grünen, also in der auf die Landwirtschaft bezogenen Gentechnologie weit zurückgefallen. Wir sind in der Biotechnologie in einigen Segmenten führend, aber in weiten Bereichen nicht. Sowohl bei den Speicherchips als auch bei den Prozessorenchips haben wir nur noch ganz geringe Weltmarktanteile. Da liegen 90 Prozent des innovativen Potenzials in den Vereinigten Staaten. Bei der Software haben wir zum Beispiel mit SAP ein sehr junges und sehr erfolgreiches Unternehmen. Aber auch da könnte ich mir für Deutschland noch mehr vorstellen. Unterm Strich haben wir in den forschungsintensiven Wirtschaftszweigen zu wenige »global player«.

Und wie könnten es mehr werden?

Das hängt in hohem Maße von unserem Bildungssystem, von unserer Universitätslandschaft ab, und davon, wie die Vermarktung der Erfindungen hin zur innovativen Produktion klappt. Hier haben sich in Deutschland Schwächen gezeigt, die man beheben kann, sofern man sie wirklich beheben will.

Sie stimmen mir sicher zu, dass unser Wirtschaftssystem auf Wachstum angelegt ist und dass die Funktionsfähigkeit des Sozialsystems in hohem Maße vom Wachstum abhängig ist.

Die gesamte Erfolgsgeschichte Deutschlands hat darauf beruht, dass über weite Strecken ein ausreichendes Wachstum vorhanden war und dass sich das Realeinkommen der Bevölkerung ständig erhöht hat. Das wiederum hat die Zufriedenheit der Menschen und die demokratische Stabilität in ganz wesentlichem Maße erhöht.

Was ist jetzt das Gebot der Stunde: das System umzustellen auf geringeres Wachstum oder das Wachstum anzukurbeln?

Das Wachstum anzukurbeln. Unsere Aufgabe muss es zudem sein, als größtes europäisches Land einen wesentlichen Beitrag dazu zu leisten, Europa zur dynamischsten Region der Welt zu machen. Das mutet zurzeit etwas wirklichkeitsfern an, wenn man sich die asiatischen Märkte oder Kalifornien anschaut. Aber das Ziel ist auf dem EU-Gipfel von Lissabon richtig gesetzt worden. Zweitens muss Deutschland von den hinteren Plätzen beim Wirtschaftswachstum wieder in die europäische Spitzengruppe kommen.

Wie viel Wachstum brauchen wir denn Ihrer Meinung nach?

Wir müssten Wachstumsraten erreichen, die vergleichbar sind mit denen von Amerika, also gut drei Prozent. Ansonsten wird der Abstand zu den USA immer größer.

Sind solche Wachstumsraten noch realistisch? Es gibt ja die These, dass der Konsum weitgehend gesättigt ist.

Es gibt die These, bei den älteren Menschen sei der Konsum schon erheblich gedrosselt und das dämpfe das Wachstum. Ich bezweifle diese Begründung. Die Älteren heute haben mehr Geld zum Ausgeben als jede Generation vor ihnen und auch im Vergleich zu den Jüngeren. Gerade mit Blick auf die ältere Generation ist der Gesundheitsmarkt sehr interessant, ebenso der Bildungsmarkt. Und nicht zu vergessen sind die Großeltern als schenkende und mit ihren Enkeln gemeinsam konsumierende Verbraucher. Da liegen sicherlich erhebliche Potenziale.

Die ältere Generation allein kann unsere Wachstumsschwäche aber nicht beheben.

Wohl wahr, allein sicherlich nicht. Wir müssen deshalb im Dienstleistungsbereich viel mehr Beschäftigungsmöglichkeiten schaffen. Hier ist uns mit dem neuen Niedriglohnbereich zwischen 400 und 800 € ein echter Durchbruch gelungen, der zudem zu einer dramatischen Verringerung der Lohnnebenkosten führt. Das sollte man eventuell bis 1200 € ausbauen. Wir können allen, die wollen, in diesem Niedriglohnsektor eine Betätigung anbieten. Aber zur Wahrheit gehört auch, dass die Einkommensmöglichkeiten dort sehr begrenzt sind. Die Förderung von Menschen mit geringen Qualifikationen muss deshalb ergänzt werden durch ein viel stärkeres Bekenntnis zu Eliten. Für die wirtschaftlichen und wissenschaftlichen Eliten müssen wir in Deutschland wieder eine Heimat schaffen. Denn ohne Spitzentechnologien werden wir weder Wachstum und mehr Beschäftigung haben, noch unseren Wohlstand erhalten können. Deutschland muss aufhören, damit zufrieden zu sein, wenn wir Mittelmaß sind. Das entspricht nicht der Stärke und der Bedeutung unseres Landes. Da sollten wir es mit Uli Hoeneß halten. Der sagt zu Recht: Eine Mannschaft mit dem Potenzial von Bayern München darf sich nicht mit dem UEFA-Pokal zufrieden geben, sondern gehört in die Champions League. Das gilt für Deutschland auch.

Ich behaupte, unser Wachstum wird durch drei Faktoren beeinträchtigt. Erstens hat die Globalisierung die Wettbewerbsfähigkeit verändert.

Völlig verändert. Ja.

Zweitens belastet die Überalterung der Gesellschaft unsere Sozialsysteme.

Und obendrein wird die Kopplung der Sozialbeiträge an die Arbeitskosten zum Problem.

Drittens die Kosten für den »Aufbau Ost«.

Der »Aufbau Ost« war und ist eine gewaltige Anstrengung. Das alles war nur möglich, weil Ostdeutschland anders als Polen oder Ungarn so massiv von Westdeutschland unterstützt wurde und wird. Natürlich ist wegen dieser Belastungen im Westen manche Investition unterblieben. Das hat schon Einfluss auf die Wachstumsraten seit Mitte der neunziger Jahre. Die Wiedervereinigung hat noch in anderer Hinsicht unsere wirtschaftliche Entwicklung beeinflusst. Weil wir – aus gutem Grund – vollauf mit den Fragen der deutschen Einheit beschäftigt waren, hat Deutschland zu spät begonnen, sich an die eigentlichen Erfordernisse der Globalisierung und der sich entwickelnden Wissensgesellschaft anzupassen. Hinzu kommt, dass die sehr hohe Regulierungsdichte der alten Bundesrepublik auf die neuen Bundesländer übertragen wurde. Das heißt, die potenziell starken Wachstumskräfte, wie wir sie in Polen, in Tschechien, in Ungarn mit Wachstumsraten von vier bis fünf Prozent haben, sind in Ostdeutschland eigentlich nie zum Tragen gekommen.

»Aufbau Ost« bedeutet auch, dass wir seit 13 Jahren jährlich drei bis vier Prozent des westdeutschen Inlandsprodukts in den Osten transferieren.

Richtig. Ob dieser Transfer über den Solidaritätszuschlag erfolgt oder über höhere Sozialbeiträge, das ist unerheblich, es ist letztlich alles Geld, das für Konsum und Investitionen im Westen nicht zur Verfügung steht. Hinzu kommt, dass von diesem Geld eher zu viel in den Konsum geflossen ist und eher zu wenig in Investitionen. Aber keine Frage, die deutsche Einheit hat Kraft gekostet, die europäische im übrigen auch.

Was folgt aus dieser Analyse?

Das lässt sich beantworten, wenn ich zu Ihren drei Gründen für unsere Wachstumsschwäche noch einen vierten hinzufüge: Das sind die kontraproduktiven Auswirkungen des Erfolgs der sozialen Marktwirtschaft, so merkwürdig das auf den ersten Blick klingen mag. Aber vor dem Hintergrund der Erfolgsstory der sozialen Marktwirtschaft hat sich seit den siebziger Jahren ein Bewusstsein entwickelt, das geprägt ist durch eine Scheu vor Risiken jeder Art, Skepsis gegenüber der technischen Entwicklung und ein sehr ausgeprägtes Anspruchsdenken. Das wiederum hat sich niedergeschlagen in nicht ausreichend leistungsorientierten Schulen, in einem nicht ausreichend leistungsorientierten Universitätswesen, im Ergebnis heute in einem Mangel an Ingenieuren und Naturwissenschaftlern. Schauen Sie mal in die Doktorandenseminare der naturwissenschaftlichen und ingenieurwissenschaftlichen Fakultäten: Da sehen Sie Mittel- und Osteuropäer, Asiaten, aber viel zu wenige Deutsche. Die Überbetonung von Risiken hat sich außerdem niedergeschlagen in einer rot-grünen Politik, die zur Auslagerung von Forschungskapazitäten ins Ausland und zu einem Moratorium in der grünen Gentechnologie geführt hat, zum Ausstieg aus der Kernenergie, zu unendlich langen Genehmigungsverfahren.

Und was folgt daraus? Wie müsste die Antwort darauf ausfallen?

Wir brauchen wieder Vorrang für die Chancen. Wenn wir das nicht schaffen, dann wird Deutschland nicht den Schwung anderer Länder bekommen. Dieser Schwung ist in der Globalisierung lebensnotwendig. Deutschland hat keinen Rechtsanspruch auf dauerhaften Wohlstand. Andere sind nämlich neugierig und willens, die Chancen der Globalisierung für sich zu nutzen.

Ist es den Deutschen eigentlich hinreichend bewusst, dass dieses Land ein Sanierungsfall ist? Dass uns die »englische Krankheit« droht, mit eingeschränkten öffentlichen Dienstleistungen und sinkendem Lebensstandard?

Ich bin mit dem Begriff Sanierungsfall als politischer Vokabel nicht einverstanden. Rein ökonomisch gesehen mag das ja stimmen. Dennoch sollte man gegenüber der Bevölkerung nicht von einem Sanierungsfall sprechen, sondern ihr eher Hoffnung machen. In der jetzigen Situation können Sie sich entscheiden wie bei einer Bergtour: Entweder Sie sagen, wie anstrengend alles wird, wie viele blutige Blasen sie sich holen, dass ihnen – oben angekommen – alle Knochen wehtun. Oder Sie sagen: »Nehmt euren Rucksack mit, ihr werdet auch schnaufen müssen, aber ihr habt ein Ziel, und von diesem Ziel – dem Gipfel – habt ihr einen wunderbaren Ausblick.« Ich gehöre zur zweiten Gruppe. Deutschland hat große Probleme, wir müssen vieles ändern, aber es ist ein großartiges Land und hat, wenn man es richtig macht, alle Chancen.

Wie würden Sie denn Deutschland in seinem jetzigen Zustand bezeichnen?

Dass Deutschland ein Land in Stagnation ist, so weit würde ich gehen. Und das ist den Menschen schon bewusst. Allerdings führt dieses Wissen eher zu Fatalismus als zu einer Aufbruchstimmung. Wir brauchen aber so etwas wie die zweiten Gründerjahre, einen neuen Gründergeist. Deshalb spreche ich auch seit einiger Zeit von der »neuen sozialen Marktwirtschaft«. Dabei will ich die alte soziale Marktwirtschaft als Erfolgsstory nicht in Frage stellen, sondern uns allen bewusst machen: Wir sind im Grunde wieder an einem Punkt, an dem wir 1949 waren. Die Kapazitäten für einen neuen Aufbruch sind da, sie müssen genutzt werden wie damals, aber es fehlt unter Rot-Grün an der entsprechenden Politik.

Ob Sanierungsfall oder Stagnationsland, es fehlt der politischen Klasse an Mut, den Menschen reinen Wein einzuschenken. Die jungen Leute ahnen ja bereits, dass sie für die Altersversorgung doppelt zahlen müssen, für ihre Eltern und für sich, und dass die gesetzliche Rentenversicherung ein glattes Minusgeschäft ist. Die Älteren werden Abstriche bei den Renten hinnehmen müssen, nicht nur etwas geringere Zuwächse. Und für die Ge-

sundheit werden die Menschen höhere Zuzahlungen leisten müssen, ohne dass die Beitragssätze deutlich sinken. Warum sagen Sie das eigentlich nicht deutlicher?

Das allein reicht nicht, sondern Politik hat die Aufgabe, Licht am Ende des Tunnels zu schaffen, das Ziel aller Bemühungen deutlich zu machen. Horrorbeschreibungen allein helfen nicht, sind manchmal sogar kontraproduktiv. Ich sage es deshalb noch einmal mit anderen Worten: Das größte Missverständnis zwischen Politik und Bevölkerung besteht darin, dass die Politik die Sicherung des Lebensstandards nicht versprechen kann, wenn er nicht erarbeitet wird. Deshalb bestehe ich ja auch so auf der Notwendigkeit von Innovationen, von weltmarktfähigen Produkten, von Spitzentechnologie.

Aber die Politik tut doch immer so, als hinge der Lebensstandard in erster Linie vom guten Willen der Regierenden ab.

Ja, das können wir noch als fünfte Ursache unserer Wachstumsschwäche hinzufügen: Weil die Politik in den fünfziger und sechziger Jahren mit der sozialen Marktwirtschaft sehr erfolgreich die Weichen gestellt hat, erwecken viele Politiker noch immer den Eindruck, sie könnten wirtschaftliche Garantieerklärungen abgeben.

Das ist aber nicht auf Politiker einer Partei beschränkt.

Davon nehme ich die CDU genauso wenig aus wie andere Parteien. Aber dieser falsche Eindruck führt zu fatalen Fehleinschätzungen. Die Menschen sehen nämlich nicht, dass die Politik eine Bringschuld gegenüber der Wirtschaft und der Wissenschaft hat, die vor allem in einem einzigen Punkt besteht, nämlich dem, ihnen das Arbeiten zu ermöglichen. Die Politik kann am Ende nur verteilen, was vorher von anderen erwirtschaftet worden ist. Deshalb sage ich dem Bürger: »Du hast es ein Stück weit selbst in der Hand, in dem du eine Partei wählst, die den Wachstumskräften in diesem Land freie Hand gibt.« Damit es das aber auch macht, müssen wir diesen Zusammenhang überzeugend deutlich machen – mit unseren Möglichkeiten und unseren Grenzen.

Was bedeutet das konkret?

Das bedeutet konkret, dass wir von der hohen Staatsquote heruntermüssen. Wer von jedem verdienten Euro 50 Cent erst mal in den Kreislauf des Staates gibt und nicht dem Bürger in der Tasche lässt, der lässt den Leuten zu wenig Entscheidungsspielraum und behindert das Wachstum.

Noch einmal zurück: Hat die politische Klasse eigentlich Angst vor der Wahrheit, oder hat sie Angst vor dem Wähler?

Sie hat natürlich Sorge, dass der politische Wettbewerber dem Wähler suggerieren könnte, zu dieser Wahrheit gebe es eine Alternative. Das war ja im Wahlkampf 1998 so. Die Regierung Kohl hatte sich 1996/97 der Realität angenähert und musste im Wahlkampf eine bittere Kampagne der SPD gegen die Gesundheitsreform und gegen den demografischen Faktor in der Rentenformel hinnehmen. Und 2002 war es nicht anders. Das ist aber normal, deshalb müssen Sie auch die richtigen Zeiträume für bestimmte Prozesse wählen.

Aber der Kanzlerkandidat der Union trat 2002 sehr weichgespült auf und hat nicht gerade harte Alternativen geboten.

Die Härte allein macht es nicht. Es geht um Verlässlichkeit, darum, den Zusammenhang deutlich zu machen, ein Ziel erkennbar zu machen. Die SPD hat beispielsweise ein Plakat gedruckt: »Nicht schlecht reden, sondern anpacken!« Damit waren wir gemeint, weil wir auf die Probleme hingewiesen haben. Es geht also auch darum, wie wir die Menschen ansprechen. Die Menschen haben ein untrügliches Gespür für die richtige Dosis. Ob ausgerechnet ein Wahlkampf die ideale Zeit ist, alles besonders dramatisch zu schildern, da habe ich meine Zweifel. Aber ich bleibe auch generell bei meinem Bild von der Bergtour – Weg und Ziel müssen eine Einheit bilden. Heute gibt es auch für die Sozialdemokraten – Gott sei Dank – kein Entweichen mehr zum Beispiel vor der Tatsache, dass wir ein demografisches Problem haben.

Wenn der Satz »Erst das Land, dann die Partei« richtig ist, dann muss ich notfalls hinnehmen, dass ich mit der richtigen Politik eine Wahl verliere.

Manches, was in Deutschland schon zu scheitern drohte, hat oft mit einem großen Erfolg geendet.

Alle wesentlichen Weichenstellungen – Marktwirtschaft, Wiederbewaffnung, Nato-Doppelbeschluss – sind ja gegen die Mehrheit der Bevölkerung getroffen worden.

Insofern darf man davor auch keine Angst haben. Das hat mich 2003 zum Beispiel auch bei meiner Irakposition geleitet. Wichtig ist nur, dass man politische Entscheidungen so terminiert, dass sie ihre positiven Wirkungen auch innerhalb der jeweiligen Legislaturperiode bis zum nächsten Wahltag entfalten können. Das war übrigens bei uns 1994 ein Fehler, dass wir die notwendigen Änderungen nicht gleich nach der Wahl angepackt haben, sondern erst 1996/97.

Ich stelle mir vor, Edmund Stoiber und die Union wären in den letzten Bundestagswahlkampf mit folgender Botschaft gegangen: »Die anderen gaukeln euch vor, die notwendigen Veränderungen wären schmerzlos zu haben. Wir dagegen sagen euch ganz offen: Was wir vorhaben, wird manchem wehtun. Aber wir haben keine Alternative, wenn wir den Niedergang des Landes stoppen wollen. Ihr habt also die Wahl zwischen wohlschmeckender, aber wirkungsloser und bitterer, aber wirksamer Medizin.« Hätte das die Wähler überfordert?

Ihre These beschreibt aus meiner Sicht die Gründe für die knappe Wahlniederlage nicht korrekt. Der Wahlkampf wurde bei den Themen Arbeitsmarkt, Wirtschaft und Arbeitsplätze schon richtig geführt. Da kann man über Nuancen reden, aber da brauchte man den Leuten nicht stärker zu drohen, dass es mit uns zwar schwierig, aber besser würde. Wir haben die Wahl mit einem Unterschied von 6072 Stimmen verloren, aber nicht wegen unserer mangelnden Glaubwürdigkeit – sowohl mit Blick auf die ehrliche Analyse der Lage als auch auf die Lösungsvorschläge – im Bereich Wirtschaft und Arbeitsplätze. Wir haben sie in einem ganz anderen Bereich verloren, und die FDP hat sie mit verloren.

Was immer die Politik an Konzepten anbietet, in den Augen der Bürger ist der Staat im Grunde zu einem unseriösen Vertragspartner geworden.

Richtig. Das ist eigentlich die tiefe Krise, in der die Politik steckt.

Wenn der Staat als Vertragspartner der Bürger das Kleingedruckte jederzeit nach Belieben ändert, müsste das eigentlich die Akzeptanz von Forderungen nach Privatisierung und mehr Eigenverantwortung beflügeln. Aber hat dieses Konzept nicht dadurch einen schweren Rückschlag erlitten, dass gerade die Banken und Versicherungen durch den Absturz der Börsenkurse und den Zusammenbruch des »Neuen Marktes« sehr viel an Reputation verloren haben?

Das ist eine sehr deutsche Frage. Was ist denn passiert? Wir leben im Übergang von der Industriegesellschaft zu einer Wissens- und Informationsgesellschaft. Diese Informationsgesellschaft hat ihre Ausprägung gefunden in den so genannten neuen Märkten, in den neuen Technologien. Dabei herrschte Goldgräberstimmung, die völlig absurde Wachstumsraten produziert hat. Im Zuge der Privatisierung der Telekom beispielsweise ist bei Menschen, die gerade dabei waren, sich mit Aktien anzufreunden, ein verständlicherweise schwerer mentaler Schaden entstanden. Jetzt kommt aber die entscheidende Frage: Wie gehen wir mit so einer Erfahrung um?

Und wie gehen wir damit um?

Hier können wir von den Amerikanern lernen. Der Amerikaner sagt: »Ich muss mir das Prinzip anschauen. Ich habe ganz offensichtlich neue Verhältnisse und brauche neue Spielregeln.« Was macht der Deutsche? Der ist erst einmal deprimiert und denkt, vielleicht ist der Staat doch der sichere Hafen – wie ein Kleinkind, das bei den ersten Gehversuchen fällt und dann lieber liegen bleibt, als sich nochmals weh zu tun. Völlig falsch! Wenn man Alan Greenspan und anderen amerikanischen Vordenkern zuhört, dann beschreiben sie einem mit leuchtenden Augen, wie sie aus diesen Fehlern gelernt haben und dass ihnen so ein Debakel wie bei den Technologie-Aktien nie wieder passieren wird. So muss die Antwort ausfallen. Deshalb ist jetzt auch die Diskussion um »corporate governance« so wichtig: Wie sorgen wir für Transparenz an den Aktienmärkten, wie ist die Beziehung von Aufsichtsräten zu Vorständen? In der Informationsgesellschaft kann nicht mehr nach den Regeln der alten Industriegesellschaft gespielt werden. Aber deshalb auf das Spiel zu verzichten wäre die völlig falsche Schlussfolgerung.

Wie aber lautet die richtige Schlussfolgerung?

Ganz einfach: Wir müssen neugieriger werden. Auf die Globalisierung reagieren die Europäer und die Amerikaner völlig unterschiedlich. Die Amerikaner sagen: »Das fasziniert uns, das wollen wir verstehen, das wollen wir in den Griff bekommen.« Und die Europäer? Die stehen davor wie vor einem Naturereignis und sagen: »O Gott, o Gott, was hat uns da ereilt.«

Sie befürchten also nicht, dass das Desaster am »Neuen Markt« und an den Aktienmärkten, dass die faktische Insolvenz der ersten größeren deutschen Lebensversicherung den Ruf nach »mehr Staat« verstärkt oder die Privatisierung verlangsamt?

O ja, das fürchte ich schon, so wie ich uns Deutsche kenne. Aber in Wahrheit gibt es keine Alternative zu mehr Privatisierung und zu einer niedrigeren Staatsquote. Herr Riester hat mit der zusätzlichen Privatvorsorge vom Grundsatz her den richtigen Weg eingeschlagen.

Die Riester-Rente hätte eigentlich von der CDU eingeführt werden müssen.

Genau. Der Ansatz war richtig, die Umsetzung ins Riester-Modell jedoch viel zu kompliziert. Aber Riester hat eine Nebenbedingung eingeführt, die wir beibehalten würden: Es muss sichergestellt sein, dass dem Beitragszahler das, was er eingezahlt hat, auch wieder ausgezahlt wird. Diese Nebenbedingung, diese Absicherung der Einzahlungen, kostet natürlich Rendite. Da hat der Staat eine Verantwortung, solche Zusatzsysteme zu organisieren.

Sie haben mehrfach die Senkung der Staatsquote betont. Es gab mal einen jüngeren CDU-Ministerpräsidenten, der sagte: »Bei einer Staatsquote von 50 Prozent beginnt der Kommunismus.« Der Mann hieß Helmut Kohl, und Sie waren demnach Mitglied der ersten frei gewählten, kommunistischen Regierung Deutschlands.

Das ist ein sehr sympathischer Satz. Wenn auch geprägt von der Unvorstellbarkeit, dass die Staatsquote jemals 50 Prozent erreichen könnte, und gleichzeitig einem nur bedingten Verständnis für das, was Kommunismus tatsächlich war. Wenn man diesen Satz aber als Warnzeichen versteht oder als Ausrufungszeichen, ist die Aussage ja nicht falsch.

Nun gibt es ja einen Zusammenhang zwischen der Staatsquote und dem Steuersystem. Die CDU hat sich aber stets gescheut, bestimmte Interessengruppen durch die Beschneidung von Steuervergünstigungen zu verärgern, obwohl nur so Raum für kräftige Steuersenkungen zu gewinnen ist.

Gerhard Stoltenberg hatte ja in den achtziger Jahren eine sehr gute Finanzpolitik gemacht. Die Steuern gesenkt …

Na ja, der Spitzensteuersatz ging von 56 auf 53 Prozent herunter, während er in Amerika 32 Prozent und in Großbritannien 40 Prozent betrug.

Es wurden damals auch die Körperschaftssteuer gesenkt, die Staatsquote jedes Jahr um einen Prozentpunkt reduziert, eine Million Arbeitsplätze geschaffen und die Haushaltsdefizite auf nahezu Null abgebaut.

Das war vor 1989.

Ja, dann kam die deutsche Einheit. Und da hat die emotionale Freude über die ordnungspolitischen Notwendigkeiten gesiegt. Das war ja auch verständlich, zumal es bei den Zuwendungen für die neuen Länder auch um die politische Stabilität ging. Aber selbstkritisch ist zu sagen, dass wir viel früher – also schon 1993/94 – hätten umsteuern müssen. Denn schon damals war ja mit Händen zu greifen, dass die Globalisierung unsere Wettbewerbssituation massiv verschärft. Die Petersberger Beschlüsse zur Steuerpolitik gingen durchaus in die richtige Richtung, also Streichung von Vergünstigungen und Senkung der Steuersätze. Aber das alles haben die SPD-Ministerpräsidenten Schröder, Lafontaine, Eichel und wie sie alle hießen bekanntlich im Bundesrat blockiert.

Das ist Geschichte ...

Genau, und die Bedingungen für eine Steuerreform sind ungleich schwieriger geworden. Die Haushaltslage ist inzwischen so schlecht, dass schon deshalb Subventionen dringend abgebaut werden müssen, um die Einnahmesituation zu verbessern. Dazu haben Roland Koch und Peer Steinbrück einen Vorschlag gemacht, der den Subventionsabbau in Deutschland in einem bisher nicht gekannten Umfang möglich macht. Das ist eine hervorragende Grundlage, um hier endlich weiterzukommen. Gleichzeitig brauchen wir eine Streichung von Subventionen, um die Senkung der Steuersätze zu finanzieren. Wir müssten im Grunde die einzusparenden Subventionen zweimal verteilen. Das ist unser aktuelles Dilemma.

Was aber hat für Sie Vorrang: Schuldenabbau oder Steuersenkung?

Es wird beides passieren: Das Koch-Steinbrück-Programm wird umgesetzt werden. Dann bleiben noch 88 Prozent der Subventionen – und damit genügend Spielraum zur Gegenfinanzierung einer großen Steuerreform, die diesen Namen auch verdient.

Unabhängig von fiskalischen Überlegungen stellt sich aber doch die prinzipielle Frage, ob die CDU mental wirklich bereit ist, sich auf ein Steuersystem im Sinne von Professor Kirchhoff zu verständigen, also mit einer Streichung fast aller Vergünstigungen – ganz gleich, wer da alles gequält aufschreit?

Das Elternhaus in Templin war ein Pfarrhaus und wurde folglich von der SED argwöhnisch beobachtet. Das schweißte die Familie besonders zusammen. Von der Mutter Herlind Kasner hat Angela Merkel die Kunst des Improvisierens gelernt, vom Vater Horst Kasner *(Bild unten links)* die logische Strenge. Für ihre jüngeren Geschwister Marcus und Irene war sie die typische ältere Schwester. (Fotos: Privat).

Wahlkampf kann offenbar auch Spaß machen: Die Bundestagskandidatin Angela Merkel im Sommer 1990 in Binz auf Rügen. (Foto: Dieter Bauer/Stern)

Als DDR-Bürgerin träumte Angela Merkel immer von einer Reise nach Amerika. 1991, im Jahr eins der Einheit, besuchte sie als Frauenministerin San Francisco, Los Angeles und Washington. (Foto: dpa)

Im Rahmen ihrer Amerika-Reise 1991 *(oben mit Kanzler Kohl in San Francisco)* trifft die ostdeutsche Ministerin zwei amerikanische Politiker, die maßgeblich zur Verwirklichung der Einheit beigetragen haben: Ex-Präsident Ronald Reagan mit Ehefrau Nancy *(rechts)* und seinen Nachfolger im Weißen Haus, George Bush senior *(unten)*. (Fotos: dpa)

Frauen-Power im dritten Kabinett Kohl von 1991 bis 1994 *(von links nach rechts)*: Hannelore Rönsch (Familie und Senioren), Angela Merkel (Frauen und Jugend) sowie Gerda Hasselfeldt (Gesundheit). (Foto: Archiv der Konrad-Adenauer-Stiftung)

Das ZDF organisiert 1992 ein Treffen des Templiner Abiturienten-Jahrgangs 1973. Die prominenteste Mitschülerin, schon zu Schulzeiten eine »Anführerin«, sitzt selbstverständlich in der ersten Reihe. (Foto: ZDF)

Angela Merkel und ihre Vorgänger: Ihrem ehemaligen Chef Lothar de Maizière *(rechts)* folgte sie 1991 als stellvertretende Bundesvorsitzende der CDU nach, ihrem einstigen Förderer Günther Krause *(unten links)* als Vorsitzende des CDU-Landesverbandes Mecklenburg-Vorpommern. (Jeweils mit im Bild: Der frühere ostdeutsche CDU-Abgeordnete und Bundesforschungsminister Paul Krüger).

Ob in der Politik oder bei der Bundeswehr: Tarnen und Täuschen will gelernt sein. Die Armee übt das im Manöver – und die CDU-Vorsitzende inspiziert das Ergebnis dieser Ausbildung. (Fotos dieser Seite: CDU-Archiv)

Aus dem Umweltministerium ins Konrad-Adenauer-Haus: Der neue CDU-Vorsitzende Wolfgang Schäuble im November 1998 mit seiner auf dem Parteitag in Bonn gewählten Generalsekretärin. (Foto: dpa)

Eine Frau am Steuer: Die CDU-Vorsitzende mit Porsche-Chef Wendelin Wiedeking. (Foto: CDU-Archiv)

Aufbruch zum langen Marsch: CSU-Chef Edmund Stoiber stattet im April 2000 die neue CDU-Vorsitzende zünftig aus – mit Rucksack und Box-Handschuhen. Generalsekretär Ruprecht Polenz *(links)* findet das gut. (Foto: CDU-Archiv)

(Foto: Archiv der Konrad-Adenauer-Stiftung)

Rückkehr des Partei-Patriarchen: Ein knappes Jahr nach Bekanntwerden der Spendenaffäre lädt die CDU-Vorsitzende Helmut Kohl am 3. Oktober 2000 zu einem Festakt zum 10. Jahrestag der Einheit ein. (Foto: dpa)

Kultur-Reise: Das Ehepaar Merkel-Sauer genießt im Sommer 2003 Salzburg und seine Festspiele zusammen mit dem österreichischen Wirtschaftsminister Martin Bartenstein und seiner Frau. (Foto: CDU-Archiv).

Wir unterstützen vom Grundsatz her den radikalen Ansatz von Professor Kirchhoff. Friedrich Merz hat in diesem Sinne einen Vorschlag für eine umfassende Steuerreform vorgelegt. Das war ein Befreiungsschlag.

Die Steuerpolitik ist ja nur eine Facette einer viel weitergehenden Frage: Hat sich die CDU nicht sehr weit von der sozialen Marktwirtschaft entfernt? Hat die CDU in ihrer langen Regierungszeit nicht »sozial« viel zu groß geschrieben und »Markt« viel zu klein?

Im Grunde geht es bei der Frage um die Rahmenbedingungen. Dabei steht für mich im Vordergrund, wie schaffe ich es, Wettbewerb aufrecht zu erhalten, wie schaffe ich es, monopolistischen Tendenzen entgegenzuwirken. Ich kann mich noch sehr gut an die Entscheidung erinnern, den Airbus staatlich zu unterstützen. Da ging es nicht zuletzt darum, dass ohne diesen europäischen Konkurrenten der amerikanische Flugzeughersteller Boeing weltweit der einzige Anbieter und faktisch Monopolist gewesen wäre. Monopolisten können genau so schlimm sein wie 100 Prozent Staatsquote. Insofern heißt Ordnungspolitik zunächst einmal, Monopole zu verhindern und Wettbewerb möglich zu machen. Diese Aufgabe ist heute, nehmen Sie das Beispiel Microsoft, bei den neuen Technologien genau so schwer wie in den alten Industrien und dennoch genau so dringlich. Funktionierender Wettbewerb ist und bleibt der Kern sozialer Marktwirtschaft.

Aber Marktwirtschaft ist mehr als nur funktionierender Wettbewerb.

Richtig. Es geht um Freiheit, und es geht um Gerechtigkeit. Gerechtigkeit ist viel zu lange, auch in der CDU, so verstanden worden: Wie verteile ich das, was wir erwirtschaftet haben, möglichst gerecht? Im Gegensatz zur SPD haben wir aber auch schon früh einen Schritt weitergedacht und die Chancengerechtigkeit betont. Aber auch das reicht heute nicht mehr. Heute geht es zusätzlich um Leistungsgerechtigkeit. Der Bürger muss erfahren, dass er für das, was von ihm an Einschnitten und Kürzungen verlangt wird, vom Staat als Gegenleistung etwas erwarten kann, dass sich sein Beitrag lohnt, dass der Staat ihm beispielsweise Sicherheit im Alter oder bei Krankheit bietet. Es gibt bei uns staatliche Umverteilung mit dem Ergebnis, dass Steuer- und Beitragszahler am Ende weniger in der Tasche haben als die Empfänger von Sozialtransfers. Auch das Kindererziehen ist als Leistung niemals ausreichend berücksichtigt worden. Insofern brauchen wir zwischen Bürger und Staat diese neue Definition von vertikaler Gerechtigkeit.

Was sagen Sie zu dem Argument, das Erhard'sche Konzept sei ausgerichtet gewesen auf eine Wirtschaft, die am Boden lag, auf den Wiederaufbau, auf die Entfesselung der Marktkräfte? Stehen wir heute nicht vor ganz anderen Herausforderungen?

Auf die Entfesselung der Marktkräfte kommt es auch heute an, und bei Nullwachstum ist der Boden schon ziemlich nahe. Ganz offensichtlich ist es uns in einer entscheidenden neuen Etappe der wirtschaftlichen Entwicklung – ich komme wieder zurück auf die angesprochene Wissensgesellschaft – nicht gelungen, die Marktkräfte zu entfesseln. Deshalb tun wir gut daran, den Elementen Freiheit, Wettbewerb, Eigenverantwortung, vor allen Dingen auch der Vielfalt den Weg zu ebnen. Wir reden ja zum Beispiel über betriebliche Bündnisse für Arbeit, weil die Betriebe mehr Freiheiten brauchen, um auf die veränderten Wettbewerbsbedingungen zu reagieren. Unternehmen, die sich dem internationalen Wettbewerb stellen müssen, können ihre Arbeitsbedingungen nicht an den nationalen Regelungen für Arbeit ausrichten. Ein Investmentbanker kann sich nicht an die deutsche Arbeitsordnung halten, nach der er nicht mehr als 10 Stunden arbeiten darf.

Das macht ja auch keiner.

Richtig, es tut keiner. Aber dabei muss manch einer, nachdem er sich per Stechuhr schon in den Feierabend abgemeldet hat, wieder illegal an seinen Arbeitsplatz zurückschleichen. Ich behaupte ja nicht, dieser Investmentbanker muss vom 25. bis 60. Lebensjahr jeden Tag 15 Stunden arbeiten. Aber vielleicht muss er vier Jahre lang täglich 15 Stunden arbeiten und kann dann ein halbes Jahr freimachen. Wenn das nationale Regelwerk dafür keine Spielräume lässt, wird Deutschland nicht aus seiner Selbstfesselung herauskommen.

Bei Erhard hieß es: »Wohlstand für alle!« Müsste das marktwirtschaftliche Credo heute nicht heißen: »Arbeit für alle«?

»Arbeit für alle«, durchaus. Aber es geht auch um Wohlstand. Es gibt die berechtigte Angst, dass sich unser Lebensstandard insgesamt verringern wird. Nur durch Wachstum wird das zu verhindern sein.

Wenn der Staat Transferleistungen kürzt und die Bürger selbst verstärkt vorsorgen, sinkt zwangsläufig das verfügbare Einkommen ...

Genau. Oder wir müssten sehr hohe Wachstumsraten haben, um das auffangen zu können. Was ist eigentlich passiert in den Erfolgsjahren der sozialen Marktwirtschaft? Die Segnungen sind hingenommen und auch ganz gut verteilt worden. Aber man hat übersehen, dass dieser Wohlstand seinen Preis hatte. Zum Beispiel den Preis, dass die Leute zu wenige Kinder bekommen haben. Für diese Risiken ist keine Vorsorge getroffen worden. Alle haben gehofft, dass diese Risiken von irgendeiner imaginären Macht übernommen würden. Aber wir können und dürfen nicht weiter die Augen verschließen vor den Risiken der demografischen Veränderungen, vor den Segnungen der Medizin, nämlich der viel längeren Lebenserwartung. Es wäre fahrlässig, beim Rentenalter oder bei der Arbeitszeit noch immer so zu tun, als lebten wir in den fünfziger Jahren.

Bei uns wird ja kräftig umverteilt, und zwar mehrfach: über die Steuerprogression, über einkommensabhängige Krankenkassenbeiträge, über Einkommensgrenzen bei Transferleistungen, durch gleiches Kindergeld für alle, durch einkommensabhängige Kindergartengebühren und so weiter. Und die CDU ist dabei von der SPD kaum zu unterscheiden.

Die CDU hat Wettbewerb und Freiheit stärker in den Vordergrund gerückt als andere. Die Abstände zwischen den Parteien sind nicht zu negieren. Aber die CDU hat an dieser Stelle eben auch zum Teil dazu beigetragen, dass Illusionen entstanden. Der Nutzen der Umverteilung schlug sich über Jahrzehnte in einem sehr stabilen politischen System nieder. Das hat uns auch viel genutzt. Denn Länder, in denen ständig soziale Spannung herrscht, sind wirtschaftlich sehr ineffizient. Aber wir dürfen durch Umverteilung die Wachstumskräfte nicht vollkommen dämpfen oder die Besten außer Landes treiben.

Und die Schlussfolgerung daraus?

Wer mehr leistet, darf am Ende nicht weniger haben, als der, der weniger leistet. Das muss auf allen Ebenen gelten. Unter diesem Aspekt müssen wir den Länderfinanzausgleich ebenso überprüfen wie den Risikostrukturausgleich der Krankenkassen. Das geht weiter bei der Frage, ob es sich für den Facharbeiter noch lohnt, mehr Stunden zu arbeiten, wenn ihm durch die Steuerprogression das meiste weggenommen wird. Da geht es um die Neuausrichtung ganzer Bereiche: um den Niedriglohnsektor und um das Abstandsgebot zwischen niedrigen Löhnen und der Sozialhilfe. Da sind die Zumutbarkeitsregeln für Arbeitslose zu verschärfen. Und diejenigen, die Höchstleistungen erbringen, müssen deutlich besser dastehen als die, die diese Fähigkeiten nicht so haben.

Was heißt heute eigentlich »sozial«?

Es gibt den schönen Satz: »Sozial ist, was Arbeit schafft.«

Da sind wir wieder bei »Arbeit für alle« statt »Wohlstand für alle«.

Sozial heißt deshalb für mich noch mehr: Es geht auch darum, den weniger gut organisierten Gruppen zu ihrem Recht zu verhelfen. Ich denke an Arbeitslose, an Menschen mit Gelegenheits- und Zweitjobs, an Alleinerziehende. Es gibt ganz neue Verläufe von beruflichen Karrieren, die nicht durch Tarifverträge abgesichert sind. Diese Menschen haben vielfach keine Lobby. Aber sie brauchen eigentlich mehr Fürsorge als andere. Sozial ist für mich eine Politik, die wirklich alle im Blick hat, vor allem Familien mit Kindern.

Was bedeutet »Solidarität« für Sie?

Solidarität bedeutet für mich, denen, die sich aus eigener Kraft wirklich nicht helfen können, zu einem lebenswerten Leben zu verhelfen. Oder am besten, ihnen dabei zu helfen, zur Selbsthilfe fähig zu werden. Zum Beispiel durch ein Behindertengesetz, bei dem klar ist, dass Behinderte nicht von der Sozialhilfe abhängen.

Von dem leider früh verstorbenen liberalen Ökonomen Wolfram Engels gibt es den schönen Satz: »Solidarisch ist auch eine Räuberbande.« Heißt Solidarität bei uns nicht meistens, wir stehen zusammen gegen andere?

Deshalb habe ich ja gesagt, die Politik ist dann solidarisch, wenn man sich gerade um die kümmert, die ihre Interessen kaum artikulieren können. Davon gibt es leider in unserer Gesellschaft immer mehr. Im übrigen beschreibt keiner der Grundwerte für sich genommen alles. Wir sprechen nicht umsonst von Freiheit und Solidarität und Gerechtigkeit.

Mir geht es eigentlich um die Frage, ob es eine kollektive Solidarität überhaupt geben kann. Theoretisch funktioniert Solidarität doch so: Herr Meier ist als Gewerkschaftsmitglied mit einem niedrigen Tarifabschluss einverstanden, weil er weiß, das hilft dem Betrieb, der Branche und letztlich der Volkswirtschaft. Und Frau Schmidt geht nicht sofort zum Arzt, sondern nimmt ein Hausmittel, weil sie sagt: »So trage ich zur Kostensenkung bei, was wiederum eines Tages zu niedrigeren Kassenbeiträgen führt.« Nur: In der Realität nimmt jeder, was er jetzt bekommen kann.

Solidarität oder sagen wir organisierte Gerechtigkeit auf der Grundlage von simpler Einsicht in die gesellschaftlichen Zusammenhänge – das kann nur schwerlich funktionieren. Der Reiz der sozialen Marktwirtschaft oder die Großartigkeit dieses Systems besteht doch in ihrer konkret erfahrenen Leistungsgerechtigkeit: Wenn die Leute den Eindruck haben, wenn sie sich im Rahmen ihrer Möglichkeiten etwas mehr anstrengen, dann haben sie persönlich etwas davon. Also, Eigennutz ist schon eine ganz wichtige Größe. Aber Eigennutz allein hält eine Gesellschaft noch nicht zusammen. Es muss schon eine kollektive Übereinstimmung über bestimmte Wertmaßstäbe einer Gesellschaft geben. Wenn die zerrüttet sind, dann wird es mit der Solidarität schwierig.

Welche Wertmaßstäbe gehören denn dazu?

Zum Beispiel die Sozialpflichtigkeit des Eigentums oder ein Freiheitsverständnis, das nicht nur den Einzelnen sieht, sondern immer auch sein Gegenüber. So etwas wird vermittelt durch gemeinsame Glaubensinhalte, durch den gemeinsamen Stolz auf das Gemeinwesen, in dem man lebt, auch durch die Bereitschaft, sich für dieses Gemeinwesen in ganz unterschiedlicher Weise auch mal unentgeltlich zu engagieren. Das alles ist aber gefährdet, wenn die Zukunftsperspektiven dieses Gemeinwesens nicht klar sind. Wenn die Menschen den Eindruck haben müssen, das Gesamtgebilde befindet sich sowieso auf einer abschüssigen Bahn, dann kümmern sie sich nur noch um sich selbst. Deshalb ist es so wichtig, den Menschen Perspektiven und Hoffnungen zu geben.

Solidarität funktioniert ja beispielsweise auf betrieblicher Ebene, wenn Mitarbeiter auf Gehalt verzichten, um Entlassungen zu vermeiden oder Ausbildungsplätze zu finanzieren.

Das funktioniert dort sogar recht gut. Ich werde dieses Verständnis für Veränderungen deshalb auch nur schaffen, wenn ich dem Einzelnen viel mehr Entscheidungsoptionen eröffne. Daher ist es aus unserer Sicht so wichtig, dass der Arbeitnehmer selbst entscheiden kann, ob er eine Stunde länger arbeitet oder etwas weniger Geld bekommt, damit der Betrieb nicht nach Polen verlagert wird.

Die ordnungspolitische Kernfrage lautet doch: »Wie viel Staat ist nötig?« Wir haben das bei uns so geregelt: Der Staat sichert das Existenzminimum, sichert ab bei Krankheit, im Alter und bei Arbeitslosigkeit. Die Sicherung des Existenzminimums haben wir schon angesprochen. Ist der Staat da zu großzügig, oder verlangt er zu wenig Gegenleistung?

Das Existenzminimum ist an sich schon ganz richtig definiert. Aber es wird nicht hart genug überprüft, ob derjenige, der dieses Existenzminimum für sich in Anspruch nimmt, keine größere Gegenleistung erbringen könnte. Wobei man sich ja keinen Illusionen hingeben darf. Wenn der Staat von Sozialhilfeempfängern Arbeit als Gegenleistung einfordert, dann wird das in einem ersten Schritt eher teurer als billiger, weil der Staat diesen Arbeitseinsatz ja organisieren und finanzieren muss. Dennoch gibt es zu diesem Weg keine Alternative.

Wobei man nicht sagen kann, in den Städten mit CDU-Mehrheit werde die Gegenleistung konsequenter eingefordert.

Nein, das kann man leider nicht sagen. Aber tendenziell sind wir offener für solche Mechanismen als die SPD. Alle neuen rechtlichen Möglichkeiten, Zumutbarkeitsbedingungen zu überprüfen, Kann-Regelungen einzuführen oder bei Asylbewerbern Sachleistungen statt Geld zu gewähren, sind eben doch von der CDU angeregt und erkämpft worden.

Besteht aber nicht die Gefahr, dass die Kommunen mit dieser Art von Arbeitseinsatz beispielsweise Gartenbaubetrieben oder Sicherheitsdiensten, die sich auf dem freien Markt mit tarifvertraglich gebundenen Löhnen zu behaupten haben, Aufträge wegnehmen?

Deshalb bin ich immer mehr dafür, arbeitsfähige Sozialhilfeempfänger, falls irgendwie möglich, in das normale Arbeitsleben zu vermitteln und das mit degressiven Lohnkostenzuschüssen zu unterstützen. Einen riesigen öffentlichen Beschäftigungssektor zu schaffen, in dem die Leistungsprinzipien nicht gelten, kann nicht das Ziel sein.

Kommen wir zum Gesundheitswesen: Wir haben 16 größere und kleinere Reformen hinter uns mit 8000 Änderungen von Einzelbestimmungen, die Schmidt-Seehofer-Reform noch gar nicht mitgerechnet. Alle diese Reformen zeichnen sich dadurch aus, dass die Kosten kurzfristig sinken und bald darauf wieder einen neuen Höchststand erreichen. Das wird bei dem »größten Reformwerk der jüngeren Sozialgeschichte«, wie Horst Seehofer sein Werk nannte, nicht anders sein.

Wir haben eine sehr grundsätzliche Auseinandersetzung. Dabei geht es darum, ob wir uns im Gesundheitswesen auf eine so genannte Bürgerversicherung hin bewegen oder auf ein Gesundheitsprämienmodell. Die Schweizer zum Beispiel haben in ihrem Land dieses Prämien-System im Frühjahr 2003 in einer Volksabstimmung noch einmal nachdrücklich bestätigt. Bei der Bürgerversicherung dagegen sollen möglichst viele Menschen, neben den Arbeitnehmern also auch Freiberufler und Beamte, in möglichst wenige Töpfe einzahlen, damit das dann alles verteilt werden kann. Mit einem solchen Einheitstopf können wir zwar kurzfristig die Einnahmesituation verbessern, aber so bekommen wir keine richtige Steuerungsmöglichkeit, wie mit dem medizinisch-technischen Fortschritt umzugehen ist und wie die Möglichkeiten des Einzelnen in dem System gestärkt werden können.

Und bei dem anderen Extrem, der Kopfpauschale, würde jeder denselben Beitrag zahlen.

Im Konzept der Herzog-Kommission sprechen wir von Gesundheitsprämie, einem Beitrag, der die Kosten des Systems abdeckt, unabhängig davon, wie viel jemand verdient. Weil aber nicht jeder eine solche Prämie von 200 € von heute an oder von etwa 260 € vom Jahr 2013 an pro Monat zahlen kann, brauchen wir zur Prämienverbilligung einen sozialen Ausgleich. Dieser soziale Ausgleich sollte von allen Einkommenssteuerzahlern erbracht werden und nicht nur von den in der Gesetzlichen Krankenversicherung Versicherten und dann auch nur bis zur Beitragsbemessungsgrenze. Vorzug dieses Systems ist außerdem, dass jeder Mensch als mündiger Patient behandelt wird und mehr Wettbewerb unter den Kassen möglich ist. Deshalb muss aus meiner Sicht die Entwicklung in Richtung des Prämienmodells gehen. Aus dem Grund habe ich auch so sehr darauf geachtet, bei den Verhandlungen über die Gesundheitsreform wenigstens eine Leistung aus der gesetzlichen Krankenversicherung auszugliedern, was beim Zahnersatz ja auch gelungen ist. Jetzt haben wir wenigstens eine Leistung, um genau zu sehen, wie die Bürger mit dieser Möglichkeit umgehen.

Da kam ja sofort der Aufschrei, eine vom Einkommen unabhängige Prämie für eine solche Zahnersatz-Versicherung wäre unsozial.

Ich kenne das: Die Kassiererin im Supermarkt muss für diese medizinische Leistung genau so viel bezahlen wie der Chemie-Vorstand. Das geht ja auch nur für wenige medizinische Leistungen, aber bei der Brille und anderen Dingen gibt es das ja jetzt auch schon. Die Gesundheit eines jeden Menschen ist uns gleich viel wert. Aber nicht jeder ist gleich stark. Deshalb brauchen wir in einem neuen System auch einen neuen sozialen Ausgleich.

Das gegenwärtige System verlagert die Risiken eines ungesunden Lebenswandels auf die Gesellschaft. Wer 20 Kilo Übergewicht mit sich herumschleppt, wer raucht, trinkt oder bei Extremsportarten verunglückt, der lässt die Allgemeinheit dafür zahlen. Was ist daran eigentlich sozial?

Manche Risiken sind nur schwer voneinander abzugrenzen. Außerdem spielt auch die unterschiedliche gesundheitliche Disposition eines jeden Menschen eine Rolle. Wir brauchen eine Mischung aus unterschiedlichen Prämien je nach Risiko und aus Bonus-Regelungen für diejenigen, die ein gesundes Leben führen und das System kaum in Anspruch nehmen. Dazu eignen sich auch Zuzahlungen. Die haben ja zum Teil dazu geführt, dass erst einmal Hausmittel ausprobiert werden, bevor man sich ein Medikament verschreiben lässt.

Kommen wir zur Rente. Das Umlagesystem ist – zugespitzt formuliert – aufgebaut auf einer Lüge und einem Konstruktionsfehler. Die Lüge besteht darin, dass es sich gar nicht um eine echte Versicherung handelt. Der Konstruktionsfehler besteht darin, dass …

Warum soll das keine Versicherung sein?

Eine Versicherung zeichnet sich durch zwei Dinge aus: Ich weiß, was ich einbezahle, und ich weiß, was ich mindestens ausbezahlt bekomme. Bei der so genannten Rentenversicherung ändert sich der Beitragssatz relativ willkürlich. Und die Höhe meiner Rente steht in den Sternen.

Weil es eine Umlageversicherung ist, also eine Versicherung über die Generationen hinweg. Das heißt, mein Beitrag wird niemals mir zugute kommen, sondern mein Beitrag fließt immer der jeweiligen Rentnergeneration zu. Ich hänge dagegen von den Beitragszahlungen einer jüngeren Generation ab.

Bei einer Lebensversicherung als Altersvorsorge weiß ich, wie hoch mein Beitrag ist und wie hoch die auszuzahlende Mindestsumme sein wird. Wer in den letzten 20 Jahren Rentenversicherungsbeiträge gezahlt hat, der musste immer mehr zahlen, während gleichzeitig die zu erwartende Rente ständig gesunken ist. Ich weiß ja nicht einmal, von welchem Alter an die Rente ungekürzt ausgezahlt wird.

Ich zahle für etwas ein, was mir nie persönlich zugute kommt. Das ist ein Kennzeichen der Rentenversicherung. Das zweite Kennzeichen ist, dass meine Ansprüche erst Jahrzehnte später geltend gemacht werden können. Die Frage ist jetzt nur – und damit kommen wir wieder zur Riester-Rente zurück –, ob ich bei der Rentenversicherung wenigstens wieder das rausbekomme, was ich eingezahlt habe. Oder anders formuliert: ob die Generation, die heute einzahlt, in Zukunft mindestens das zurück bekommt, was sie mal eingezahlt hat.

Das kann sie nachweislich nicht.

Ja, das kann sie nachweislich nicht, weil die Generation, die heute einzahlt, ihre eigene Reproduktion nicht mehr sicherstellt. Dafür muss sie bei der Rente Verluste hinnehmen, das ist der Preis. Dieses kollektive Sicherungssystem sorgt nicht dafür, dass morgen die gleiche große Zahl von Beitragszahlern zur Verfügung steht wie heute. Damit ist natürlich vollkommen klar, dass das System, so wie es konstruiert ist, nicht mehr funktionieren kann.

Damit sind wir beim Konstruktionsfehler. Konrad Adenauer sagte: »Kinder kriegen die Leute von alleine.« Was sich schon bald als falsch herausgestellt hat. Das System müsste eben die »Produktion« der künftigen Beitragszahler belohnen, entweder durch geringere Beiträge für Eltern oder durch höhere Renten oder durch eine Kombination aus beidem.

Das ist auch meine These seit Jahren. Wenngleich das System noch zusätzlich den Fehler aufweist, dass die Beiträge ausschließlich an den Lohn gekoppelt sind. Das Funktionieren hängt also erstens davon ab, dass die nachfolgende Generation so groß ist wie die jetzige. Und zweitens, dass die nachfolgende Generation so viel Realeinkommen hat wie die vorhergehende Generation. Beide Voraussetzungen werden aber in Zukunft nicht erfüllt. Es war eben ein Konstruktionsfehler, dass das Humankapital anders behandelt worden ist als das Erwerbskapital.

Wie könnte eine Bevorzugung des Humankapitals, also von Eltern mit Kindern, aussehen?

Dazu könnten niedrigere Rentenbeiträge für Eltern beitragen. Warum das nicht gemacht worden ist, verstehe ich nicht. In der Krankenversicherung sind ganz automatisch der Ehepartner und die Kinder mitversichert. Ein Arbeitsloser mit Kindern bekommt selbstverständlich mehr Geld als einer ohne Kinder. Nur bei der Rente haben wir immer so getan, als wäre die Berücksichtigung von Kindern ein ordnungspolitischer Sündenfall. Überhaupt ist unser gesamtes gesellschaftliches System viel zu wenig auf Familienförderung ausgerichtet.

Die Herzog-Kommission der CDU hat sich aber dafür ausgesprochen, dass Mütter oder Väter, die zugunsten der Kindererziehung zeitweise nicht gearbeitet haben, im Alter eine höhere Rente bekommen. Müsste die Familienförderung nicht darauf abzielen, dass junge Familien geringere Beiträge zahlen und damit ein höheres verfügbares Einkommen haben als Paare ohne Kinder?

Ich hätte mir von der Herzog-Kommission einen anderen Vorschlag gewünscht, nämlich dass die Kinderlosen einen etwas höheren Rentenbeitrag zahlen als Frauen und Männer mit Kindern. Aber ich gebe die Hoffnung nicht auf, dass die CDU genau das eines Tages beschließen wird.

Um auf das Grundsätzliche zu kommen: Lässt sich das derzeitige Rentensystem mit seinem Umlageverfahren überhaupt noch retten?

Ein Umsteigen gestaltet sich extrem schwierig, weil schon so viele erworbene Ansprüche existieren. Die Herzog-Kommission hat deshalb Veränderungen im System vorgeschlagen, die aber auch beträchtliche Anteile einer Grundrente enthalten.

Aber nicht in Richtung einer Versicherung, in die alle einzahlen müssen – neben den Arbeitnehmern auch Beamte, Freiberufler und Abgeordnete?

Wenn wir, wie es jetzt unsere Absicht ist, im bisherigen System der Rentenversicherung bleiben, dann lautet die Antwort nein.

Was spricht eigentlich gegen die Überlegung, wer 45 Jahre gearbeitet hat, der kann seine Rente ungeschmälert bekommen, ganz gleich, ob er 60 oder 66 ist?

Ich war lange dagegen, habe meine Meinung aber geändert. Ich fände es gerecht, dass jeder, der 45 Jahre lang gearbeitet hat, Anspruch auf die volle Rente hat. Es gibt nur ein Problem: Von den heute 60-Jährigen gibt es noch relativ viele, die mit 14, 15 Jahren angefangen haben zu arbeiten. Das heißt, wenn die alle plötzlich nach 45 Jahren ohne Abschläge in Rente könnten, bekämen wir einen riesigen Schub an neuen Rentnern. Das führte dann zu zusätzlichem Druck auf die Rentenkassen und zu höheren Beiträgen. Außerdem gilt das Äquivalenzprinzip. Bei gleichen Einzahlungen über 45 Jahre hinweg darf niemand im Schnitt länger eine gleich hohe Rente beziehen. Das würde aber für den gelten, der bereits mit 60 in Rente geht, gegenüber dem, der erst mit 65 in Rente geht. Deshalb müssen wir das Renteneintrittsalter auf einen schmalen Korridor beschränken, wir sagen von 63 bis 67. Das ist allemal besser als das starre Alter von 67. Aber in allen Fällen muss in Zukunft noch eine zusätzliche Versorgung dazukommen. Vielleicht wird diese Zusatzversicherung sogar verpflichtend sein müssen.

Um auf die Grundrente zurückzukommen: Die würde den meisten Menschen zu niedrig sein.

Das ist eine rein theoretische Frage, die sich ja in unserem Konzept nicht stellt. Aber gut, dann beantworte ich sie so: Sowohl eine Grundrente als auch die gesetzliche Rente alleine wären zu niedrig. Um also im Alter in Zukunft den eigenen Lebensstandard sichern zu können, wird jeder eine private Zusatzversicherung brauchen.

Die Herren Miegel und Biedenkopf haben aber das drohende Rentendesaster vor über 20 Jahren richtig vorhergesagt. Hätte die CDU schon damals auf sie gehört, wäre ein Systemwechsel leichter gefallen.

Richtig. Immerhin haben wir uns vor sechs, sieben Jahren mit dem demografischen Faktor diesem Problem genähert. Das hat dann Rot-Grün wieder zunichte gemacht. Heute ist Rot-Grün wieder so weit, wie wir schon vor sieben Jahren waren. Selbst bei den Sozialdemokraten hat hier der Erkenntnisfortschritt Einzug gehalten.

Zum Stichwort Vertrauensschutz: Wer garantiert mir eigentlich, dass der Staat nicht eines Tages sagt: »Wir sind leider auf Grund der Kassenlage gezwungen, Ansprüche an die gesetzliche Rentenversicherung mit Betriebspensionen zu verrechnen«?

Ich glaube, dass wäre ein Enteignungstatbestand.

Wenn die Finanzlage den Staat dazu zwingt, wird das Bundesverfassungsgericht schwer etwas dagegen sagen können.

Das glaube ich nicht. Dem würde das Verfassungsgericht einen Riegel vorschieben. Die gefährdetste Gruppe sind übrigens nicht die künftigen Rentenbezieher, sondern die Beamten. Die hat der Staat voll in der Hand. Da mache ich mir die größten Sorgen, nicht bei den Empfängern von Betriebsrenten.

Was antworten Sie jungen Leuten, die sagen: »Wir sind auf alle Fälle die Verlierer, weil die Zahl der Älteren so groß ist und die Politiker sich immer nach der größeren Zahl richten«?

Das ist ein großes Problem der politischen Mehrheitsfähigkeit. Das muss man ganz nüchtern sehen. Je weniger die Älteren noch Bezug zu den Jüngeren haben, umso schwieriger wird es, mit den Älteren vernünftig darüber zu sprechen, was für die Zukunft der Gesellschaft getan werden muss. Ich habe schon Seniorenversammlungen erlebt, bei denen eine Stimmung aufkam nach dem Motto: »Wenn Sie nicht machen, was wir wollen, dann gründen wir unsere eigene Partei.« Da habe ich geantwortet: »Wenn Sie mit dem Markenzeichen ›Verrat an der jungen Generation‹ herumlaufen wollen, dann gründen Sie Ihre Partei. Aber dann müssen Sie mit unserem erbitterten Widerstand rechnen.«

Diese Schlachten stehen uns erst noch bevor.

Ja. Und das stellte eine Partei wie die CDU vor eine besonders große Herausforderung, weil die Zahl der älteren Wählerinnen und Wähler sehr groß ist und weil wir dort besonders viele Anhänger verlieren könnten. Aber ich vertraue hier auf die gemeinsamen Wertegrundlagen unserer Gemeinschaft. Die gelten häufig bei den Älteren mehr als bei den Jüngeren.

Wäre nicht eigentlich Zuwanderung ein Beitrag zur Lösung des Rentenproblems?

Die Zuwanderung kann etwas zur Lösung der demografischen Probleme beitragen. Allerdings muss es, siehe Amerika, eine gesteuerte Zuwanderung sein, die auch wirklich den Wohlstand des Landes hebt. Wenn wir die Auswirkungen der Zuwanderung nach Deutschland in den letzten fünfzig oder vierzig Jahren betrachten, dann fällt die Bilanz, wenn man die Sozialhilfe und alles hinzurechnet, negativ für Deutschland aus. Übrigens bekommen Zuwanderer, die sich an unsere Lebensgewohnheiten anpassen, sehr schnell weniger Kinder. Auf Dauer lässt sich also durch Zuwanderung das Geburtendefizit nicht ausgleichen. Gleichzeitig kostet die Integration der Zuwanderer viel Geld. Da wäre es billiger, das Geld gleich für die Rentner auszugeben. Über eine andere Familienpolitik kann ich also viel mehr auf die Entwicklung der Bevölkerung einwirken als über Zuwanderung.

Könnte eine verstärkte Berufstätigkeit der Frauen das Rentenproblem entschärfen?

Dazu wird es sowieso kommen, schon wegen der Sicherung unseres Wohlstandes. Wir werden in einigen Jahren einen massiven Arbeitskräftemangel haben. Wenn wir ihn nicht über Zuwanderung lösen wollen, dann wird die Frau als Arbeitskraft sehr viel attraktiver werden. Das wird den positiven Nebeneffekt haben, dass Betriebe wieder mehr Leistungen vollbringen für Familie und Kinder.

Mit Betriebskindergärten etwa?

Ja, nicht nur. Auch durch Zuschüsse zu bestehenden Kindergärten oder durch die Flexibilisierung der Arbeitszeiten. Die Betriebe werden sich schon etwas einfallen lassen, wenn sie es ökonomisch brauchen.

Wir nähern uns also dem DDR-Ideal der voll berufstätigen Frau?

Die Assoziation an dieser Stelle verstehe ich nun ganz und gar nicht. Es trifft genau das Gegenteil zu, weil die Berufstätigkeit der Frau bei uns auf der freien Entscheidung der Familien beruht. Allerdings liegt es bei vielen Frauen aus finanziellen Gründen sehr nahe, erwerbstätig zu sein. Viele Mütter werden weiterhin die ersten Jahre mit ihren Kindern zu Hause sein wollen. Aber Deutschland kann noch flexibler werden, wenn es um die Rückkehr von Müttern ins Berufsleben geht.

Wenn mehr Frauen arbeiten, bedeutet das ja zunächst einmal, dass qualifizierte Frauen weniger qualifizierte Männer arbeitslos machen.

Das kann sein, dass qualifizierte Frauen weniger qualifizierte Männer verdrängen. Aber tendenziell sehe ich in der wachsenden Frauenerwerbstätigkeit keine massive Gefährdung der Männerwelten. Denn in den nächsten 20 Jahren wird die Bevölkerung stark zurückgehen. Das heißt, bei einer restriktiven Zuwanderung und einer gleichen Zahl von Arbeitsplätzen bekommen wir eine gewaltige Nachfrage nach Arbeitskräften, die von Männern gar nicht mehr befriedigt werden kann.

Die jüngste Errungenschaft des deutschen Sozialstaates war die Pflegeversicherung. War diese soziale Großtat der Regierung Kohl nicht ein schwerer Fehler?

Mit der Ausgestaltung als umlagenfinanzierter Versicherung haben wir damals eine Chance vertan. Das wäre das ideale Modellprojekt für eine kapitalgedeckte Versicherung gewesen.

Die FDP hätte das damals gerne so gemacht.

Ja, es gab auch eine große Auseinandersetzung innerhalb der CDU um das »Wie«. Der Wirtschaftsflügel war für Kapitaldeckung, auch viele wirtschaftsfreundliche Sozialpolitiker. Zwischen Befürwortern und Gegnern der Umlagefinanzierung stand es ungefähr 60:40. Weil das also derart auf der Kippe stand und Helmut Kohl noch unentschieden war, hat Norbert Blüm dann auf einem nordrhein-westfälischen CDU-Parteitag Kohl als den »Kanzler der Pflegeversicherung« gefeiert. Das war vor einer Landtagswahl, Helmut Kohl konnte nicht widersprechen, und der Saal tobte. Damit war das praktisch beschlossen. Denn dass man bei der Pflege etwas machen musste, lag ja auf der Hand.

Einspruch: Es blieb auch vorher niemand unversorgt und ungepflegt!

Ja, aber auf Kosten der Krankenversicherung und auf Kosten der Sozialhilfe.

Und auf Kosten des eigenen Vermögens.

Im Grunde auf Kosten der Frauen, die als Mütter Kinder erzogen hatten und kurz darauf ihre Eltern pflegen mussten. Dass sich heute für die ambulante Pflege die Bedingungen verbessert haben, das halte ich für einen wichtigen Fortschritt.

Die Pflegeversicherung ist auch eine staatliche Versicherung zum Schutz der Erben. Der Staat zahlt für die Pflege, und die gut verdienenden Erben bekommen als Zugabe das Reihenhäuschen, das die Eltern als Sicherheit fürs Alter gebaut hatten. Was ist daran sozial?

Bei dem einen ist es der Schutz der Erben, bei dem anderen musste früher die Kommune zahlen, weil nichts zu vererben war. Deshalb wäre aus meiner Sicht eine kapitalisierte Pflegeversicherung das Beste. Wenn ich für mich einen Kapitalstock aufbaue, dann muss ich zu meinen Lebzeiten von meinem Vermögen davon etwas abzweigen. Das heißt, ich vermindere das Vererbbare zugunsten eines eigenen Kapitalstocks für das Alter. Das halte ich für die vernünftigste Variante.

Kommen wir zur Arbeitslosenversicherung. Auch dieses System kann wohl nicht unverändert bleiben.

Das gehört zu den überschaubaren Herausforderungen. Die Arbeitslosenversicherung muss sich auf ihre Kernaufgabe konzentrieren. Dazu gehören nicht Hauptschulabschlusskurse, Integrationskurse oder Weiterbildungsmaßnahmen. Das Kerngeschäft heißt Risikoabsicherung für die Phase, in der ein Arbeitsloser einen neuen Job sucht. Wenn wir das so machen, können wir auf einen Beitrag von vier Prozent kommen. Dann hätten wir 1,5 Beitragspunkte gespart.

Nun hatte Hartz in seinem ersten Modell zwei gute Vorschläge gemacht: Der eine war die Pauschalierung des Arbeitslosengeldes in den ersten sechs Monaten, der zweite die Beschränkung des Bezugs auf ein Jahr. Bevor die Gewerkschaften aufschreien konnten, war der Kanzlerkandidat der CDU/CSU derjenige, der sagte, das sei höchst unsozial.

Bei der Begrenzung auf ein Jahr ist der Kampf ja inzwischen ausgestanden.

Ausgestanden insofern, als die Lösung weicher und teurer wird.

Es gibt in der Tat unterschiedliche Vorstellungen über den Charakter dieser Versicherung. Nach der Meinung mancher hat diese Versicherung nichts zu tun mit der bereits erbrachten Leistung in der Arbeitswelt. Ob ich also drei Jahre gearbeitet habe, 30 oder 45, ist vollkommen egal. Wenn ich meinen Job verliere, bekomme ich ein Jahr noch etwas ausbezahlt, und ansonsten hat die Arbeitslosenversicherung keine weiteren steuernden Wirkungen. Meine Meinung dazu ist eine andere. Ich möchte die altersbedingt unterschiedlichen Chancen, wieder einen neuen Job zu bekommen, berücksichtigt sehen. Diese Chance ist bei einem 27 Jahre alten Arbeitslosen größer als bei einem mit 57 Jahren. Deshalb kann ich einen Arbeitslosen, der nach 40 Berufsjahren keine neue Stelle mehr findet, nicht mit massiven Rentenabschlägen in den Ruhestand schicken.

Mit welcher Konsequenz?

Wer 45 oder 40 Jahre gearbeitet hat, soll entsprechend seiner Lebensleistung auch eine längere Zeit Geld aus der Arbeitslosenversicherung bekommen. Die ordnungspolitischen Einwände dagegen kann ich nicht nachvollziehen.

Wenn ich auf das Versicherungsprinzip abstelle, schon. Bei einem Hausbrand bekomme ich, wenn ich entsprechend versichert war, den Neuwert erstattet, ganz gleich, ob ich drei oder 30 Jahre lang die Prämien bezahlt habe.

Bei der Hausratsversicherung wird ja auch nicht gefragt, wie viel ich verdiene. Die Arbeitslosenversicherung ist aber eine Versicherung, bei der auch umverteilt wird. Ein Arbeitsloser mit Kindern bekommt ja auch mehr Unterstützung als einer ohne Kinder. Nur wenn es um das Alter und die Chancen auf eine Rückkehr in die Arbeitswelt geht, soll plötzlich nicht mehr umverteilt werden. Dann machen wir es, bitte schön, per Prämie ohne sozialen Ausgleich. Dann versichert sich jeder am Kapitalmarkt gegen das Risiko der Arbeitslosigkeit. Dann gibt es keine sozialen Aspekte – ganz wie bei der Hausratsversicherung. Das will ich beim Risiko Arbeitslosigkeit nicht.

Will die CDU unbedingt sozialer sein die SPD?

Was heißt sozialer? Für das Gelingen einer Reform brauche ich Akzeptanz. Zwingend. Wenn ich auf einer Versammlung dafür eintrete, dass jemand, der 45 Jahre in diese Versicherung eingezahlt und nie eine Leistung bekommen hat, beim Übergang in die Rente ein Jahr länger Arbeitslosengeld erhält als ein 27-Jähriger, dann bekomme ich tosenden Beifall. Weil die Menschen spüren, dass es hier um Gerechtigkeit geht.

Sie wollen durch Senkung der Beiträge zu den Krankenkassen, zur Renten- und Arbeitslosenversicherung die Lohnzusatzkosten reduzieren. Könnte es nicht sein, dass die Gewerkschaften sofort versuchen werden, den dadurch vergrößerten Spielraum für Lohnerhöhungen zu nutzen?

Sicherlich. Deshalb geht es mir darum, Teile dieser Versicherungen auszugliedern und dabei vollständig vom Lohn abzukoppeln. Darüber geht der grundsätzliche Streit mit den Sozialdemokraten. Die wollen in der Krankenversicherung zwar auch die paritätische Finanzierung etwas lockern, aber an der strikten Koppelung an den Lohn festhalten. Solange das so ist, werden die Gewerkschaften immer wieder versuchen, die entfallenen Arbeitgeberanteile über den Lohn zurückzuholen.

Wir haben ja Erfahrung bei der Lohnfortzahlung: Was die Regierung Kohl mühsam geändert hatte, wurde per Tarifvertrag wieder zurückgeholt.

Richtig. Und jetzt ist die Wirtschaft über jeden Vorstoß glücklich, die paritätische Finanzierung einzuschränken. Aber sie unterstützt uns nicht, wenn es darum geht, Teile der Sozialversicherung aus dem gesetzlichen System auszugliedern. Dabei haben Sie natürlich Recht: Was an den Lohn gekoppelt bleibt, das unterliegt implizit den Tarifverhandlungen.

Wir haben jetzt über vier Bereiche gesprochen, die ganz bewusst dem Markt entzogen sind: die Sicherung des Existenzminimums, die Versicherung gegen Arbeitslosigkeit und Krankheit sowie die Altersvorsorge. Daneben hat der Staat den Markt weitgehend ausgeschaltet bei der Regelung der Gehälter und Arbeitsbedingungen, indem er das dem Tarifkartell übertragen hat. Und dieses Kartell beruht auf drei Säulen. Die heißen Günstigkeitsprinzip, Unzulässigkeit von Betriebsvereinbarungen und Allgemeinverbindlichkeit. Würde eine CDU-Regierung das ändern?

Ja. Wir werden das Günstigkeitsprinzip verändern. Wir haben dazu auch einen Gesetzesvorschlag gemacht. Ich schließe gar nicht aus, dass die Bundesregierung unseren Vorschlag noch vor der Wahl 2006 übernimmt.

Wie würden Sie das Günstigkeitsprinzip definieren?

Wir wollen die künftige Sicherung der Beschäftigung als einen Maßstab für die Günstigkeit zugunsten des Arbeitnehmers neu aufnehmen. Dann wird es möglich, dass ein Arbeitnehmer länger arbeitet und weniger verdient, weil so seine Beschäftigung gesichert ist. Gleichzeitig soll das Betriebsverfassungsgesetz so geändert werden, dass Betriebsräte solche Regelungen per Betriebsvereinbarung treffen. Das ergäbe neue Optionen für die betriebliche Ebene und wäre eine erhebliche Aufweichung des Flächentarifs.

Das Wort Tarifkartell scheinen Sie zu vermeiden.

Natürlich ist der Flächentarifvertrag eine Ausnahme vom Kartellrecht, ganz klar. Was aber wichtig ist: Indem man den Tarifvertragsparteien diese Ausnahme vom Wettbewerbsrecht zugestanden hat, wurden sie in die Pflicht genommen, sich im Sinne des Gemeinwohls zu verhalten und nicht nur Partikularinteressen durchzusetzen. Das haben sie häufig vernachlässigt. Sie haben die Risiken ihrer Politik immer dem Staat zugeschoben und die Vorteile für sich vereinnahmt. Deshalb ist es richtig, den Flächentarif zu lockern, nicht abzuschaffen. Denn insgesamt hat der Flächentarifvertrag auch segensreiche Wirkungen.

Und wie steht es mit der Allgemeinverbindlichkeit von Tarifverträgen?

Die Allgemeinverbindlichkeitserklärung von Tarifabschlüssen durch den Arbeitsminister sollte eher sorgsam gehandhabt werden. Es wird auch schon sparsamer damit umgegangen als früher. Es gibt inzwischen Branchen, in denen die Zahl der tarifvertraglich gebundenen Unternehmen so gering ist, dass es für die Erklärung der Allgemeinverbindlichkeit durch eine politische Instanz gar keine Legitimität mehr gibt. Denn dann verstärkt der Staat ein Kartell, dem eigentlich jede Grundlage fehlt.

Aber rechtlich soll die Allgemeinverbindlichkeit weiterhin möglich bleiben?

Vorerst ja – bei Wiedervorlage in drei Jahren.

Bei einer Änderung des Günstigkeitsprinzips und einer Lockerung des Flächentarifs droht ein heftiger Konflikt mit den Gewerkschaften. Ist die CDU dazu bereit?

Was heißt bereit? Die CDU ist entschlossen, die Möglichkeiten der betrieblichen Ebenen zu stärken. Und ich bin ganz fest überzeugt, dass das auch den Realitätssinn der Gewerkschaften fördern würde. Wir hätten zum Beispiel nie die tarifvertragliche Bindung bei der Leiharbeit gemacht, zumindest nicht für die ersten 12 Monate. Ich bin für so viel Tarifvertragsrecht wie notwendig, aber gegen jede Überdehnung. Die Gewerkschaften sind jetzt das Opfer ihrer Sehnsucht, alles zentral in der Hand zu behalten. Formale Allmacht, die nicht mit realer Macht unterfüttert ist, bricht irgendwann wie ein Kartenhaus in sich zusammen. Das hat die IG Metall im Sommer 2003 in der ostdeutschen Metallindustrie erleben müssen.

Bei der Lockerung des Tarifkartells könnte die CDU sicher nicht auf die Unterstützung der Arbeitgeber rechnen.

Es kann durchaus Konflikte mit den Arbeitgebern geben. Auch sie hängen natürlich, wenn auch nicht ganz so stark wie die Gewerkschaften, an den bestehenden Flächentarifverträgen.

Inwiefern kann die CDU überhaupt auf die Arbeitgeber zählen? Denn die Arbeitgeber sind ja letzten Endes der Meinung, die großen Schlachten solle die Politik schlagen.

Ja eben. Deshalb ist Konfliktfreiheit mit den Arbeitgebern auch nicht möglich. Wenn nur eine Gruppe – die Politik – in der Gesellschaft dem Gemeinwohl verpflichtet sein soll und alle anderen ihre Partikularinteressen durchsetzen, dann wird das nicht klappen. Dann haben die Tarifparteien zu viel Macht. Die Tarifparteien sitzen in den Selbstverwaltungsgremien der sozialen Sicherungssysteme. Die Tarifparteien sind für Löhne zuständig. 50 Prozent der Lohnzusatzkosten in Deutschland sind nicht gesetzlich geregelt, sondern tarifvertraglich vereinbart. Die Politik kann bei der Zahl der Urlaubstage nichts ändern, weil fast jeder per Tarifvertrag mehr Urlaub hat als den gesetzlich vorgeschriebenen Mindesturlaub. Wir können bei der Arbeitszeit nichts machen. Es kann nicht sein, dass die Politik alle Schäden ausgleicht und zugleich den Vorwurf hinnehmen muss, die Staatsquote sei zu hoch. Deshalb haben wir eben die politische Verpflichtung, betriebliche Regelungen zu stärken.

Sie haben im ersten unserer Gespräche folgenden programmatischen Satz gesagt: »Mir liegt daran, dass man eines Tages vielleicht sagen kann, Merkel hat in den zweiten Gründerjahren dieser Republik, also nach der Wiedervereinigung, einen wichtigen Beitrag dazu geleistet, Deutschland wieder zu einem Land zu machen, in dem Wohlstand und Kreativität zu Hause sind.« Inwiefern unterscheiden Sie sich bei diesem Ziel und den anzuwendenden Methoden von Edmund Stoiber, Roland Koch und Friedrich Merz?

Da wir alle Mitglieder einer Partei oder Parteienfamilie sind, können wir uns gar nicht dramatisch voneinander unterscheiden. Die Frage ist vielmehr, wie wir es schaffen, die Kräfte einer Volkspartei so zu bündeln, dass wir möglichst viele Menschen überzeugen können. Zwischen Edmund Stoiber, Roland Koch oder Friedrich Merz und mir gibt es keine grundsätzlichen Meinungsunterschiede darüber, was in diesem Land getan werden müsste.

Und worin besteht der kleine Unterschied?

Insgesamt geht es darum zu entscheiden, wie die Mitte der Gesellschaft voll erreicht werden kann. Friedrich Merz beispielsweise ist jemand, der sehr stark die ordnungspolitische Dominanz und damit einen außerordentlich entscheidenden Aspekt unserer Aufgabe betont. Das ergibt sich natürlich auch aus seinem Verantwortungsbereich als finanz- und wirtschaftspolitischer Experte der Fraktion.

Ordnungspolitik und Mitte schließen sich aus Ihrer Sicht also aus?

Sie schließen sich selbstverständlich nicht aus. Aber Ordnungspolitiker denken eher in Idealkategorien. Das reale Leben verlangt jedoch häufig Kompromisse, die Ordnungspolitikern schwerer als anderen fallen. Friedrich Merz kann solche Kompromisse schließen.

Braucht ein Politiker nicht dennoch einen ordnungspolitischen Maßstab?

Natürlich. Und die Offenheit für Kompromisse gleichermaßen.

Helmut Kohl pflegte an solchen Stellen immer zu sagen, mit ordnungspolitischen Ausführungen könne man den Ludwig-Erhard-Preis gewinnen, aber keine Wahl.

Helmut Kohl stand der Ordnungspolitik sicher besonders skeptisch gegenüber. Wir brauchen heute wieder ein besseres Verständnis für Ordnungspolitik.

Stehen Sie demnach näher bei Merz als bei Kohl?

Helmut Kohl war ja der klassische Mann der Mitte. Die Mitte hat sich heute mehr in die Richtung der politischen Notwendigkeiten verschoben, die Friedrich Merz wichtig sind, nachdem wir in Deutschland zuvor eine ganze Zeit lang mehr Wachstum hatten und uns damit auch mehr Umverteilung leisten konnten als heute. Aber Helmut Kohl hat 1990 den Osten nicht allein mit Ordnungspolitik gewonnen, sondern mit Wärme, mit Liebe, mit Verständnis für Menschen.

Und großen Transferleistungen.

Ja, auch mit Transferleistungen. Und warum? Damit nicht alle Eliten in den Westen gegangen und nur die Schwachen in den neuen Ländern geblieben sind. Das war kluges politisches Verhalten, auch wenn es nicht immer der reinen ordnungspolitischen Lehre entsprach.

Kommen wir zu dem CSU-Vorsitzenden.

Edmund Stoiber ist auch ein Mann der Mitte, sonst könnte die CSU in Bayern nicht 58 oder gar 61 Prozent bekommen. Im bayerischen Kontext hat er auch manches gemacht, was ordnungspolitisch betrachtet nicht die reine Lehre war. Ob das die Mietpreisbindung in München ist oder die Aufgabe aller Reservestandorte für die Kernkraftwerke. Aber Edmund Stoiber hat immer darauf geachtet, ein Grundgleichgewicht der Politik zu haben. Das ist Voraussetzung für eine mehrheitsfähige Unionspolitik.

Der bayerische Wirtschaftsminister reist ständig durchs Land und rettet mit Staatsgeldern Unternehmen. Da ist von Ordnungspolitik überhaupt nichts zu erkennen.

Immerhin hat Bayern die Kraft, bei der geringsten Verschuldung pro Kopf bayerische Unternehmen zu retten. Selbstverständlich haben die Bayern, wo immer es staatliche Zuschüsse gab, sich erst mal ihren Anteil gesichert. Aber sie haben auch jahrzehntelang nicht über die Verhältnisse gelebt und sich so langsam hochgearbeitet. Sie waren gegenüber neuen Technologien immer höchst aufgeschlossen. Sie haben Privatisierungserlöse nicht verfrühstückt, sondern in die Zukunft investiert. Das alles war und ist doch vernünftig.

Über Roland Koch haben Sie jetzt noch gar nichts gesagt.

Roland Koch ist natürlich als Ministerpräsident ebenso wie Edmund Stoiber und die anderen Ministerpräsidenten verpflichtet, eine Politik der Mitte zu machen und kann sich nicht auf einen Flügel der Partei kaprizieren, und so geht er ja auch vor. Insgesamt geht es doch für uns alle um eine Frage: Wie sehr beharren wir auf der reinen Lehre, oder wie schaffen wir es, die Menschen für unsere Politik zu gewinnen? Stelle ich die Anstrengungen in den Mittelpunkt, oder wecke ich Hoffnungen? Kann ich die Leute mitnehmen? Ich komme wieder auf mein Beispiel einer Bergtour zurück. Ich kann auf die schlimmsten Strapazen dabei abheben oder auf den herrlichen Blick vom Gipfel hinweisen. Ich entscheide mich für den zweiten Weg, und in diesem Sinne bin ich überzeugt: Wenn die Menschen nicht das Ziel von Bemühungen erkennen können, dann wird jeder Weg zur Qual. Wenn Politik aber in der Lage ist, den Menschen das Ziel vor Augen zu führen, dann werden sie auf dem Weg dorthin auch zu Anstrengungen bereit sein.

7
Außenpolitik

»Europa hat nur eine Option – Einigkeit und transatlantische Partnerschaft«

Der frühere Außenminister Klaus Kinkel hat Mitte der neunziger Jahre mal gesagt, Deutschland sei umzingelt von Freunden. Welchen Stellenwert hat da noch die Außenpolitik?

Einen sehr hohen. Und sie ist untrennbar mit der Innenpolitik verbunden.

Wieso das?

Entschlossenheit, Mut, Verlässlichkeit, Berechenbarkeit – das sind Werte, die man auf beiden Politikfeldern braucht. Und da kann das Fazit derzeit nur heißen: Fehlanzeige, in der Innenpolitik wie in der Außenpolitik.

Außenpolitik ist immer auch Interessenpolitik. Haben wir es jemals gewagt, die deutschen Interessen deutlich zu formulieren?

Ja, natürlich, vor 1990 durchaus. So war die Politik Adenauers der klaren West-Bindung im deutschen Interesse. Die europäische Einigung Kohls war im deutschen Interesse und – trotz aller Kämpfe im Detail – auch die Ostpolitik Brandts war letztlich im deutschen Interesse. Nach 1990 haben wir es dann versäumt, die deutschen Interessen unter den neuen Bedingungen hinreichend zu definieren. Damit meine ich, dass wir seit dem Ende des Kalten Krieges nicht explizit artikuliert haben, was für uns wesentlich ist. In diese Lücke stößt jetzt Schröders Denken von einer vermeintlich notwendigen »deutschen Emanzipation«. Isoliert betrachtet ist dieses Denken völlig abwegig. Dennoch: Die Welt hat sich verändert, Deutschland muss heute andere und vor allem mehr Pflichten und neue Verantwortung in der Welt wahrnehmen. Was dazu führen muss, dass wir unsere Interessen auch deutlicher formulieren. Anderen Ländern muss klar sein, wo unsere Möglichkeiten und wo unsere Grenzen sind. Die Bevölkerung muss wissen, warum wir welche Verpflichtungen eingehen.

Dann definieren Sie doch bitte unsere Interessen, die deutschen Interessen.

Zuallererst steht da die eigene Sicherheit. Schon aus der deutschen Geschichte geht der Wunsch nach europäischer Integration hervor. Dann kommt der Wunsch nach Einflussnahme und Mitbestimmung in der Welt. Und da wir weder einen ständigen Sitz im Sicherheitsrat, geschweige denn ein Vetorecht dort haben und auch auf lange Sicht nicht haben werden, muss es unser Interesse sein, Europa stark zu machen. Wenn Europa lernt, mit einer Stimme zu sprechen, dann können auf diese Weise auch die deutschen Interessen im UN-Sicherheitsrat vertreten werden. Wobei den Vereinten Nationen und dem Sicherheitsrat meiner Meinung nach eine Schlüsselstellung bei der Gestaltung der künftigen Weltordnung zukommen. Auf einen Punkt gebracht, ist es im deutschen Interesse, wenn Deutschland eine führende Rolle – wirtschaftlich und sicherheitspolitisch – in Europa einnehmen will. Davor braucht sich niemand zu fürchten, das kann für die Balance in Europa wichtig sein.

Was bedeutet diese Definition der deutschen Interessen mit Blick auf den Irakkrieg?

Das bedeutet, dass Deutschland unter der Regierung Schröder ganz klar gegen seine Interessen gehandelt hat, als es sich einseitig auf die Seite Frankreichs gestellt hat – und damit explizit gegen Großbritannien. Da wurde von vornherein erst gar nicht der Versuch gemacht, integrativ für eine gemeinsame europäische Haltung zu kämpfen.

Zu den deutschen Interessen zählen also Sicherheit und Einfluss. Was noch?

Darüber hinaus sollten wir bemüht sein, die westlichen Demokratien zu stärken. Ich befürchte, dass die offenen Gesellschaften in dieser Welt nach dem Ende des Kalten Krieges viel gefährdeter sind, als wir uns das klar machen.

Gefährdet wodurch?

Durch Terrorismus, durch Fundamentalismus, durch sehr große kulturelle Unterschiede, durch die mangelnde Bereitschaft in den westlichen Demokratien, die eigenen Werte offensiv zu vertreten. Deutsches Interesse muss sein, diese Bedrohung gegenüber der eigenen Bevölkerung viel realistischer und deutlicher darzustellen, anstatt sich einfach zurückzulehnen und darauf zu vertrauen, dass irgendwer schon helfen wird, wenn es nötig ist. Die Amerikaner, die Briten, auch die Franzosen wissen dagegen, dass man solchen Bedrohungen nur wirksam entgegentreten kann, wenn man in der Lage ist, sich selbst zu helfen. Unser Selbstverständnis muss es sein, dass wir zur Eigenhilfe in der Lage sind. Nur dann haben wir eine Chance, mit den unglaublichen Gefahren fertig zu werden. Da hat es ja dramatische Veränderungen gegeben. Im Kalten Krieg war der Feind territorial abzugrenzen. Und er hatte den Willen zum Überleben. Er war nicht bereit, den anderen um den Preis der eigenen Existenz zu vernichten. Heute haben wir es dagegen mit Feinden zu tun, die das eigene Leben nicht achten und zur Selbstvernichtung bereit sind. Das ist eine ganz neue, nie gekannte Gefahr für die westlichen Gesellschaften.

Sehen Sie konkrete Anzeichen, dass Deutschland bei dieser Bedrohung gleichsam im Fadenkreuz steht?

Nein, die sehe ich noch nicht, aber die Hamburger Zellen der Attentäter des 11. September haben mir gereicht. Das Attentat auf deutsche Touristen in Djerba war furchtbar genug. Die Gefahren sind für uns also auch nicht geringer einzuschätzen als in anderen Ländern. Daran kann kein Zweifel bestehen. Und jeder Versuch, sich einfach nur aus allem rauszuhalten, wird scheitern. Das geht bei derart globalen Verflechtungen nicht, schon gar nicht, wenn man ein politisch und wirtschaftlich erfolgreiches Land sein möchte. Das haben wir in Afghanistan erlebt: Da haben Selbstmordattentäter eben nicht zwischen amerikanischen und deutschen Soldaten unterschieden. Und im Irak machen die Attentäter auch keinen Unterschied zwischen den USA und den UN.

Wenn Sie von den westlichen Demokratien sprechen, dann meinen Sie die transatlantische Gemeinschaft.

Richtig, im Wesentlichen ja.

Und da hat die Bundesrepublik immer eine Doppelrolle eingenommen: Motor der europäischen Integration und zugleich Brücke über den Atlantik. Das ist so gar nicht mehr möglich, weil Europa zerstritten, wenn nicht gar gespalten ist. Müssen wir uns jetzt zwischen Europa und den USA entscheiden?

Nein. Niemals. Deutschland darf vor allem nicht dazu beitragen, dass sich diese Frage überhaupt stellt. Das unbalancierte Auftreten im Irakkonflikt, die Vereinbarung neuer so genannter Achsen – Paris, Berlin, Moskau –, das hat freilich den Eindruck hervorgerufen, als gehe es künftig um eine solche Entscheidung. Das war fatal. Es wird kein einiges und starkes Europa gegen Amerika geben. Kurzum: Die deutsche Aufgabe bleibt unverändert – wir müssen immer wieder versuchen, diese Doppelrolle auszufüllen.

Die transatlantische Partnerschaft war ja nie eine Partnerschaft unter Gleichen. Dennoch hat sich der ungleich Stärkere, nämlich Amerika, stets bemüht, die Europäer gleichberechtigt in die Entscheidungsprozesse einzubeziehen. Heute gibt es dagegen Anzeichen für einen amerikanischen Unilateralismus nach dem Motto: »Wir verfolgen unsere Strategie. Ihr Europäer seid eingeladen, uns dabei zu unterstützen. Wenn nicht, dann geht es eben ohne euch.«

Natürlich müssen wir auch fragen, was die amerikanischen Interessen sind, gerade wenn wir die deutschen Interessen formulieren wollen. Im Kalten Krieg war es für die Amerikaner gleichsam elementar, sich um Europa zu kümmern, weil mitten in diesem Europa die Konfrontation der beiden Pole stattfand – nicht irgendwo an der Grenze Alaskas. Heute sind zwei Dinge zu beachten. Erstens: Die Bedrohung für Amerika kommt nicht mehr aus Osteuropa, sondern aus dem asiatischen Raum oder aus dem Nahen Osten. Zweitens: In den neunziger Jahren ist der ökonomische Vorsprung Amerikas gegenüber Europa gewaltig gewachsen. Gerade auch auf dem Weg in die Informationsgesellschaft ist Europa erst einmal abgehängt worden.

Das ökonomische Auseinanderdriften begann schon in der Reagan-Ära.

Dieses wirtschaftliche Ungleichgewicht hat nicht nur weiter zugenommen. Mit ihm hat sich auch der militärische Vorsprung der USA gegenüber Europa vergrößert. Kurzum: Wer verlangt, dass die Amerikaner auf ihre Partner eingehen, muss ihnen als starker Partner begegnen, das heißt selbst stark sein. Die Stärke kann politisch begründet sein oder ökonomisch. Aber diese Stärke kann nicht darin liegen, dass die Europäer für sich nur die moralische Komponente reklamieren.

Amerika kämpft, und wir beurteilen, ob das moralisch gut ist.

Diese Arbeitsteilung wird eben nicht funktionieren. So geht es nicht. Auf der anderen Seite: Die Amerikaner müssen auch wissen, dass es nicht reicht, sich einzig auf die ökonomische Stärke zu verlassen. Auch die USA brauchen verlässliche Verbündete. Das sieht man ja an den verstärkten Bemühungen der USA nach dem Irakkrieg, den Vereinten Nationen wieder eine größere Rolle zuzubilligen. Alles in allem: Europa muss in puncto ökonomischer Dynamik aufholen, sonst wird es für Amerika zwangsläufig an Bedeutung verlieren. Das deutsche Eigeninteresse, für Amerika nicht unwichtig zu werden, muss mindestens so groß sein wie das Interesse der Amerikaner, uns als Partner nicht zu verlieren.

Sie haben im Irakkonflikt die CDU auf eine eindeutige »Pro-Amerika-Position« festgelegt. Inwieweit war das bei Ihnen emotional geprägt – vielleicht geprägt vom Gefühl der Dankbarkeit gegenüber den USA, einer Dankbarkeit, die schon die Politik der Generation Kohl in der CDU stark bestimmt hat?

Dankbarkeit Amerika gegenüber spielte eine untergeordnete Rolle. Wenn, dann in dem Sinne, was ich mir unter Freundschaft vorstelle. Freunde kann man sich nicht tageweise aussuchen und wieder aufgeben. Das atlantische Bündnis hat für mich Ähnlichkeit mit einer Familie: Man ärgert sich auch mal übereinander, nicht immer ist alles nur eitel Sonnenschein, aber niemand rennt zur Nachbarfamilie und fängt an, gegen die eigene zu intrigieren. Aber im Grunde ging es mir sehr sachlich um die schon angesprochenen deutschen und europäischen Interessen: Spätestens seit den Jugoslawienkriegen kann doch niemand ernsthaft in Abrede stellen, dass wir gut daran tun, das atlantische Bündnis und die Partnerschaft mit Amerika zu pflegen. Das gilt mindestens so lange, wie Europa nicht in der Lage ist, die Konflikte auf dem eigenen Kontinent ohne amerikanische Hilfe zu lösen. Das gilt aber wahrscheinlich auch darüber hinaus.

Es ist aber doch nicht illegitim, wenn eine deutsche Regierung bemüht ist, einen Krieg – wo immer der auch drohen mag – zu verhindern.

Natürlich ist das Ziel, Krieg wo eben möglich zu verhindern, richtig. Die Frage ist nur, wie mache ich das. Auf keinen Fall schaffe ich das, wenn ich einem Diktator wie Saddam Hussein vor aller Welt vorführe, wie gründlich man sich in der westlichen Welt zerstreiten kann. Ich habe in dieser Zeit vor dem Irakkrieg wirklich gelitten, weil ich weiß, wie Diktatoren denken und wovon sie sich beeindrucken lassen. Und es war einfach nicht mit anzusehen, wie sich da manche lächerlich gemacht haben. 17 UN-Resolutionen waren ohne Wirkung geblieben. Dann wird die letzte verabschiedet, und wir sind nicht in der Lage, eine endgültige zeitliche Befristung zu vereinbaren. Schließlich tritt dann ein deutscher Bundeskanzler auf irgendeinem Marktplatz auf und sagt, egal, was die UN machen, wir sind sowieso nicht dabei. Das war das Allerletzte.

Ihr Eintreten für die Vereinigten Staaten ist freilich in dieser Eindeutigkeit in Deutschland nicht mehrheitsfähig.

Das kann schon sein.

Stoiber war in der Irakfrage viel vorsichtiger, als man eigentlich vermutet hätte. Würden Sie wegen einer solchen Frage die eigene Mehrheit riskieren?

Was man wann riskiert, kann man erst sagen, wenn eine solche Situation eingetreten ist. Auch das Durchsetzen der wenig populären Nachrüstung in den achtziger Jahren hat Helmut Kohl am Ende nicht geschadet. Es steht für mich aber außer Frage, dass es Probleme gibt, bei deren Lösung wahltaktische Überlegungen keine Rolle spielen dürfen. Entsprechend haben ja dann auch CDU und CSU ihre Haltung formuliert.

Im Bundestagswahlkampf und vor Beginn des Irakkrieges wirkte die Union da nicht sehr geschlossen.

In der entscheidenden Phase der Irakentscheidung 2003 waren wir geschlossen.

Man mag das bedauern, aber Ihre Amerika-Position ist meines Erachtens nicht mehrheitsfähig in diesem Land. Ich bezweifle sogar, dass Sie für Ihre Pro-Amerika-Haltung bei einer Urabstimmung unter den CDU-Mitgliedern eine Mehrheit bekämen.

Da möchte ich doch etwas korrigieren: Mein Votum war nicht, komme, was wolle, blindlings an der Seite Amerikas zu stehen. Es geht nicht einfach um eine Pro-Amerika-Haltung.

Es ging um den Irak.

Eben. Und darum, wie und mit welchen Partnern bestimmte Dinge wie zum Beispiel UN-Resolutionen durchgesetzt werden können oder nicht. Dabei käme es außerdem darauf an, welche Frage man den CDU-Mitgliedern bei einer Abstimmung gestellt hätte. Ich bin sicher, mit der These, dass eine Achse Paris – Berlin – Moskau niemals das transatlantische Bündnis ersetzen oder in die zweite Reihe drängen darf, würde ich jede Abstimmung gewinnen.

Und bei der Frage, ob der Krieg gegen den Irak notwendig war oder nicht?

Dass die Frage, ob Krieg oder Frieden, gerade in der CDU schwieriger zu beantworten ist, liegt doch auf der Hand. Darüber, dass das »C«, dass die Bindung an die Kirchen in der Partei eine wichtige Rolle spielt, kann ich doch nur froh sein. Und die Haltung der Kirchen zum Irakkrieg hat natürlich auch viele CDU-Mitglieder beeinflusst. Ich wiederhole aber nochmals:

Wer glaubt, nach dem Ende des Ost-West-Konflikts werde die Zukunft auch für Deutschland ohne weiteres Zutun friedlich sein, der täuscht sich. Die Demokratie und die Werte der freien Welt müssen aus anderen Gründen, aber in den nächsten zwanzig Jahren genauso verteidigt werden wie in den zurückliegenden fünfzig. Und das wird nicht immer ohne Gewalt gehen.

Irritiert es Sie, dass bis heute keine Massenvernichtungswaffen im Irak gefunden wurden?

Das irritiert mich nicht. Mir ging es um die Durchsetzung der Autorität der UN. Nach 17 UN-Resolutionen, die nicht beachtet wurden, ließ sich beinahe zwangsläufig eine Reaktion kaum noch vermeiden. Was hätte denn noch passieren sollen? Es hat in der Hand des Diktators gelegen, der Weltöffentlichkeit schlüssig zu beweisen, dass er nicht über entsprechende Waffen verfügt. Stattdessen gab es das sattsam bekannte Katz-und-Maus-Spiel. Man musste sich also fragen: Wer bezwingt hier wen – der Diktator die internationale Staatengemeinschaft oder die Staatengemeinschaft den Diktator? Diese Umstände – zusammen mit der Spaltung Europas – haben das Eingreifen der Amerikaner am Ende, wie ich es immer genannt habe, leider unvermeidbar gemacht.

Sie fühlen sich demnach vom amerikanischen Präsidenten nicht getäuscht?

Nein.

Wir haben die neue Ausrichtung der amerikanischen Außenpolitik schon angesprochen. Für Washington ist der Präventivkrieg durchaus legitim geworden. Ist das ethisch vertretbar?

Eine ganz schwierige Diskussion. Wenn wir beispielsweise an den Krieg im Kosovo denken, so ist er dort geführt worden, um eine drohende humanitäre Katastrophe einzudämmen, ja, um sie zu verhindern. Aber auch insgesamt haben wir es heute mit Bedrohungen zu tun, die sich nicht mehr nur an äußeren Grenzen abspielen, da sich innere und äußere Bedrohung vermischen. Hier müssen neue Antworten gefunden werden. Dabei dürften auch präventive militärische Interventionen nicht von vornherein ausgeblendet werden.

Was aber mit dem geltenden Völkerrecht nicht in Einklang zu bringen ist.

Richtig, und was wiederum nur heißt, dass auch das Völkerrecht nicht statisch einer sich stetig verändernden Welt gegenüberstehen kann, sondern weiterentwickelt werden muss. Das Völkerrecht war ja auch in der Vergangenheit nie statisch. Denn dass Situationen auf uns zukommen können, in denen präventiv eingegriffen werden muss, beispielsweise um den Einsatz von Massenvernichtungswaffen zu verhindern, daran zweifle ich nicht. Die Frage ist dann, wer und was legitimiert dieses Eingreifen. Da sehe ich bei den Vereinten Nationen eine ganz entscheidende Rolle. Allerdings haben wir bis heute keine Antwort auf die Frage, was geschieht, wenn es im Sicherheitsrat zu keiner Einigung kommt. Das zu ändern muss eine Lehre des Irakkonfliktes sein.

Sehen Sie die Gefahr, dass Amerika auf solch schwierige Legitimationsprozesse verzichtet und Präventivkriege von sich aus als Fortsetzung der Politik mit anderen Mitteln betrachtet?

Ich sehe viel eher die Gefahr, dass wir in Europa vor Bedrohungen die Augen verschließen. Ich kann es nicht oft genug sagen: Wer in Europa glaubt, er könne sich einfach raushalten, aber zugleich Vormacht und mangelnde Rücksichtnahme der Amerikaner beklagt, der stärkt genau diese Tendenz zum Rückzug der USA auf die eigene Stärke, aber nicht den eigenen Einfluss. Irgendwie haben wir uns daran gewöhnt, dass der Nahostkonflikt zum Beispiel im Wesentlichen von den Amerikanern gelöst werden soll, wir machen uns auch um Nordkorea relativ wenig Sorgen. Und das führt dann auch in der Bevölkerung zu dem Irrglauben, es gebe eigentlich keine Bedrohungen. Dieser Irrglaube ist gefährlich.

Schließen Sie es aus, dass die USA, sobald sie die Situation im Irak einigermaßen im Griff haben, sich dann präventiv des Irans annehmen, sich anschließend vielleicht Syrien zuwenden und dann Libyen?

Der Unterschied zwischen Irak und Iran besteht zunächst einmal darin, dass es keine Resolution des UN-Sicherheitsrats zum Thema Iran gibt. Aber ich kann doch nicht ausschließen, dass es künftig gefährliche Entwicklungen gibt. Wir können doch die Bedrohung nicht so definieren, wie wir es gerne hätten. Ich kann also der Bevölkerung nicht versprechen, dass sich Situationen wie jetzt im Irak nicht wiederholen. Der beste Weg, sie zu verhindern, ist jedoch – das kann gar nicht oft genug gesagt werden – Einigkeit der europäischen und amerikanischen Partner. Eine solche Einigkeit macht Eindruck auf Diktatoren und macht militärische Gewalt unwahrscheinlicher.

Laufen die USA nicht Gefahr, sich eines gar nicht so fernen Tages politisch und militärisch zu übernehmen?

Sicher bestünde diese Gefahr, wenn sie nicht erkennen würden, dass auch die stärkste Supermacht Partner braucht. Und auch deshalb rate ich dazu, dass sich Europa nicht von vornherein von allen Konflikten fernhält. Denn wir zwingen die USA geradezu in die Rolle, sich als die Einzigen zu sehen, die auf der Welt etwas richten können. Diese Sichtweise, die ich für falsch halte, sollten wir nicht durch Rückzug, voreilige Erklärungen und die Spaltung Europas auch noch befördern.

Wenn man das alles berücksichtigt, gibt es dann die Sicherheitspartnerschaft USA – Europa noch?

Aus europäischer Sicht sollte es sie geben, aus amerikanischer Sicht sollte es sie auch geben – aber wie lange noch? Selbstverständlich ist sie nicht. Ich habe schon darauf hingewiesen, dass die Amerikaner nicht in den alten Strukturen verharren, sondern sich sehr pragmatisch auch neue Partner suchen. Wir haben nur eine Option. Die heißt Einigkeit in Europa und transatlantische Partnerschaft. Amerika hat mehrere Optionen. Je unberechenbarer sich Teile Europas verhalten, desto mehr werden die Amerikaner andere Optionen wahrnehmen. Amerika wird sich nie deshalb selbst in Gefahr bringen, weil manche Europäer – und damit im Ergebnis Europa als Ganzes – aus amerikanischer Sicht nicht berechenbar sind.

Wie sollte, wie müsste diese Sicherheitspartnerschaft aussehen?

Sie muss auf Verlässlichkeit und Vertrauen beruhen und sollte vor allem auf einem möglichst gleich starken technischen Niveau stattfinden. Die einen haben einen Rennwagen, die anderen nur ein Fahrrad – das geht nicht zusammen. Nato-Generalsekretär George Robertson hat mir gesagt, es dauere wohl zehn Jahre, bis die Europäer in der Lage seien, mit Panzerverbänden zu operieren, die über Satellit geführt werden können, und das auch nur, wenn die Europäer jetzt mit großer Energie darangingen, solche Verbände aufzustellen. Ich glaube, das sagt alles. Die Abstände zwischen Europa und den USA sind riesengroß. Irgendwann wird es militärisch zwischen den USA und den Europäern – technisch gesehen – kaum noch Kommunikationsmöglichkeiten geben.

Die Europäer können das aber nur leisten …

… wenn sie ihre Kräfte bündeln. Ganz klar. Amerika nähme es ja schon wohlwollend auf, wenn sichtbar würde, dass in Europa überhaupt erst einmal mehr Verteidigungsanstrengungen unternommen werden. Völlig aberwitzig ist aber doch schon, die Sicherheitspartnerschaft noch zusätzlich infrage zu stellen, indem manche überlegen, in Europa einfach eigene Hauptquartiere zu gründen. Damit würde die Regel außer Kraft gesetzt, nach der erst die Nato am Zug ist und erst nach Abstimmung mit der Nato eine militärische Aufgabe übernommen wird, die auch bewältigt werden kann.

Das sind ja alles in allem eher düstere Aussichten.

Nicht unbedingt. Ich rechne damit, dass der Ehrgeiz der Europäer, diese Lage zu verbessern, durch den EU-Beitritt osteuropäischer Staaten deutlich zunehmen wird. In Polen hängt beinahe vor jedem öffentlichen Gebäude neben der Nationalflagge auch die der Nato. Das ist schon bemerkenswert. In Polen ist sehr stark im Bewusstsein verankert, wie lebensnotwendig es ist, sich um die eigene Sicherheit zu kümmern.

Sprechen wir über die innere Entwicklung Europas. Das Europa der 25, was ist das eigentlich? Eine Freihandelszone oder eine Wertegemeinschaft?

Sicher eine Wertegemeinschaft, auch wenn ich mir gewünscht hätte, dass im europäischen Verfassungsentwurf die gemeinsamen religiösen und kulturellen Wurzeln explizit herausgestellt worden wären. Menschenwürde, Freiheitsrechte, Gewaltenteilung – ich könnte noch vieles aufzählen, was in den europäischen Wertekanon gehörte. Natürlich ist die EU auch eine ökonomische Gemeinschaft, aber sie sollte sich auch mit gemeinsamen Sicherheitsinteressen befassen.

Gibt es schon so etwas wie eine europäische Identität?

Schwer zu sagen. Ich denke, man kann vielleicht von einer Art europäischem Heimatgefühl sprechen. Sehen Sie, wenn Sie in ein europäisches Land reisen, können Sie sich relativ gut darauf verlassen, nach rechtlichen Maßstäben behandelt zu werden, die Ihnen vertraut sind. Allein das macht viel aus. Oder wenn Sie längere Zeit auf einem anderen Kontinent leben, werden Sie Weihnachten eher im Kreis anderer Europäer feiern, weil Sie sich da heimisch fühlen.

Fügen sich die gemeinsamen Werte, die Sie schon genannt haben, vielleicht zu einer europäischen Leitkultur zusammen?

Soviel ich weiß, hat der Islam-Forscher Bassam Tibi zuerst davon gesprochen. Ich habe mich mit dem Begriff Leitkultur schwer getan, weil er missverständlich sein kann und Politik Missverständnisse tunlichst vermeiden soll. Aber alles, was ich aufgezählt habe, sind konstitutive Bestandteile europäischer Kultur.

Was halten Sie von der Formel »europäische Leitkultur plus deutsche Sprache gleich deutsche Leitkultur«?

Ich weiß schon, worauf Sie hinauswollen. Aber ich bleibe bei dem, was ich gesagt habe.

Wenn wir von europäischer Kultur sprechen: Was ist mit der Türkei? Gehört sie zu Europa?

Ich bin bekanntermaßen gegen eine Mitgliedschaft der Türkei in der EU. Die Türkei unternimmt ganz ohne Zweifel viele Anstrengungen, aber das Bildungssystem, die Rolle von Mann und Frau, die Zweifel daran, wie stark die türkische Gesellschaft von demokratischen Werten durchdrungen ist, zeigen – es sind noch viele Hindernisse aufzuzählen. Wir sind mit der Türkei über Jahrzehnte nicht ehrlich umgegangen und haben Hoffnungen genährt, die wir nicht erfüllen konnten. Vor allem aber müssen wir diese Diskussion auch aus unserer Perspektive heraus führen, also nach den Kriterien der Aufnahmefähigkeit der Europäischen Union, und da komme ich zu dem Ergebnis: Eine Mitgliedschaft der Türkei würde die EU auf absehbare Zeit überfordern.

Die Alternative?

Jede Form von spezieller Partnerschaft. Sie wäre nicht nur sehr viel besser zu verkraften als eine Vollmitgliedschaft der Türkei in der EU, sie wäre nachgerade im europäischen Interesse.

Die Amerikaner drängen aber schon aus geopolitischen und strategischen Gründen darauf, dass die Türkei EU-Mitglied wird.

Das mag sein. Das zeigt aber auch, wie sehr die Amerikaner ihre Außenpolitik aus ihrem eigenen Interesse definieren, das hier nicht mit dem der Europäischen Union deckungsgleich sein muss. Ich empfehle da immer, erst mal Mexiko in die Reihe der US-Bundesstaaten aufzunehmen.

Mexiko gehört immerhin zur NAFTA, der nordamerikanischen Freihandelszone.

Genauso ist es, nicht mehr und nicht weniger. Ich habe ja auch keine Schwierigkeiten, die Türkei wirtschaftlich stärker in die EU zu integrieren. Aber wenn es um die Vollmitgliedschaft, wenn es um den Europäischen Gerichtshof geht oder um Bildungsfragen, da wird die Sache etwas komplizierter.

Gehört Russland, gehören einige Länder der ehemaligen Sowjetunion noch zu Europa?

Ich sage mal, die Ukraine gehört mindestens so sehr dazu wie die Türkei …

... die Sie ja nicht in der EU sehen wollen ...

Langsam, ich habe auch nicht vor, für eine Aufnahme der Ukraine zu plädieren. Noch einmal: Hauptkriterium für mich ist die Aufnahmefähigkeit der EU. Ich will es positiv sagen: Wir haben ein besonderes Interesse daran, dass Russland eine demokratische Entwicklung nimmt und dass wir mit Russland kooperieren können. Ich wünsche mir eine Entwicklung, in der das Verhältnis Europäische Union – Russland von einem guten Miteinander geprägt ist. Eine Spaltung des Kontinents sollten wir in jedem Fall vermeiden. Russland gehört zu den G-8-Staaten, es nimmt an vielen Nato-Veranstaltungen teil – das alles ist schon sehr viel. Wir sollten uns aber auch Zeit lassen, bevor wir über Mitgliedschaften – etwa in der Nato – reden. Denn Russland hat noch einen sehr, sehr langen Weg zur Demokratisierung und zur Rechtsstaatlichkeit vor sich.

Auch die Frage weiterer EU-Beitritte wird kommen.

Mag sein. Wir stehen jetzt aber vor der grundsätzlichen Entscheidung, ob wir mehr Integration und europäische Einheit wollen oder ob am Ende doch nur eine große Freihandelszone entsteht. Ich will die Einheit Europas, und dazu gehört seine Vertiefung. Und wenn das so ist, dann ist dieses Europa der 25 jetzt an einer entscheidenden Wegmarke. Ein diffuses Europa der Unverbindlichkeiten möchte ich jedenfalls nicht. Deshalb ist es für mich auch selbstverständlich, dass es innerhalb der EU durchaus unterschiedliche Fortschritte bei der Integration gibt ...

... ein Europa der zwei Geschwindigkeiten ...

... mit mehreren Geschwindigkeiten. Das passiert ja auch schon – etwa beim Euro, den nicht alle Mitgliedstaaten haben. Gleichzeitig hat der Euro den europäischen Einigungsprozess unumkehrbar gemacht. Übrigens: Daran konnte auch der Konflikt um den Irakkrieg nichts mehr ändern. Wir sollten den Ländern, die das wollen, durchaus mehr Integration ermöglichen. Das kann auch heißen, anderen einen Anreiz zu geben nachzuziehen. Wenn es aber um Erweiterung geht, dann sollten wir sehr gut abwägen, ob die Befürworter nicht im Grunde deshalb dafür sind, weil sie weniger Integration wollen.

Die Osterweiterung, wie sie sich jetzt bereits vollzieht, macht in Deutschland manchem Sorge. Können Sie das nachvollziehen?

Sorge machen die großen wirtschaftlichen Unterschiede. Das wird besonders in den Grenzregionen als schwierig empfunden. Was ich verstehe. Allein das Lohnniveau ist jenseits der deutschen Grenzen viel geringer. Aber dennoch gibt es zur Osterweiterung keine Alternative, zumindest keine vernünftige. Wir könnten uns sonst nur abschotten, was uns auf lange Sicht gesehen extrem schwächen und schaden würde.

Befürchtet wird auch, dass Arbeit nach Polen oder in die Tschechische Republik ausgelagert wird und dass auf der anderen Seite billige Arbeitskräfte nach Deutschland kommen.

Die Gefahr ist nicht von der Hand zu weisen. Aber: Sie wird mit der Zeit an Bedeutung verlieren. Denn auch die östlichen Nachbarn werden dann zu gleichen Produktionsbedingungen arbeiten müssen wie wir heute. Nehmen Sie etwa das Umweltrecht oder den Verbraucherschutz. Und mit der Angleichung der Lebensverhältnisse steigt auch dort das Lohnniveau. Der Wettbewerb wird damit abnehmen.

Sie haben mit Blick auf die Osterweiterung mal von einer Bereicherung gesprochen.

Ja, ich bin fest davon überzeugt, dass die Beitrittsländer im Osten genauso eine Bereicherung für Europa sind, wie die neuen

Bundesländer es für die Bundesrepublik waren. Wir können in vielen Dingen von den EU-Ländern im Osten lernen. Wenn ich mir zum Beispiel die baltischen Länder anschaue, wenn ich sehe, was Estland für eine Steuerreform zustande gebracht und beim Bürokratieabbau erreicht hat, da können wir uns wirklich ein Stück abschneiden. Ich kann allen nur raten, sich gegenüber den neuen östlichen EU-Mitgliedern vor Arroganz und Ignoranz zu hüten.

Wie lautet Ihre Vision von Europa im Jahre 2020?

Ein großer Teil der neuen Mitgliedsstaaten wird den Euro haben, und der Euro wird gegenüber dem Dollar eine fast gleichwertige Währung sein. Fast alle EU-Mitglieder werden dem Schengen-Abkommen beigetreten sein, womit Europa einheitliche Außengrenzen haben wird. Leider wird Europa bis zum Jahr 2020 nicht die dynamischste Region der Welt sein. Aber vielleicht gelingt es bis dahin vielen christlich-demokratischen und konservativen Regierungschefs, den Abstand Europas zu Amerika wenigstens etwas zu verringern. In meiner Vision wird dieses Europa seine Verteidigungsfähigkeit entwickelt haben – als Teil der Nato, aber mit Strukturen, die auch ein selbstständiges militärisches Handeln Europas möglich machen. Ich wünsche mir, dass Europa bis dahin eine gemeinsame Außen- und Sicherheitspolitik hat und die europäischen Staaten ihre Sitze im Sicherheitsrat als einen gemeinsamen europäischen Sitz sehen und niemals gegeneinander von ihrem Vetorecht Gebrauch machen. Es wird nach wie vor nationale Polizei-Strukturen geben, die aber sehr eng und sehr gut miteinander kooperieren. Und ich hoffe, dass es ein forschungsfreundliches und zukunftsorientiertes Europa sein wird, das seine Handelsschranken weiter zugunsten der Entwicklungsländer abbaut. Schließlich wünsche ich mir ein Europa, das seine demografische Alterung zumindest stoppt – eben ein jüngeres Europa.

8
Die Zukunft der CDU

»Konservativ heißt: Fortschritt von einem festen Fundament aus«

Im Herbst 2002, nach der verlorenen Bundestagswahl, hatten Sie der CDU eine Strategiedebatte verordnet und gesagt, bei Frauen und Wählern in den städtischen Ballungsräumen müsse sich die Partei etwas Neues einfallen lassen. Heißt das, die Partei hatte vor dem 22. September das falsche Programm?

Ich habe einen ehernen Grundsatz: Über Strategien spricht man nicht, die hat man. Insofern kann ich dieses Wort »Strategiedebatte« nicht ausstehen. Dass man nach einer Wahl eine Analyse macht und dabei die Schwächen nicht ausblendet, das halte ich für sinnvoll. Allerdings entsteht bei solchen Analysen leicht der Eindruck, die CDU wolle ihre programmatischen Koordinaten völlig verschieben und das viel beschworene Tafelsilber verschleudern.

Nun ja, um das konservative Tafelsilber sorgte sich damals auch der brandenburgische CDU-Vorsitzende Jörg Schönbohm.

Ich kann nur immer wieder auf die Vielfalt der Wurzeln der CDU hinweisen. Von den CDU-Mitbegründern Andreas Hermes und Jakob Kaiser bis zu Konrad Adenauer und Ludwig Erhard umfasst unsere Partei ja ein weites Spektrum. Im Übrigen muss die CDU sich damit beschäftigen, dass sich immer weniger Wähler langfristig an eine Partei gebunden fühlen. Und die

CDU muss sich mit dem Wahlverhalten in den Ballungsgebieten, bei nicht kirchlich gebundenen Bürgern und insbesondere bei Frauen auseinander setzen. Wer das bestreitet, der setzt die Zukunft der CDU aufs Spiel.

Holt die CDU jetzt nach, was sie nach der Wahlniederlage von 1998 verdrängt hatte?

Nein, wir hatten das 1999 auch schon begonnen. Wolfgang Schäuble und ich haben ja damals mit dem Slogan »Mitten im Leben« sagen wollen, dass wir da wieder hinmüssen. Insofern ist die heutige Debatte eine Fortsetzung. Wenn man so manches von Heiner Geißler und anderen aus den siebziger Jahren nachliest, dann muss man allerdings feststellen, dass diese Themen uns immer und immer wieder beschäftigt haben.

In dieser Diskussion nach der Wahl sagten Sie, die CDU habe drei Wurzeln: eine soziale, eine konservative und eine liberale.

Da habe ich das Grundsatzprogramm vorgelesen.

Die klassische Definition lautete aber immer, die CDU habe drei Wurzeln: christlich-sozial, liberal und konservativ. Deshalb hat sich im Herbst 2002 mancher die Frage gestellt: »Hat Angela Merkel das ›C‹ vergessen?«

Das »C« ist für mich nicht einfach eine Wurzel, sondern Kern und – wenn Sie so wollen – Dach von allem. Für uns ist konstitutiv: Die CDU geht vom christlichen Menschenbild aus. Das »C« hat demnach eine ganz grundsätzliche und zugleich übergeordnete Bedeutung. Bei der Frage nach der Wettbewerbsordnung kann ich das »C« nicht ausblenden und beim Thema Umverteilung oder Leistungsgerechtigkeit wieder zurückholen. Insofern gehört das »C« für mich überall dazu.

Wenn das »C« nicht nur eine historische Reminiszenz ist, liegt die Frage nahe, ob es noch zeitgemäß ist.

Ich glaube, ja. Es hat sich sicherlich historisch verändert. Früher war das »C« auch die Brücke zwischen Protestanten und Katholiken in der Partei. Diese Brücke ist heute stabil. Aber als Wertebasis ist das »C« nach wie vor hochaktuell. Ich habe mich auch deshalb sehr vehement dafür eingesetzt, dass die christlichen Wurzeln im europäischen Verfassungsvertrag niedergelegt werden, was uns aber leider nicht gelungen ist. Gott sei Dank ist aber das Grundgesetz unmissverständlich: »In Verantwortung vor Gott und den Menschen.« Das würde ich niemals aufgeben wollen, weil für mich die Frage, woraus wir unsere Wertvorstellungen speisen, von entscheidender Bedeutung ist.

Hat die Berufung auf die christliche Grundorientierung eigentlich noch Chancen in einer weitgehend säkularen Gesellschaft?

Unsere gesellschaftlichen Vorstellungen sind nicht ausschließlich, aber doch sehr stark durch Christentum und Aufklärung geprägt. Mein Politikverständnis geht von dem Bild eines Menschen aus, der Freiheit nicht als individuelles Gut, sondern auch als Verantwortung gegenüber anderen versteht. Der Mensch als Geschöpf Gottes hat gleichsam über sich immer noch eine Instanz, die es ihm auch erlaubt, Fehler zu machen, und die es ihm verbietet, sich für allmächtig zu halten.

Man kann sicherlich auch von einem allgemeinen humanistischen Standpunkt aus zu dem Ergebnis kommen, dass der Mensch sich nicht über andere erheben soll.

Ja, das kann man. Aber die Einzigartigkeit der personalen Würde des Einzelnen ist für mich allein in Bezug auf Gott zu definieren. Meine Grundlage ist deshalb das christliche Menschenbild. Eine Gesellschaft, die sich ihrer eigenen Wurzeln nicht sicher ist, die kann auch ihre eigenen Werte nicht verteidigen. Wir werden in den nächsten Jahren sehr viel stärker das Bewusstsein in der Bevölkerung wecken müssen, unveräußerbare Werte zu verteidigen, auch im Streit mit anderen Kulturen. Wir sprechen vom interkulturellen Dialog. Aber ganz ohne Streit wird das nicht abgehen. Wer sich seiner eigenen Werte nicht vergewissern kann, wird diesen Dialog schwerlich bestehen. Und in dieser Auseinandersetzung halte ich das »C« für ein unverzichtbares Pfund.

Ist das »C« demnach existenziell für CDU?

Ja, existenziell und konstitutiv.

Nun ist das vereinte Deutschland nicht nur nördlicher und protestantischer als die alte Bundesrepublik. Dazu gekommen sind auch mehr als 10 Millionen Menschen in den neuen Ländern, die nicht getauft sind. Wie wirkt das »C« auf diese Menschen?

Es wird sehr interessant sein, in 50 Jahren einmal zu schauen, ob und wie sich die kirchlichen Bindungen in den neuen Ländern verändert haben. Es gibt durchaus positive Tendenzen, wenngleich die Tatsache, dass im Westen die kirchlichen Bindungen eher zurückgehen als zunehmen, die Entwicklung im Osten natürlich beeinflussen wird. Das »C« weckt aber im Osten die Neugierde und hilft auch bei der Artikulation von Sehnsüchten, bei der Bekämpfung von Ängsten. Denken Sie nur daran, wie viele Menschen es nach dem 11. September 2001 in die Kirchen gezogen hat. Oder an Weihnachten und Ostern.

Ich befürchte, der Kirchenbesuch am Heiligen Abend vor der Bescherung gehört für viele eher zur Weihnachtsfolklore.

Das ist mir vollkommen egal. Sie gehen, und das zählt, als Anfang. Auch den 11. September fand ich in dieser Hinsicht sehr interessant. Oder auch die überfüllten Kirchen nach dem schrecklichen Attentat in Erfurt. In diesen Momenten wird den Menschen plötzlich bewusst, dass sie keine Allmacht über ihr eigenes Leben haben. In diesen Momenten beginnt die Suche nach einer transzendentalen Komponente, nach einem Sinn, der über das Materielle hinausweist. Das sehe ich als eine Chance für die Kirchen an. Die CDU kann und will natürlich nicht die Arbeit der Kirchen machen. Aber wir können ein Politikverständnis fördern, dass alles, was Parteien und Parlamente regeln, in Demut vor Gott geschieht.

Nun wird den C-Parteien immer wieder vorgeworfen, das »C« sei eine Anmaßung. Man tue nämlich so, als habe man Gott automatisch auf seiner Seite.

Das ist Ausdruck eines groben Unverständnisses über das Bild, das Christen sich von Gott machen. Natürlich darf die Politik Gott niemals instrumentalisieren. Wir haben das zum Beispiel im Irakkrieg gesehen. Wer da alles versucht hat, den Papst für sich zu instrumentalisieren, fand ich schlimm. Das darf man niemals tun.

Aus konservativen kirchlichen Kreisen kommen ebenfalls Vorwürfe wegen des »C«. Die lauten dann so: Eine Partei, die das »C« im Namen trägt, hätte beispielsweise beim strafbewehrten Verbot der Abtreibung bleiben müssen oder dürfte keine Kompromisse eingehen bei Versuchen mit embryonalen Stammzellen, selbst wenn sie importiert sind.

Richtig. Dann dürften wir die Antibabypille ebenso wenig akzeptieren wie jede andere Form von Empfängnisverhütung. Wenn ich mir manche Darlegungen der päpstlichen Akademie über Geburtenkontrolle oder über embryonale Forschung ansehe, wird doch – auch für die Kirchen – das ganze Spannungsverhältnis deutlich: Die kirchlichen Ordnungsprinzipien, die christliche Dogmatik, haben – ganz ähnlich wie die Ordnungspolitik – immer in einem Spannungsverhältnis zum realen Leben gestanden und werden das immer tun. Es wäre ja manchmal so einfach, die Augen zu schließen und zu sagen: »Wenn wir nur nicht auf die Kirche oder den Papst hören müssten!« Aber die Kraft der CDU kommt zum großen Teil daher, dass sie sich diesen Spannungen stellt, dass sie versucht, die Faszination, die vom Glauben ausgeht, und die Lebensverhältnisse der Menschen in einen Zusammenhang zu bringen – nicht in Übereinstimmung, aber wenigstens in einen Zusammenhang. Das schließt nicht aus, dass auch christliche Politiker verantwortbare Entscheidungen treffen müssen, die von der kirchlichen Dogmatik abweichen. Denn auch der Christ ist letztlich seinem Gewissen verpflichtet.

Auf Nichtchristen als Wähler kann die Partei sicher nicht verzichten.

Richtig.

Was aber ist mit den Funktionsträgern? Kann ein Nichtchrist ein hohes Amt in der C-Partei bekleiden?

Im Einzelfall kann das durchaus sein. Ich hatte im Mai 2003 mit Kardinal Ratzinger in Rom ein sehr interessantes Gespräch darüber, was eigentlich passiert, wenn wir uns eine CDU mit immer weniger christlichen Mitgliedern vorstellen. Welche Bedeutung hätte das »C« dann noch? Das hat mich zu der Bemerkung veranlasst, dass sicherlich nicht alle Positionen in der CDU von Christen besetzt sein müssen, dass aber doch eine Mehrheit von Christen auf die programmatische Entwicklung der CDU Einfluss haben sollte.

Das heißt?

Das heißt, dass meines Erachtens niemand CDU-Vorsitzender sein könnte, der nicht einer christlichen Kirche angehört. Ich weiß sehr wohl, dass meine Auffassung hierzu in meiner Partei nicht unumstritten ist, denn die CDU ist selbstverständlich auch offen für Menschen jüdischen Glaubens oder anderer religiöser Herkunft. Doch sollten wir uns dieser grundsätzlichen Diskussion nicht verschließen.

Kann es einer C-Partei gleichgültig sein, wenn prominente Mitglieder durch einen dezidiert unchristlichen Lebenswandel auffallen?

Woran denken Sie da?

Zum Beispiel an die Affäre des ehemaligen CDU-Vorstandsmitglieds und Beraters des saarländischen Ministerpräsidenten Müller, Michel Friedman, in der es um Kokain und von Menschenhändlern vermittelte Prostituierte ging. Die CDU-Führung zeigte da viel Verständnis.

Von Verständnis kann nun wirklich keine Rede sein. Wir haben zu Recht darauf hingewiesen, dass auch in diesem Fall zunächst mal die Unschuldsvermutung gelten muss. Als Friedman dann seine Fehler eingeräumt und sich von öffentlichen Ämtern zurückgezogen hat, hat niemand in der CDU diesem Schritt widersprochen. Im Gegenteil, wir haben gesagt, dass dieser Schritt notwendig war. Dennoch hat jeder Mensch einen Anspruch auf eine zweite Chance. Auch das gehört zu unserem Menschenbild. Deshalb ist und bleibt Michel Friedman Mitglied der CDU, und das halte ich für richtig.

Ein anderes Beispiel: Was ist, wenn der Hamburger Bürgermeister Ole von Beust sagt, Homosexualität sei etwas Normales?

Ich will es anders sagen: Die Augen davor zu verschließen, dass es Homosexualität gibt, ist falsch. Ebenso falsch ist es, Homosexualität als eine Art Krankheit zu betrachten. Dass Menschen sich heute zu ihrer jeweiligen sexuellen Veranlagung bekennen können, gehört zur gesellschaftlichen Offenheit, die ich sehr begrüße. Auf der anderen Seite müssen wir aber auch hervorheben, dass im Zentrum unseres gesellschaftlichen Leitbildes Mann und Frau, Ehe und Familie stehen und anderen Lebensformen deshalb ein vergleichbarer grundgesetzlicher Schutz nicht zukommt. Deshalb wäre unter Unionsführung auch kein solches Gesetz über gleichgeschlechtliche Partnerschaften entstanden, wie wir es jetzt haben.

Dennoch würde die Union, falls sie regierte, dieses Gesetz nicht mehr ändern.

Nein, wir haben gesagt, dass wir die Realität, die das Gesetz geschaffen hat, anerkennen, dass wir aber ausdrücklich an unserem Leitbild – ich betone Leitbild – festhalten und anderen Lebensformen auf keinen Fall den gleichen Rang wie Ehe und Familie einräumen wollen. Ich habe mich deswegen auch sehr intensiv mit dem Arbeitskreis der Lesben und Schwulen innerhalb der CDU auseinander gesetzt. Mir wurde dort vorgeworfen, ich gönnte den anderen Partnerschaften nicht das, was Ehe und Familie gemeinhin auszeichnet. Es ist dann natürlich ganz schön hart, wenn Sie jemandem direkt antworten müssen: »Ja, für mich gehört die Kindererziehung in die Hände von Mann und Frau und nicht in die von gleichgeschlechtlichen Paaren.« Aber ich habe das getan.

Also, keine Adoptionen durch homosexuelle Paare?

Die lehne ich grundsätzlich ab.

Kommen wir vom »C« zum liberalen Element in der CDU. Wo ist da eigentlich die Abgrenzung zur FDP?

Ein Beispiel für die Unterscheidbarkeit haben wir gerade besprochen. Grundsätzlich gehen FDP und CDU von anderen Voraussetzungen aus: Aus der Tatsache, dass wir immer aus einer Abwägung von liberalen, konservativen und sozialen Aspekten heraus, also unter Einbeziehung vieler und unterschiedlicher Gruppen, agieren, entsteht bei uns ein ganz anderes Spannungsfeld. Bei der FDP ist das anders. Da gibt es nicht den Abstimmungskampf wie den in einer Volkspartei. Zur Verdeutlichung: Der Freiheitsbegriff der FDP bezieht sich von Fall zu Fall auf eine einzige Gruppe – etwa wenn sich die FDP zum Anwalt der Apotheker macht und sich rigoros für die Belange dieser Gruppe einsetzt. Eine Volkspartei wie die CDU kann das nie tun. Sie kann nie nur die Interessen einer einzigen Gruppe im Blick haben.

Vielleicht macht es sich die FDP heutzutage auch nur zu einfach?

Vielleicht. Früher wurde in der FDP sicher an manchen Stellen mehr um das liberale Verständnis in wichtigen Fragen gerungen. Die programmatische Auseinandersetzung ist heute etwas verkümmert. Da hat der Pragmatismus gegenüber der Tiefe liberalen Denkens, das die Partei durchaus ausgezeichnet hat, wohl die Oberhand gewonnen, aber das kann sie ja auch wieder ändern.

Die FDP steht für Wirtschaftsliberalismus, die CDU steht für – ja, wie könnte man das sagen – für sozialen Wirtschaftsliberalismus?

In der Konkurrenz der Grundwerte müssen wir heute den Wert der Freiheit neu betonen. Insofern dürfen wir unsere liberale

Wurzel nicht vergessen. Dazu gehört die Selbstständigkeit des Einzelnen, der Wettbewerb, die Eigenverantwortung und vieles andere. Davon haben wir in den vergangenen Jahren eher zu wenig als zu viel gehabt. Diese programmatischen Facetten müssen wir eher schärfen als zurücknehmen. Bei all dem spielen für die CDU in der Tat der soziale Ausgleich und die Gerechtigkeit, wie wir sie schon besprochen haben, eine weit größere Rolle als in der FDP.

Aber man hat doch den Eindruck, dass in dieser Gesellschaft viel von Gerechtigkeit die Rede ist, in Wirklichkeit aber Gleichheit gemeint ist.

Es ist zweifellos so, dass sich auch in der CDU die Forderung nach Gerechtigkeit bei den Ausgangschancen gelegentlich mit der Forderung nach der Gleichheit im Ergebnis – also vor allem nach Verteilungsgerechtigkeit – vermischt hat. Über den noch viel weiter gehenden Gedanken der Leistungsgerechtigkeit zwischen Staat und Bürger hatten wir schon gesprochen. Kurzum: Ich trete dafür ein, viel stärker hervorzuheben, dass diese Gesellschaft vom Bekenntnis zum Unterschied lebt, nicht von der Gleichheit aller, nicht von Gleichmacherei. Wenn die Unterschiede nivelliert werden, gehen der Gesellschaft Vitalität und Spannkraft verloren. Wir werden die Gerechtigkeitsdebatte gerade unter dem Gesichtspunkt der Freiheit noch einmal neu führen müssen. Dabei kann es dann allerdings – wie ich schon gesagt habe – nicht nur allein um die Anerkennung der materiellen Leistung gehen.

Die »Agenda 2010« ist Ausdruck der Annäherung der SPD an die gesellschaftliche Realität: Das ist gut für das Land. Aber ist das auch gut für die CDU?

Im Grunde vollzieht die SPD diese Annäherung aus pragmatischen, aus empirischen Gründen. Sie versucht herauszufinden, mit welchen Maßnahmen sie weniger scheitert. Man könnte das auch als eine mindere Form der Überlebensstrategie bezeichnen – ohne Überzeugung, ohne Leitbild. Die CDU hat dagegen die Grundwerte, auf die es in den nächsten Jahren ganz besonders ankommen wird, durch und durch verinnerlicht. Die CDU hat kein Godesberg, keine ideologische Kehrtwende wie die SPD gebraucht. Wir sind schon seit langem auf dem Weg.

Dann braucht die CDU also gar keine »neue soziale Marktwirtschaft«?

Doch. Wir müssen uns auf die Grunderfahrungen Ludwig Erhards wieder besinnen und sie unter den neuen Rahmenbedingungen von Globalisierung und Digitalisierung anwenden – deshalb spreche ich von der »neuen sozialen Marktwirtschaft«. Erst wenn die CDU das in Gänze angenommen hat, hat sie die Zeichen der Zeit voll erkannt.

Nur muss auch die CDU sich daran orientieren, was der Wähler will und was nicht. Die Einführung der Kostenbeteiligung im Gesundheitswesen durch die Kohl-Regierung wurde nicht als ein Stück Freiheit empfunden, sondern als Griff in den Geldbeutel. Dasselbe gilt für die Riester-Rente.

Wir haben es damals versäumt, das Ziel unserer Bemühungen zu verdeutlichen. Das Problem war damals wie heute dasselbe: Die Menschen müssen wissen, warum sie gefordert sind, worum es auf lange Sicht geht. Wenn klar geworden ist, dass auch einschneidende Reformen neue Freiheiten und neue Chancen schaffen, dann gibt es auch die nötige Akzeptanz. Auch dann, wenn Einbußen hingenommen werden müssen. Ich bin wieder bei der Leistungsgerechtigkeit: Der Bürger muss erfahren, dass er für das, was ihm abverlangt wird, auch etwas erwarten kann – im Alter, bei Krankheit und der Arbeit.

Andere finden für eine solche Haltung ganz andere Worte: Da wird der Union vorgeworfen, sie unterwerfe sich eher einem neoliberalen Trend. Hat das Neoliberale zu viel Gewicht in der Union?

Der Vorwurf ist unberechtigt. Gleichwohl gibt es in der Tat ein Problem, mit dem nicht allein die CDU zu tun hat, sondern politische Parteien insgesamt: Viele Mandatsträger sprechen zwar sehr viel mit den organisierten Gruppen, die alle recht gut um ihre Besitzstände kämpfen können, die Lebenssituation derer aber, die nicht solchen Gruppen angehören, die haben wir oft weit weniger klar im Blick. Es ist halt nicht so, dass in unserer Gesellschaft alle noch viel zuzahlen oder privat vorsorgen könnten. Ich denke da zum Beispiel an die Situation allein erziehender Mütter, vor allem an die solcher Mütter, deren Kinder aus verschiedenen Gründen besonderer Betreuung bedürfen. Da fallen viele durch unser einseitig an der Arbeitswelt ausgerichtetes soziales Netz. Diese Menschen im Blick zu haben ist wichtiger als manches Gespräch mit irgendeiner organisierten Gruppe.

Christlich, sozial, liberal – da wäre noch über das angeblich vorherrschende, das konservative Element der CDU zu sprechen, auf das die Partei oft reduziert wird. Ihr Vorgänger im Amt des Fraktionsvorsitzenden hat mal im Bundestag ausgerufen: »Wir sind nicht die Konservativen.« Was sagen Sie?

Der Bundeskanzler hat lange Zeit nur von »den Konservativen« gesprochen, wenn er die Union meinte. Ich habe das sehr wohl verstanden als den Versuch, konservativ mit veraltet oder neoliberal gleichzusetzen und den Eindruck zu erwecken, die Sozialdemokratie sei die moderne Linke der Mitte …

… ein nettes Bild …

... oder wie immer Herr Schröder seine eigene Partei gerne sehen möchte. Kurz, welche Assoziationsketten da auch immer geknüpft werden – Zentrum, Thatcherismus, von gestern – das alles hat mit dem Begriff konservativ nichts zu tun. Konservativ sein heißt, Bestehendes und Bewährtes zu respektieren, auf den Erfahrungen der vorhergehenden Generationen aufzubauen und nicht beliebig durch irgendetwas zu ersetzen, was gerade en vogue ist. Aber ich sage auch: Die CDU ist keine konservative Partei, die CDU ist keine soziale Partei, sie ist auch keine liberale Partei. Konservativ, sozial, liberal – das sind drei gleichwertige Wurzeln auf der Grundlage des christlichen Menschenbildes. Die CDU ist – mit gutem Grund so benannt – eine christlich-demokratische Partei. Das ist kein Streit um Worte, sondern unser Wesen und unser Anspruch.

Konservativ sein heiße, an der Spitze des Fortschritts zu stehen, meinte einst Franz-Josef Strauß.

So kann es sein. Konservativ ist ja geradezu das Gegenteil von Konserve. Also nicht etwas nur haltbar machen, sondern weiterentwickeln, eben Fortschritt von festem Fundament aus.

Könnte man sagen, ein Konservativer verändert erst dann etwas, wenn er sich sicher ist, dass das Neue auch das Bessere ist? Oder wäre das eine zu risikofeindliche Definition?

Veränderung ist ja kein Wert an sich. Deshalb sollte man schon darauf achten, dass das Neue auch neue Chancen beinhaltet. Aber konservativ heißt mit Sicherheit nicht, nicht neugierig zu sein und neue Entwicklungen nicht zur Kenntnis zu nehmen.

Bestand jemals die Gefahr, dass die CDU unter dem Vorsitz von Angela Merkel ihr konservatives Tafelsilber verscherbelt?

Ach was, eine unnötige Diskussion.

Dieser Vorwurf kam, wir haben schon darüber gesprochen, vom brandenburgischen CDU-Vorsitzenden Schönbohm.

Ich denke, diese Befürchtung habe ich inzwischen widerlegen können. Ich trete ausdrücklich dafür ein, den konservativen Wertebestand der CDU zu pflegen, also das »Tafelsilber« zu polieren. Das gilt im Übrigen für unser gesamtes Tafelsilber. Wir sollten nur nicht gleich so ängstlich sein, bestimmte Werte schon in Gefahr zu sehen, nur weil in der Partei offen über neue gesellschaftliche Entwicklungen nachgedacht wird und weil ein solches Nachdenken mitunter dazu führen kann, dass neue Wege beschritten werden müssen. Wir müssen aufpassen, dass man über solche Diskussionen außerhalb der Partei nicht einfach den Kopf schüttelt.

Konservative Kritik an Ihnen und der CDU entzündet sich gern an dem Satz »Familie ist, wo Kinder sind«.

Der stammt nicht von mir, sondern von den Sozialdemokraten.

Damit wurden Sie aber fleißig zitiert.

Das ist mir noch nicht untergekommen, und richtiger würde es auch nicht. Aber egal. Familie ist dort, wo Kinder sind – das ist eine lieblose sozialdemokratische Definition. Was hieße das denn? Kinder gibt es auch im Kindergarten, aber da kann man nicht von Familie reden. Ich habe immer gesagt, Familie ist dort, wo Eltern für Kinder und Kinder für Eltern dauerhaft Verantwortung füreinander übernehmen. Das ist übrigens 1999 so im familienpolitischen Programm der CDU verabschiedet worden. Die generationenübergreifende Verantwortung füreinander, das macht Familie aus. Das ist ein ganz anderes Verständnis von Familie als das der Sozialdemokraten. Und ich füge hinzu: Auch getrennt lebende Eltern, die für ihre Kinder sorgen, haben einen Anspruch darauf, als Familie bezeichnet zu werden.

Der Vorwurf Ihrer Kritiker geht noch weiter. Eine Analyse der vergangenen Bundestagswahl sieht Verluste der Union bei den mehr als 60 Jahre alten Menschen. Dies, heißt es, sei Folge der unter Ihrer Führung entwickelten Auffassungen in der Familien- und Gesellschaftspolitik.

Unsinn. Wenn wir uns die letzte Phase des Bundestagswahlkampfes tatsächlich noch mal vor Augen führen, so haben die Ängste vor einem möglichen Krieg im Irak eine Rolle gespielt, und die sind Älteren sehr nah. Eines stimmt freilich: Wir dürfen den Zuspruch bei den Alten nicht mehr in dem Maße als selbstverständlich nehmen wie früher. Auch unter den Alten gibt es heute wesentlich mehr Wechselwähler. Und: Die automatische Nähe zu einer christlichen Partei schwindet in dem Maße, wie die Bindung an die Kirchen nachlässt.

Fügen wir der Beschreibung dessen, was die CDU ausmacht, das Wort national hinzu. Ist die CDU auch eine national-konservative Partei?

Viele haben gedacht, das Nationale würde in Europa aufgehen. Dabei sehen wir, dass Nation und Heimat nicht einfach aus dem Bewusstsein der Menschen gestrichen werden können. Insofern sind die Attribute national und konservativ nicht falsch. Unter den Kanzlern der CDU, unter Konrad Adenauer wie auch unter Helmut Kohl, hat es niemals einen Widerspruch gegeben zwischen der Verbundenheit mit der eigenen Nation und der Offenheit für Europa. Das gehört zu den ganz großen Erfolgen der Union. Für mich spielt noch etwas anderes mit: Uns Ostdeutschen wurde es jahrzehntelang verboten, überhaupt von Nation zu reden. Da empfinde ich es als elementare Freiheit, heute mit Freude und ohne schlechtes Gewissen von der deutschen Nation und vom Nationalgefühl sprechen zu können und verrate trotzdem nicht die Idee der europäischen Einigung.

Wenn früher auf CDU-Parteitagen die Nationalhymne gesungen wurde, haben außerhalb der Partei viele gelacht. Heute geht die junge Generation mit der nationalen Symbolik viel unbefangener um. Man denke nur daran, wie das Land während der Fußballweltmeisterschaft 2002 geradezu in Schwarz-Rot-Gold getaucht war. Wie interpretieren Sie das?

Ich fand die fahnenschwingende Begeisterung der jungen Leute bei der WM 2002 wunderschön, gerade auch deshalb, weil Deutschland – in Anführungszeichen – »nur« Zweiter geworden war. Diese Selbstverständlichkeit ist eine Folge der deutschen Einheit. Mit dem Ende der nationalen Spaltung ist es möglich geworden, sich auch wieder deutlich zum eigenen Land zu bekennen. Ich bin übrigens damals in Essen, als ich Parteivorsitzende wurde, gleich gefragt worden, ob ich den Brauch, am Ende des Parteitags die Nationalhymne zu singen, beibehalten wolle. Natürlich wollte und will ich das. Das Singen der Hymne auf Parteitagen oder am Ende von Kundgebungen, das gehörte für mich nach der Wende zu den Urerfahrungen in der CDU. Das habe ich von Anfang an geradezu geliebt.

Auch wenn Helmut Kohl angeblich immer so laut und so falsch gesungen hat?

Lothar de Maizière hat darunter gelitten, wie er mal erzählt hat. Aber ich habe nicht ein so feines musikalisches Gehör wie mein Vorgänger als Stellvertreter Kohls. Ich habe mich eher gefreut, dass auch Helmut Kohl so begeistert »Einigkeit und Recht und Freiheit« mitgesungen hat.

Nun gibt es professionelle Gutmenschen, die da warnen: Vorsicht vor nationalem Pathos. Das könne leicht ausarten.

Eine Gefahr sähe ich nur darin, wenn wir mit unserem Nationalgefühl die Haltung verbinden würden, wir stünden über anderen. Aber das tun wir ja gar nicht. Auch wenn es das in der Geschichte gegeben hat, mit verheerenden Folgen, kann das nicht heißen, nie wieder sagen zu dürfen, wie seien gerne Deutsche. Im Gegenteil: Wer mit dem Nationalen nicht unverkrampft umgehen kann, beschwört im Grunde die Gefahr herauf, dass es irgendwann wieder zu einer Überbetonung des Nationalen kommt.

Lassen Sie es gelten, wenn jemand sagt, er sei stolz darauf, Deutscher zu sein?

Warum nicht? Damit habe ich kein Problem, auch wenn ich selbst das nicht so sagen würde. Denn erstens habe ich ja nichts dazu beigetragen, dass ich Deutsche bin. Und zweitens kommt bei mir hinzu, dass wir im Osten dauernd auf irgendetwas furchtbar stolz zu sein hatten: »Ich bin stolz, ein Junger Pionier zu sein« und so weiter. Deshalb ist die Formulierung, ich bin stolz, das und das zu sein, für mich etwas verbraucht. Ich würde eher sagen, ich liebe meine Heimat, mein Vaterland – das gefällt mir viel besser.

Die so genannte Schill-Partei war der bisher letzte Versuch, eine Partei rechts von der CDU zu etablieren. Welche Fehler muss die Union vermeiden, damit solche Gruppierungen keine Chance haben?

So einfach ist das nicht. Die Fehler müssen nicht notwendigerweise von der CDU gemacht werden. Daran kann die SPD genauso beteiligt sein. Im Fall der Schill-Partei haben die Versäumnisse der Sozialdemokraten das Entstehen dieser Gruppe mindestens so stark begünstigt wie mögliche Versäumnisse der CDU. Die SPD hat sich als langjährige Hamburger Regierungspartei überhaupt nicht darum gekümmert, welche Probleme die Bürger als vordringlich empfunden haben …

… die Ausländerfrage, die innere Sicherheit, die Drogenszene …

Richtig. Allein das Sprachproblem kann enorme Spannungen hervorrufen, die wir ernst nehmen müssen. Man muss schon den Mut haben zu sagen, dass Ausländer, die hier leben wollen, auch die deutsche Sprache erlernen müssen. Das ist mitentscheidend dafür, ob eine Gemeinschaft funktioniert. Auch die CDU hat da Fehler gemacht und dieses Problem lange nicht sehen wollen. Wir haben jahrelang von Gastarbeitern geredet und damit so getan, als handele es sich um Menschen, die nur vorübergehend hier lebten.

Rechnen Sie mit weiteren Versuchen, eine rechte Partei zu etablieren?

Ich rechne gegenwärtig nicht damit, aber ich halte solche Versuche jederzeit für möglich. Die CDU darf sich da nicht in Sicherheit wiegen. Im Übrigen kann es auch im linken Spektrum neue Radikalisierungen geben, die wir uns ebenso wenig wünschen dürfen. Ich sehe auch die Gefahr, dass solche Entwicklungen bestärkt werden, wenn es nicht gelingt, den Menschen gerade angesichts solch komplizierter Diskussionen wie der um die Zukunft der Sozialsysteme klare Perspektiven aufzuzeigen. Wenn der Eindruck entstünde, es ginge nicht gerecht, verlässlich und berechenbar zu in diesem Land, wäre das fatal. Wenn zu viele Menschen die Erfahrung machen, dass Sozialhilfeempfänger oder Asylbewerber medizinisch besser behandelt werden als AOK-Versicherte, dann bekommen wir eine gefährliche Stimmung. Da könnte ein Rattenfänger von links oder rechts schon mal leichtes Spiel haben.

Kann man beides gleichzeitig sein: rechts und ein Demokrat?

Sicher kann man das. Aber wann ist einer rechts?

Wenn jemand gegen die europäische Integration und gegen jede Zuwanderung ist, vielleicht noch für die Todesstrafe plädiert, dann ...

... befände er sich in der CDU in der Tat in einer Randposition.

Anders gefragt: Wenn man rechts sein und zugleich Demokrat sein kann, warum demonstriert dann die CDU so oft gegen sich selbst, wenn sie Aufrufe zum »Kampf gegen rechts« unterstützt?

Erstens habe ich das noch nie gemacht, und zweitens kann man rechts und Demokrat sein, aber deswegen ist die CDU noch lange nicht einfach eine »rechte« Partei. Sie ist eine Partei der Mitte oder – wie Wolfgang Schäuble es immer nennt – eine Partei, die zur Mitte hin integriert.

Es haben schon viele CDU-Kreisvorsitzende Aufrufe zum »Kampf gegen rechts« unterschrieben, weil das eben als politisch korrekt galt und man einen negativen Kommentar in der örtlichen Zeitung befürchtete.

Mag ja sein, wobei es ihnen sicher um Rechtsextremismus und nicht einfach um rechts ging. Dennoch: Ich kann mich nicht erinnern, einfache Aufrufe »gegen rechts« jemals unterzeichnet zu haben. Ich würde das auch nicht tun. Ich würde mich immer gegen Extremismus wenden. Und den bekämpfen wir in der Tat, ganz gleich, ob es sich um Rechtsextremismus oder Linksextremismus handelt. Das ist das Entscheidende: Es geht um Extremismus, und in diesem Kontext ist das Wort links nicht sauberer als das Wort rechts, auch wenn häufig so getan wird.

Würden Sie sich nochmals für eine Schröder-Kampagne wie den »Aufstand der Anständigen« instrumentalisieren lassen?

Es gibt Situationen, da ist es auch im Rückblick gesehen wichtig und klüger, mitzugehen als nicht mitzugehen, auch wenn oder gerade weil man weiß, dass andere darauf warten, einen vorführen zu können.

Bei dieser Staatsdemonstration am 9. November 2000 in Berlin sind Sie ja in aller Öffentlichkeit vorgeführt worden. Die Spitzen von CDU und CSU hatten sich zwar brav eingereiht in den Protest gegen Rechtsradikalismus und Ausländerfeindlichkeit, wurden aber vom Podium und auf Transparenten mehr oder weniger als Brandstifter beschimpft und verunglimpft.

Ich stehe dennoch dazu, daran teilgenommen zu haben. Ich bin damals zu der Überzeugung gekommen, wenn ich daran teilnehme, kann ich mich gegen ungerechtfertigte Beschimpfungen und Verdächtigungen besser wehren, als wenn ich der Veranstaltung fernbleibe. Für den Vorwurf, ich würde mich drücken, liefere ich niemandem einen Vorwand.

Kommen wir zu den Chancen der CDU. Die Partei ist im Osten deutlich schwächer als im Westen. Macht Ihnen das nicht Sorgen?

Augenblick mal, wir haben im Osten zwei Bundesländer, Thüringen und Sachsen, die mit absoluter CDU-Mehrheit regiert werden und eine Koalition mit der FDP unter Führung der CDU in Sachsen-Anhalt. Da von Schwäche zu reden ist gewagt.

Bei Bundestagswahlen, also bei hoher Wahlbeteiligung, schneidet die CDU im Osten immer schlechter ab als in den alten Ländern.

Die Parteienlandschaft im Osten ist eine andere, da dort die PDS vorhanden ist, was die Anteile von CDU und SPD mitunter unter die westdeutschen Prozentsätze drückt.

Sie sehen im Osten also kein spezielles Problem der CDU?

Ich sehe zum Teil andere Ausgangsbedingungen. Wir haben dort zum Beispiel die Schwierigkeit, dass die kirchliche Bindung der Menschen weit geringer ist als im Westen. Das heißt, das Stammpotenzial der CDU ist im Osten viel kleiner. Prozentual haben wir nur etwa 20 Prozent Stammwähler. Das ist sehr wenig. Die Wahlentscheidungen hängen sehr von den einzelnen Personen und den gerade vorherrschenden politischen Stimmungen ab. Wirklich große Sorgen macht mir aber, dass in vielen Teilen Ostdeutschlands die wirtschaftliche Entwicklung derart schlecht ist, dass die Menschen zunehmend aus ihrer Heimat abwandern. Zudem haben wir im Osten viel weniger Selbstständige als im Westen. Schließlich müssen zu viele Ostdeutsche von Transferleistungen leben und können nicht aus eigener Kraft ihr Geld verdienen.

Worauf die CDU welche Antwort gibt?

Was zunächst einmal dazu führt, dass diese Leute programmatisch ein Problem mit der CDU haben. Denn mit den Werten, für die wir streiten – Freiheit des Einzelnen, Leistungsbereitschaft, Leistungsgerechtigkeit und so weiter –, stoßen wir im Osten auf Menschen, die es in ihrem Leben noch nicht wirklich erlebt haben, welchen Segen diese Werte entfalten können. Und von denen, die diese Werte zu schätzen wissen, sind inzwischen viele in den Westen gewandert. Unsere große Begeisterung für Errungenschaften der Marktwirtschaft ist in vielen Wahlkreisen des Ostens deshalb nur schwer zu vermitteln.

Wie wirkt sich das auf das Innenleben der CDU in den neuen Ländern aus?

Hier besteht durchaus die Gefahr, dass einzelne CDU-Mitglieder weich werden und lieber mit SPD und PDS bei der Forderung nach mehr Staat und mehr Gleichheit konkurrieren. Das könnte dazu führen, dass die CDU einen sehr wirtschaftsfreundlichen Flügel bekommt, der über die Probleme der Menschen vor Ort hinweggeht, und zudem einen Flügel, der SPD und PDS auf dem Feld der Sozialpolitik übertreffen will. Also: Die Mitte zu finden, aus der CDU eine wirkliche Volkspartei zu machen, das ist in den neuen Ländern nicht immer einfach.

Wie muss dann die Grundlinie der CDU im Osten sein?

Die CDU muss eine Volkspartei werden, die eine Balance schafft zwischen den wirtschaftlichen Idealvorstellungen und der notwendigen Orientierung an der Lage der Menschen an Ort und Stelle. Das heißt: Sie darf auf der einen Seite die Wirtschaftsorientierung nicht vernachlässigen, aber auch nicht übertreiben, weil sie dann im Osten dauernd nur die Defizite beschreiben kann. Auf der anderen Seite darf sie nicht den Fehler machen, mit den Gleichheitsparolen von PDS und SPD konkurrieren zu wollen.

Bleiben wir bei der PDS: Geben Sie dieser Partei langfristig große Chancen?

Die Tatsache, dass die PDS 2002 den Einzug in den Bundestag nicht geschafft hat, hat sie sehr geschwächt. Wenn sie 2006 abermals scheitert, dann bleibt sie allenfalls noch eine kleine Regionalpartei. Wir müssen aber auch sehen, dass sich die PDS dort, wo sie in der Regierung ist, an vielen Stellen überhaupt nicht mehr von der SPD unterscheidet. Schröder hat es übrigens bei der Bundestagswahl 2002 sehr geschickt geschafft, mit dem Schüren von Emotionen und der Ablehnung von Krieg die PDS zu schwächen. Es gibt in den neuen Ländern eben strukturell ein starkes linkes Lager, dessen Denken geprägt ist von Gleichheitsideen, einer großen Sympathie für Transferleistungen und einer relativ geringen Bereitschaft, die Freiheit als Wert an sich zu verstehen. Und dann schwingt im Osten noch immer die Meinung mit, die DDR-Führung habe von Wirtschaft sicher nicht viel verstanden, dafür aber umso mehr von Friedenspolitik.

Hat Schröder es nicht auch geschafft, den Antiamerikanismus, der gleichsam zur Staatsraison der DDR gehörte, zu reaktivieren?

Er hat einen latent vorhandenen Antiamerikanismus bedient, ganz klar. Noch wirksamer aber war, auf die mangelnde Bereitschaft im Osten zu spekulieren, die eigenen Werte auch offensiv zu verteidigen.

Ich habe Anfang der neunziger Jahre eigentlich erwartet, dass der CDU als Partei der Einheit in den neuen Ländern so etwas wie Dankbarkeit entgegengebracht würde. In Amerika stimmen die meisten Schwarzen heute noch für die Demokraten, und zwar allein deshalb, weil Kennedy und Johnson vor 40 Jahren so viel für die Aufhebung der Rassenschranken getan haben.

Dankbarkeit? Es gibt in den neuen Bundesländern zurzeit viel eher eine Art von Fatalismus, mit dem auch die CDU sehr stark zu kämpfen hat. Die Politik wird nicht umhinkommen, über die Zukunft des Ostens nochmals sehr intensiv nachzudenken. Wenn wir es nicht schaffen, die strukturellen Schwächen großer Teile Ostdeutschlands wenigstens ein Stück weit zu beheben und ein Mindestmaß an wirtschaftlicher Prosperität zu erzeugen, dann kann das für Deutschland insgesamt zu einem riesigen Problem werden. Ich kann verstehen, dass die Westdeutschen das ermüdet, dass sie sagen, wir haben bereits schon so viel Geld in den Osten gepumpt. Das ist richtig. Es geht mir auch nicht um zusätzliche Hilfen für den Konsum. Mir geht es vielmehr darum, im Osten Strukturen zu schaffen, die ein Auseinanderfallen Deutschlands in wirtschaftlich ganz unterschiedliche Regionen verhindern. Es hilft nicht, die Augen vor diesem Problem zu verschließen.

Die Ostdeutschen sind der CDU also nicht dankbar.

Nein, eine weit verbreitete Dankbarkeit gibt es wirklich nicht. Genauso wenig wie man es den Sozialdemokraten noch ankreidet, dass sie den Gedanken der Einheit längst verraten hatten. Was natürlich auch damit zu tun hat, dass etwa ein Mann wie Willy Brandt in den Augen der Ostdeutschen mit zu den Förderern der Einheit zählt. Kurzum: Eine Grundhaltung, die sagt, nur mit der CDU sind wir geworden, was wir sind, hat sich nicht entwickelt. Vielleicht wäre das aber angesichts der ganz objektiv vorhandenen Alltagssorgen auch zu viel verlangt.

Stattdessen zeitigt die DDR-Nostalgie neue Blüten. In manchen Fernsehshows wird das Leben in der DDR geradezu verherrlicht oder zumindest rosarot gemalt. Der DDR-Alltag erscheint etwas schrullig, aber alles in allem nicht unsympathisch.

Ich rate da zur Gelassenheit. Nostalgie-Shows hat es ja in der Vergangenheit im Westen genauso gegeben, auch heute gibt es sie, denken Sie an Serien wie die »Siebziger Jahre« oder die »Achtziger«. Ich habe in einer wunderschönen Kritik über die Ostalgie-Show des ZDF gelesen, störend sei vor allem gewesen, dass die beiden Moderatoren dauernd »wir« und »wir in der DDR« gesagt und sich damit der gleichen sprachlichen Vereinnahmung bedient hätten wie seinerzeit das SED-Regime; dagegen müsse man sich verwahren. Das stimmt. Aber ansonsten kann ich schon verstehen, wenn die Leute sich auch gerne mal an das erinnern, was den Alltag so ausgemacht hat.

Die Zeitschrift »SuperIllu« macht das schon seit Jahren …

Richtig. Und sehr erfolgreich. In dem Blatt fühlen sich die Leute zu Hause. Da tauchen Stars aus der DDR-Zeit auf, Begriffe, Wortspiele oder auch Witze, mit denen Westdeutsche wenig anzufangen wissen. Alles wird aus dem ostdeutschen Blickwinkel gesehen und beschrieben. Besonders beachtlich finde ich im Übrigen, dass in der »SuperIllu« der sonst so oft anzutreffende depressive Grundton fehlt. Das gefällt mir gut.

Zurück zur Parteienlandschaft. Die SPD hat gegenüber der CDU einen strategischen Vorteil, weil sie im Grunde über vier mögliche Koalitionspartner verfügt: Grüne, FDP, PDS und CDU.

Wir haben weniger Optionen, aber das ängstigt mich nicht. Unser natürlicher Partner ist die FDP.

Ist der natürliche Partner FDP auch ein sicherer Partner?

Sicher ist im Leben gar nichts. Die FDP ist gewiss auch anstrengender, als es die Grünen aus Sicht der SPD sind. Die FDP ist nämlich viel machtbewusster, während die Grünen der SPD dankbar dafür sind, dass sie endlich an der Macht sein dürfen. Aber dadurch, dass sich die SPD von Haus aus so stark an die Grünen gebunden hat, ist unsere Option mit Blick auf die FDP stabiler geworden. Die Konturen zwischen bürgerlichem und linkem Lager sind stärker ausgeprägt, als sie es schon mal waren.

Also: Die Union schafft es 2006 mit der FDP oder gar nicht?

So sieht es zurzeit aus, ja.

Sprechen wir über die Grünen. Sie haben schon an anderer Stelle gesagt, mit Fischer und sogar mit der Generation Fischer würden Sie nie am selben Kabinettstisch sitzen.

Ja, ich habe gesagt: nicht mehr in diesem Jahrzehnt. Langfristig kann ich Schwarz-Grün nicht ausschließen. Denn einen großen Teil ihrer ideologischen und antidemokratischen Attitüden haben die Grünen inzwischen abgelegt.

Schwarz-Grün funktioniert ja hier und dort auf kommunaler Ebene. Könnte es dann nicht auch auf Länderebene möglich werden?

Wir sollten jetzt nicht beliebig mit Optionen spielen und damit das gute Verhältnis zur FDP aufgeben.

Was ist eigentlich mit der PDS? In Berlin trägt die PDS eine Sparpolitik mit, die sehr konsequent ist.

Nicht nur in Berlin. Das macht die PDS in allen Kommunen, in denen sie vertreten ist. Man kann sogar sagen, dass die PDS sehr strukturkonservative Züge hat. Geordnete Finanzen gehören dazu. Man darf nicht vergessen, dass die PDS immer noch geprägt ist von früheren SED-Mitgliedern, die schon in der DDR-Zeit gewohnt waren, Verantwortung zu tragen. Und irgendwie haben diese Genossen unverändert die innere Bereitschaft, schwierige und traurige Entscheidungen mitzutragen. Da kommt die alte DDR-Philosophie der Mangelverwaltung zum Tragen.

Bei so viel finanzpolitischer Solidität liegt die Frage doch nahe, ob die CDU dann nicht mit der PDS koalieren kann.

Da sage ich nach wie vor: Nein, das kann sie nicht. Es gibt zwar hier und da Zusammenarbeit auf kommunaler Ebene. Aber ich habe das nie befürwortet.

Nach der Melodie »Spiel nicht mit den Schmuddelkindern«?

Nein, damit hat das nichts zu tun. Ich habe immer dafür plädiert, die PDS nach ihrem Programm zu beurteilen. Und von der Außenpolitik bis zu den sozialpolitischen Vorstellungen steckt da überall noch die SED drin. Daran kann eine grundsätzlich solide Finanzpolitik auch nichts ändern. Es gibt noch einen anderen Grund: Wir haben alle Chancen, dass die PDS letztlich doch ein

Auslaufmodell ist. Und Auslaufmodelle sollte man nicht stärken, indem man ihnen irgendwelche Machtoptionen einräumt. Das wäre grundfalsch.

Na ja, der neue Berliner CDU-Landesvorsitzende Joachim Zeller ist Bezirksbürgermeister mit Unterstützung der PDS.

Es ist guter Brauch, dass die Bundespartei die Personalentscheidungen der Landesparteien respektiert. Das gilt auch für die Berliner Entscheidung. Ich erwarte lediglich, dass die Berliner CDU dennoch offensiv einen CDU-Wahlkampf führen kann. Aber ich bin sicher, diese Erwartung teilt die Berliner CDU mit mir.

Auch wenn die FDP nach Ihren Worten der natürliche Partner ist, wäre da noch die Option einer großen Koalition. Wenn es rechnerisch keine andere Möglichkeit gäbe ...

... und es so etwas wie einen nationalen Notstand gäbe, dann käme sie in Betracht. Sonst nicht.

Gilt demnach: Lieber Opposition als große Koalition?

Die Frage wird sich 2006 gar nicht stellen. Entweder es gibt eine bürgerliche Mehrheit oder weiter eine rot-grüne oder im Extremfall auch eine rot-gelbe Mehrheit. Jedenfalls wird es sich niemand aussuchen können, ob er Opposition sein will oder nicht.

Apropos Extremfall: CDU plus Grüne plus FDP könnte doch auch eine aparte Farbkombination abgeben.

Die schwarze Ampel? Im Bund? Das sehe ich nicht. Anders ist das in den Kommunen: Wo eine solche Option besteht, würde ich die »schwarze Ampel« der Opposition vorziehen.

Der Politologe Joachim Raschke hat gesagt, es gebe in Deutschland zwei Mehrheiten: eine ökonomische für Schwarz-Gelb und eine kulturelle für Rot-Grün. Da ist doch was dran. Oder?

Ich glaube, dass es so pauschal nicht richtig ist. Richtig ist, dass die Bedeutung der ökonomischen Mehrheit im Zuge der Globalisierung eher ab- als zunimmt. Denn es kann ja durchaus sein, dass es der Wirtschaft gut geht, ohne dass es gleichzeitig den arbeitenden Menschen gut geht. Das heißt, die alte Gleichung, wenn die CDU dafür sorgt, dass es der Wirtschaft gut geht, dann geht es auch den Menschen gut, gilt in der bisher gekannten Weise nicht mehr automatisch. Die Brüchigkeit ergibt sich auch daraus, dass sich viele große Unternehmen immer weniger den nationalen Arbeitnehmern verpflichtet fühlen. Kurz: Wenn es so wäre, wie Raschke sagt, wären wir strukturell nicht mehrheitsfähig. Das widerlegen schon manche Bundesländer. Wir sind aber gut beraten, unseren Wertekanon sorgfältig zu pflegen, aber – wie gesagt – nicht als Konserve, sondern der Zukunft zugewandt. Das schließt ein, dass wir uns um das kulturelle Leben dieses Landes im weitesten Sinne kümmern müssen und dass wir auch dort in Erscheinung treten sollten, wo man uns bisher nicht erwartet hat. Das war übrigens ganz genau mein Ansatz nach der Bundestagswahl: Wir müssen uns im kulturellen Bereich stärker engagieren und dort mehr sehen lassen.

Die Frage ist doch, wer das Lebensgefühl des Menschen besser trifft, auch wenn dieses Lebensgefühl gewiss nicht einheitlich ist. Ihr Stellvertreter als Bundesvorsitzende, der rheinland-pfälzische CDU-Chef Christoph Böhr, hat gesagt, die CDU sei zu hausbacken und zu langweilig. Hat er da völlig Unrecht?

Wir müssen nicht alles gut finden, was im Mainstream der Geschmäcker und Meinungen gerade als chic gilt. Aber wir sollten schon möglichst viel darüber wissen, was die Menschen denken und was sie bewegt – ob wir es auch gut finden, ist eine ganz andere Sache. Ich sage deshalb nochmals: Wir sollten für mehr Überraschungen sorgen und die CDU in Lebensbereichen präsent machen, wo sie sonst nicht vorkommt. Wenn ich beispielsweise in ein Konzert von Robbie Williams gehe, dann gibt es eine Menge Leute, die erstaunt schauen, weil man eine CDU-Vorsitzende dort nicht erwartet.

Die CDU erwartet man eher am Stammtisch.

Aber das reicht nicht. Wenn in der CDU jemand sagt, wir müssen die Lufthoheit über die Stammtische haben, stimmen sicher alle zu. Wenn ich sage, wir dürfen nicht dem Zeitgeist hinterherlaufen, aber wir müssen versuchen, ihn zu prägen, dann heißt es, der Zeitgeist sei an sich schon von Übel. Das halte ich für völlig falsch. Ich bin dafür, sich diesem Zeitgeist zu stellen, fröhlich in der heutigen Zeit zu leben, damit wir auf sie auch Einfluss nehmen können. Sie haben gefragt, ob die CDU hausbacken ist. Nein, aber sie macht es den Menschen manchmal zu leicht, ihre überkommenen Vorurteile gegenüber der CDU zu pflegen. Das ist nicht gut, und das müssen wir ändern.

Wenn Sie die Partei für das öffnen wollen, was sehr viele Menschen interessiert, dann kommen Sie zum Beispiel an den Büchern von Dieter Bohlen nicht vorbei.

Kein Problem. Ich habe sogar ein Exemplar des ersten Buches mit Widmung, das er mir auf einer Preisverleihung geschenkt hat. Reingeschaut habe ich auch, man hat den Inhalt ja ziemlich schnell erfasst. Im Ernst: Es ist wichtig, mit Verlegern, aber auch mit Musikproduzenten zu reden, um zu wissen, was im Land geschieht und wichtig ist. Gerade auch wenn es um Kultur für breite Bevölkerungskreise geht, die ja von den Linken nicht besonders geschätzt wird. Die Phänomene der Unterhaltungsszene einfach für dumm zu erklären wäre falsch.

Kommen wir zurück zu den strategischen Vor- beziehungsweise Nachteilen von SPD und CDU. Zuwanderung, Doppelpass, erleichterte Einbürgerung – für Rot-Grün entsteht da ein nicht unbeträchtliches zusätzliches Wählerpotenzial. Wie kann die CDU diesen Nachteil wettmachen?

In der Tat können wir etwa in großen Teilen der türkischstämmigen Bevölkerung die Tendenz feststellen, SPD oder Grüne zu wählen. Da gibt es aber auch einen recht regen Mittelstand. Hier wiederum hat eine Partei mit konservativen Wurzeln durchaus gute Ansatzpunkte.

Wenn da das »C« nicht wäre!

Es sollte uns nicht abhalten, Gemeinsamkeiten zu entdecken. Wir stehen im Gespräch mit türkischen Gruppierungen wie der moslemisch-konservativen Partei AKP des Ministerpräsidenten Erdogan. Er möchte auf alle Fälle Mitglied der Europäischen Volkspartei werden. Wir prüfen das gerade. Jedenfalls sollten wir uns um die Integration der türkischstämmigen Bevölkerung kümmern. Es würde der CDU auch gut anstehen, wenn es gelänge, einen Vertreter dieser Bevölkerungsgruppe aus unseren Reihen in den Bundestag zu bringen. Im übrigen müssen wir uns bewusst sein, dass die Türken in Deutschland den Stil und die Argumente unserer Türkei-Diskussion sehr aufmerksam beobachten werden.

Die Union hat sich nach der Bundestagswahl neu formiert. Nun liegt auch die Fraktionsführung in Ihrer Hand. Dennoch sagen Ihre Kritiker, Angela Merkel sei eine Königin ohne Land. Sie verfüge nicht über den nötigen Rückhalt in der Partei, nicht über Seilschaften, wie andere sie über Jahrzehnte hätten aufbauen können.

In Ihrer Frage wird ein erstaunlicher Widerspruch deutlich: Auf der einen Seite ist die CDU stolz darauf, die Partei der deutschen Einheit zu sein und jetzt eine Vorsitzende aus dem Osten zu haben. Auf der anderen Seite ist die logische Folge dieser Entwicklung, dass Leute so wie ich nicht schon seit 20, 30 Jahren dabei sind, sondern erst seit 1990. Aber wie wir an anderer Stelle schon diskutiert haben, hat das auch große Vorteile. Wir haben andere Lebenserfahrungen gemacht, und unterschiedliche Blickrichtungen können gegenseitig bereichernd sein. Kurzum: Wenn wir uns dann noch ansehen, wie wir bei Umfragen und Wahlen abschneiden, kann ich bei nüchterner Betrachtung nicht finden, dass wir mit anderem Personal besser dastünden als jetzt.

Ist es die Fremdheit zwischen Ost und West, die auch Angela Merkel in der CDU zu schaffen macht?

Zunächst einmal geht es nicht um Fremdheit, sondern um die ganz normale Konkurrenz zwischen verschiedenen Politikern. Und dann gibt es da noch die zweite Ebene der Lebensläufe. Wir haben nicht dieselbe Kindheit erlebt, nicht dieselben Schulen besucht, nicht über dieselben Witze gelacht und so weiter. Solche Unterschiede sind nicht einfach über Nacht aufgehoben. Für die Westdeutschen ist die ehemalige DDR in erster Linie ein Unrechtsstaat gewesen, was sie ja auch war. Menschlich gesehen aber ist die DDR zugleich für die meisten Westdeutschen ein recht unbeschriebenes Blatt. Man weiß zu wenig darüber. Deshalb anzunehmen, die Lebenserfahrung der Menschen im Osten habe erst begonnen mit der deutschen Einheit, ist ein offenbar weit verbreitetes Missverständnis. Und dann wird leicht übersehen, dass wir in der Diktatur wichtige Erfahrungen gesammelt haben, die für die weitere Entwicklung der Bundesrepublik genauso wichtig sind wie die westdeutschen Erfahrungen. Die Abwesenheit von Freiheit hat mich zum Beispiel zu einem mindestens so glühenden Freiheitsanhänger gemacht wie jemanden, der in Freiheit groß geworden ist. Ich habe es schon mal gesagt: Ohne Freiheit ist alles nichts. Und wer die wirklich schwachsinnige Ökonomie in der DDR erlebt hat, kann heute einen umso schärferen Blick für das ökonomisch Notwendige haben. Und die Tatsache, dass ich nicht in der Bundesrepublik aufgewachsen bin, führt auch bei mir zu manch kritischem Blick auf diese Gesellschaftsordnung, was nichts daran ändert, dass es die beste Gesellschaftsordnung ist, die ich erlebt habe. Wenn deshalb eines fernen Tages mal gesagt würde, es war für die CDU damals durchaus günstig, eine ostdeutsche Vorsitzende zu haben, dann wäre das eine gute Bilanz.

Nochmals zur »Königin ohne Land«. Sind Sie stärker oder schwächer, als Helmut Kohl sich in seinen Anfangsjahren als Partei- und Fraktionsvorsitzender gefühlt hat?

Wenn ich heute sehe, was damals alles über Helmut Kohl geschrieben wurde, dann bin ich sicher, dass er sich nicht so schwach gefühlt hat, wie er dargestellt wurde. Insofern ist da eine Analogie. So geht es mir auch: Ich fühle mich deutlich stärker, als ich in manchen Medien beschrieben werde.

Auch die Ministerpräsidenten der Union fühlen sich stark.

Natürlich. Und weil uns als Opposition die Gestaltungsmöglichkeiten im Bund fehlen, konzentriert sich vieles auf unsere Mehrheit im Bundesrat. Das heißt: Die Partei- und Fraktionsvorsitzende hat starke Partner. Mit allen Vorteilen, aber auch mit manchen Nachteilen. Nur: Das Profil der Union kann nicht allein über den Bundesrat geprägt werden. Gewisse Interessenunterschiede zwischen der Parteivorsitzenden und den Ministerpräsidenten sind da programmiert. Das hat gar nichts mit Frau und Ostdeutsche zu tun, sondern mit der Konstellation, dass wir im Bund in der Opposition sind, aber in vielen Ländern regieren. In einer solchen Konstellation erwächst dann geradezu die Sehnsucht nach dem Machtwort. Das war übrigens zur Zeit des

Oppositionsführers Helmut Kohl zwischen 1976 und 1982 nicht anders. Deshalb kommt es darauf an, dass es mir zusammen mit anderen gelingt, die Kräfte innerhalb der Union mit Blick auf die Bundestagswahl 2006 so zu bündeln, dass jeder sein Eigeninteresse dem Erfolg der ganzen Union unterordnet.

Kann eigentlich jemand mit Aussicht auf Erfolg versuchen, Ihnen als Partei- und Fraktionsvorsitzender die Kanzlerkandidatur 2006 streitig zu machen?

Gegen den erklärten Willen der Parteivorsitzenden?

Ja.

Nein, das hieße auch, den Parteivorsitz infrage zu stellen.

Ich bin bereit zu wetten, dass die Kanzlerkandidatur zu Ihren Gunsten entschieden ist, falls Sie in der zweiten Jahreshälfte 2005 noch Partei- und Fraktionsvorsitzende sind.

Sie dürfen gerne spekulieren. Aber mehr sage ich dazu nicht. Und was ich gesagt habe, ist doch eigentlich selbstverständlich.

Wird die Kanzlerkandidatur nicht eigentlich schon auf dem CDU-Parteitag 2004 entschieden, falls Sie nämlich im Amt der CDU-Vorsitzenden bestätigt werden?

Ich wiederhole: Mehr sage ich dazu nicht. Im Übrigen kommt es natürlich immer darauf an, was der Vorsitzende will und macht.

Wenn Sie 2005 natürlich sagen, Edmund Stoiber sollte noch mal antreten …

Solche fiktiven Fragen führen uns nicht weiter. Ich bin Parteivorsitzende. Und die Wahrscheinlichkeit, dass ich 2004 wieder als Parteivorsitzende kandidieren werde, ist relativ hoch. Das ist aber auch schon alles. Denn Politik ist sehr kurzlebig. Und von 2004 bis 2006 ist eine sehr lange Zeit.

Beschäftigt Sie eigentlich die Frage, ob die Zeit reif ist für eine Frau als Kanzler?

Diese Frage wird vor allem von Männern gestellt. Nehmen wir das Grundgesetz zum Maßstab, ist die Zeit schon seit 1949 reif dafür. Auf wundersame Weise ist es nie dazu gekommen. Anders als andere Europäer haben die Deutschen kaum Erfahrung mit Frauen, die tatsächliche politische Macht ausüben. Eine Kanzlerin wäre also sicher ein kulturelles Novum. Nach dem 11. September beispielsweise konnte man spüren, dass manche dachten, darauf kann nur ein Mann mit der nötigen Härte reagieren. Eine Annahme, die in jeder Hinsicht falsch ist. Frauen können mindestens so hart und so durchsetzungsfähig wie Männer sein, wie dann ja auch zum Beispiel in der Irakdiskussion klar wurde.

Zum Schluss dieses langen Gesprächs eine ganz einfache Frage: Trauen Sie sich das Amt der Bundeskanzlerin zu?

Ja, denn wenn ich es mir von vornherein nicht zutrauen würde, hätte ich nicht Parteivorsitzende der CDU werden dürfen.

9
Lebenslauf

Dr. rer. nat. Angela Dorothea Merkel

17. Juni 1954
Als ältestes Kind des Theologiestudenten Horst Kasner und der Lehrerin Herlind Kasner, geb. Jentzsch, in Hamburg geboren.

Herbst 1954
Umzug der Familie in die DDR, wo der Vater in Quitzow bei Perleberg seine erste Pfarrstelle antritt.

1957
Versetzung des Vaters an das Seminar für kirchliche Dienste (später Pastoralkolleg) Waldhof bei Templin (Brandenburg).

1973
Abitur in Templin, Beginn des Physikstudiums in Leipzig.

1977
Heirat mit Ulrich Merkel

1978
Diplomexamen in Physik.
Aufnahme ihrer Tätigkeit als wissenschaftliche Mitarbeiterin am Zentralinstitut für physikalische Chemie an der Ostberliner Akademie der Wissenschaften.

1981
Trennung von Ulrich Merkel. Die kinderlose Ehe wird 1982 geschieden.

1986
Promotion zum Dr. rer. nat. mit der Arbeit »Die Berechnung von Geschwindigkeitskonstanten von Elementarreaktionen am Beispiel einfacher Kohlenwasserstoffe«.

Dezember 1989
Eintritt in den »Demokratischen Aufbruch (DA)«.

Februar 1990
Mitarbeiterin in der Geschäftsstelle des »Demokratischen Aufbruchs« in Ostberlin. Sie avanciert nach kurzer Zeit zur Pressesprecherin.

April 1990
Stellvertretende Regierungssprecherin der ersten frei gewählten DDR-Regierung unter Ministerpräsident Lothar de Maizière.

August 1990
Der »Demokratische Aufbruch« löst sich auf. Merkel wird Mitglied der Ost-CDU.

September 1990
Nominierung als Direktkandidatin der CDU im Bundestagswahlkreis Stralsund – Rügen – Grimmen.

2. Oktober 1990
Durch die Vereinigung der Christlich Demokratischen Union Deutschlands mit der Ost-CDU wird Angela Merkel Mitglied der nunmehr gesamtdeutschen CDU.

3. Oktober 1990
Mit dem Beitritt der DDR zur Bundesrepublik endet ihre Tätigkeit in der Regierung de Maizière. Angela Merkel erhält eine Stelle im Bundespresseamt und arbeitet für die Bundesminister Lothar de Maizière und Günther Krause.

2. Dezember 1990
Bei der ersten gesamtdeutschen Bundestagswahl gewinnt Angela Merkel ihren Wahlkreis mit 48,5 Prozent der Stimmen (Zweitstimmenanteil der CDU: 47,0 Prozent).

18. Januar 1991
Vereidigung als Bundesministerin für Frauen und Jugend.

November 1991
Angela Merkel unterliegt beim Kampf um den CDU-Landesvorsitz in Brandenburg mit 67 gegen 121 Stimmen gegen Ulf Fink.

Dezember 1991
Auf dem Dresdner CDU-Parteitag Wahl zur einzigen stellvertretenden Bundesvorsitzenden mit 621 von 719 Stimmen (86 Prozent) bei 32 Enthaltungen (Nachfolge von Lothar de Maizière).

September 1992
Wahl zur Vorsitzenden des Evangelischen Arbeitskreises der CDU (Nachfolge von Peter Hintze) mit 54 Stimmen (100 Prozent).

Oktober 1992
Auf dem Düsseldorfer Parteitag Wahl zu einer von insgesamt vier stellvertretenden Bundesvorsitzenden mit 762 von 968 Stimmen (79 Prozent).

Juni 1993
Wahl zur Landesvorsitzenden der CDU Mecklenburg-Vorpommern (Nachfolge von Günther Krause) mit 135 von 159 Stimmen (85 Prozent).

Oktober 1993
Rücktritt vom Vorsitz des Evangelischen Arbeitskreises.

16. Oktober 1994
Wiederwahl als Abgeordnete in ihrem Wahlkreis mit 48,6 Prozent der Stimmen (Zweitstimmenanteil der CDU: 45,6 Prozent).

17. November 1994
Vereidigung als Bundesministerin für Umwelt, Naturschutz und Reaktorsicherheit (Nachfolge von Klaus Töpfer).

Januar 1995
Merkel versetzt Clemens Stroetmann, bereits seit 1987 Staatssekretär im Bundesumweltministerium, überraschend in den einstweiligen Ruhestand.

März/April 1995
Die deutsche Umweltministerin leitet den UN-Klimagipfel in Berlin mit etwa 1000 Delegierten aus 130 Staaten. Unter ihrer Leitung wird das »Berliner Mandat« zur Reduzierung von Treibhausgasen verabschiedet.

Frühjahr 1995
Bei den Castor-Transporten von Baden-Württemberg nach Gorleben besteht die Umweltministerin gegenüber der niedersächsischen Landesregierung auf Einhaltung der Gesetze.

Mai 1998
Es wird bekannt, dass die Kernkraftbranche wissentlich abgebrannte Brennelemente trotz zu hoher Strahlung transportiert hat. Darauf hin sieht sich die Umweltministerin mit massiven Rücktrittsforderungen konfrontiert.

27. September 1998
SPD und Grüne gewinnen die Bundestagswahl. Helmut Kohl kündigt noch am Wahlabend seinen Rücktritt als CDU-Vorsitzender an.
Angela Merkel verteidigt ihren Wahlkreis trotz Stimmenverlusten mit 37,3 Prozent (Zweitstimmenanteil der CDU: 34,1 Prozent).

22. Oktober 1998
Der designierte CDU-Bundesvorsitzende Wolfgang Schäuble schlägt die Umweltministerin a. D. als neue CDU-Generalsekretärin vor.

7. November 1998
Der CDU-Parteitag in Bonn wählt Angela Merkel mit 874 gegen 68 Stimmen (92 Prozent) zur neuen Generalsekretärin der Partei. Sie ist die erste Frau in dieser Position.

30. Dezember 1998
Angela Merkel und ihr langjähriger Partner, der Berliner Chemieprofessor Dr. Joachim Sauer, heiraten im engsten Familienkreis in Berlin. Auch für Sauer ist dies die zweite Ehe. Die Öffentlichkeit wird nachträglich durch eine kleine Zeitungsanzeige unterrichtet.

4. November 1999
Der Haftbefehl gegen den früheren CDU-Bundesschatzmeister Walther Leisler Kiep löst die CDU-Spendenaffäre aus.

16. Dezember 1999
Im ZDF erklärt Helmut Kohl, zwischen 1993 und 1998 1,5 bis 2 Millionen Mark an Spenden erhalten, diese aber nicht als solche deklariert zu haben, wie es das Parteiengesetz vorschreibt. Kohl kündigt an, die Namen der Spender nicht zu nennen, weil er ihnen die Anonymität per »Ehrenwort« versprochen habe.

22. Dezember 1999
In einem Beitrag in der »Frankfurter Allgemeinen Zeitung« geht die Generalsekretärin auf Distanz zum CDU-Ehrenvorsitzenden Helmut Kohl. Sie fordert die CDU auf, ihre Zukunft selbst in die Hand zu nehmen, ohne Kohls historische Verdienste zu schmälern.

14. Januar 2000
Der hessische CDU-Vorsitzende, Ministerpräsident Roland Koch, informiert die Öffentlichkeit, dass in der Amtszeit des früheren hessischen CDU-Generalsekretärs Manfred Kanther im Ausland »schwarze Konten« angelegt worden seien. Ein Teil dieser Gelder sei als »jüdische Vermächtnisse« getarnt in die Parteikasse zurückgeflossen.

18. Januar 2000
CDU-Präsidium und CDU-Vorstand fordern Kohl auf, den Ehrenvorsitz so lange ruhen zu lassen, bis er seinen Beitrag zur Aufklärung geleistet hat. Daraufhin legt Kohl den Ehrenvorsitz nieder.

16. Februar 2000
Der wegen der Annahme einer 100000-Mark-Spende des Waffenhändlers Schreiber und falscher eigener Aussagen zu dieser Spende schwer bedrängte Schäuble tritt als Vorsitzender der CDU/CSU-Bundestagsfraktion zurück. Er kündigt zugleich an, nicht mehr für den Parteivorsitz zu kandidieren.

Februar/März 2000
Auf neun Regionalkonferenzen der CDU wird deutlich, dass die Parteibasis sich Angela Merkel als neue Vorsitzende wünscht.

10. April 2000
Angela Merkel wird auf dem CDU-Parteitag in Essen mit 897 von 935 gültigen Stimmen (96 Prozent) zur CDU-Vorsitzenden gewählt. Sie ist damit die erste Frau in Deutschland an der Spitze einer Volkspartei.

14. Juli 2000
Bei der Abstimmung im Bundesrat über die Steuerreform verhelfen die Länder Berlin (Große Koalition unter Führung der CDU) und Brandenburg (Große Koalition unter Führung der SPD) der Bundesregierung zur Mehrheit – eine Niederlage für die Parteivorsitzende Merkel.

Oktober 2000
Die CDU-Vorsitzende trennt sich von ihrem im April dieses Jahres gewählten Generalsekretär Ruprecht Polenz. Sein Nachfolger wird Laurenz Meyer.

Januar 2001
Der neue CDU-Generalsekretär Meyer erntet mit einer Plakataktion, in der Bundeskanzler Schröder wie auf einem Fahndungsplakat als »Rentenbetrüger« gesucht wird, heftige Kritik. Merkel sorgt dafür, dass die Aktion eingestellt wird.

Sommer 2001
Angela Merkel findet in der CDU eine Mehrheit für ihre Weiterentwicklung der ordnungspolitischen Ansätze Ludwig Erhards zur »neuen sozialen Marktwirtschaft«. Dieses Konzept wird in der CSU und der Wirtschaft zurückhaltend aufgenommen.

Herbst 2001
Es wird deutlich, dass die CDU-Vorsitzende bei der Bundestagswahl 2002 als Kanzlerkandidatin antreten möchte. Dies stößt jedoch nicht nur auf Ablehnung in der CSU, sondern auch in Teilen der CDU.

11. Januar 2002
Bei einem Frühstück im Haus des CSU-Vorsitzenden Edmund Stoiber in Wolfratshausen trägt Angela Merkel diesem die Kanzlerkandidatur der Union an und verzichtet damit auf ihre eigenen Ambitionen.

22. September 2002
Die rot-grüne Koalition verteidigt – trotz deutlicher Stimmenverluste der SPD und bei kräftigen Zuwächsen der CSU – ihre Mehrheit. Angela Merkel bleibt mit 41,6 Prozent der Erststimmen direkt gewählte Abgeordnete ihres vergrößerten Wahlkreises Stralsund–Rügen–Nordvorpommern (Zweitstimmenanteil der CDU: 36,3 Prozent).

23. September 2002
Merkel kündigt an, zusätzlich zum Parteivorsitz auch den Vorsitz der CDU/CSU-Bundestagsfraktion übernehmen zu wollen. Daraufhin verzichtet Friedrich Merz auf eine Wiederwahl, zumal Stoiber Merkel die Unterstützung der CSU-Abgeordneten zugesichert hat.

24. September 2002
Angela Merkel wird als einzige Kandidatin mit 214 von 232 Stimmen (92 Prozent) zur Vorsitzenden der CDU/CSU-Bundestagsfraktion gewählt. Sie ist damit die erste Frau an der Spitze einer großen Fraktion.

Oktober 2002

Die CDU-Vorsitzende löst mit ihrer Aufforderung an die eigene Partei, sich für neue gesellschaftliche Entwicklungen zu öffnen, eine Debatte aus.

11. November 2002

Der CDU-Parteitag in Hannover bestätigt Merkel als Parteivorsitzende. 746 Delegierte (94 Prozent) stimmen mit Ja, 50 mit Nein, 22 enthalten sich. Allerdings bleiben 160 der 978 Delegierten der Wahl fern.

Frühjahr 2003

Merkel bezieht im Vorfeld des Irakkrieges sehr deutlich Gegenposition zur Haltung der Bundesregierung.

23. September 2003

Angela Merkel wird als Vorsitzende der CDU/CSU-Bundestagsfraktion mit 209 von 223 Stimmen (94 Prozent) bestätigt.

30. September/1. Oktober 2003

Die von Merkel berufene CDU-Kommission unter Vorsitz des früheren Bundespräsidenten Roman Herzog legt ihre Vorschläge zur Reform der sozialen Sicherungssysteme vor. In einer Grundsatzrede zum »Tag der Deutschen Einheit« im Deutschen Historischen Museum in Berlin macht Angela Merkel sich die Kernthesen der Kommission zu Eigen.

Quellen

Bisher sind vier Bücher erschienen, die sich intensiv oder ausschließlich mit Angela Merkel beschäftigen. Sie alle habe ich als Quellen genutzt.

Ein ausführliches Merkel-Kapitel enthält »Spuren der Macht – Die Verwandlung des Menschen durch das Amt« von Herlinde Koelbl (München: Knesebeck, 1999). Hier wird Angela Merkel – neben anderen »Aufsteigern« – zwischen 1991 und 1999 achtmal interviewt.

Das erste Merkel-Buch hat Wolfgang Stock geschrieben: »Angela Merkel. Eine politische Biographie« (München: Olzog, 2000). Es erschien kurz nach der Wahl Merkels zur CDU-Vorsitzenden. Dem journalistischen Kollegen Stock gebührt Dank für die freundliche Erlaubnis, wesentliche Teile des Merkel-Lebenslaufes aus seinem Buch zu übernehmen.

Im Laufe des Jahres 2001 sind gleich zwei Bücher erschienen, die sich mit dem politischen Aufstieg Merkels beschäftigen: »Das Mädchen und die Macht« (Berlin: Rowohlt, 2001) von Evelyn Roll und »Angela Merkel – Eine deutsch-deutsche Biographie« (München: Econ, 2001) von Jacqueline Boysen.

Register